中国古代的小百科全书

幼学琼林

精选详注本

许传海 选注

山西出版传媒集团
山西经济出版社

前言

《幼学琼林》是我国明清至民国时期流行很广的儿童初学读物。古时称十岁为“幼学”之年，初入学的也称“幼学”。“琼林”本是唐德宗李适所建的贮藏贡品的库房名称，借为书名，意思是书中藏着宝贵的知识。“幼学琼林”，作通俗解释就是“幼童初学的知识宝库”。

《幼学琼林》最初叫《幼学须知》，又称《成语考》、《故事寻源》。原编著者是明末西昌人程登吉（字允升），清朝嘉靖年间由邹圣脉作了增补，并更名为《幼学故事琼林》。

这本蒙学读物有三大特点：其一，内容十分丰富，所涉知识面广点多，近乎集中国古代文化知识之大成，因而被誉为中国古代的小百科全书。其二，知识性、故事性、趣味性兼具，智育、德育并重，以知引教，寓教于知。其三，骈体句式，每条就是一副对联（也有个别上下联字数不相等的），易于诵读记忆。

虽说是“幼学”，但就其知识的广度和深度而言，起点是够高的，古时学童如无教师讲授辅导，难以自己读懂。作为古籍，当今的青少年学生及各年龄段的一般读者，不借助注释，更是难以读懂。因此，选本的注释力求详明而通俗，使之老少皆宜，雅俗共赏。同时注释尽量拓展知识面，使读者从中汲取更为丰富的文化营养。频繁出现的某些文言词语，本书不是每见必注，而是间隔着注释，以免过多地重复。

程登吉原著 972 联，邹圣脉增补 355 联，合计 1327 联。这个读本精选了 1070 联。未选的是今天看来不够科学的、不够健康的、过于生僻琐细的、有点勉强凑数的，以及前后重复的内容。做这样的处理，一是为了适宜当代人阅读，二是为了使当今学习、工作、生活繁忙的读者节省时间和精力。

这个选注本所依据的本子主要是民国九年上海广益书局印行的《幼学琼林》，又以网上的多种版本参照校勘，同时查阅了各种辞书和文史书籍，从而修正了广益本的诸多错误（多为排印错误），也避免了网上各版本的一些错误。尽管如此，也还不敢轻言本书无错可指。因此，诚请读者特别是专家学者指正。

旧时人与人交往时的称谓常识，今人也当有所了解，本书选注者将常见的加以编辑，附录于后，供读者参阅。

许传海

（山西大学附中特级教师）

2011 年 5 月 5 日

目录

天文

日月五星，谓之七政；天地与人，谓之三才。

【注释】金、木、水、火、土为五星，日、月和五星叫做“七政”。（“政”指主某事的事物）。天能覆盖万物，地能承载万物，人是万物之灵，能助天地做它所不能做的，制造众物，所以天、地、人叫做“三才”（三种有能力的事物）。

旋风名为羊角，闪电号曰雷鞭。

【注释】把旋风称为羊角出自《庄子·逍遥游》：“有鸟焉，其名为鹏，背若泰山，翼若垂天之云，抟（tuán）扶摇羊角而上者九万里（有个大鸟叫鹏，它的背如同泰山，像旋风一样环绕着向上飞，能飞九万里高）。”西汉淮南王刘安等所撰《淮南子》：“雷以电为鞭（“电”是闪电，成鞭形）”。

列缺乃电之神，望舒是月之御。

【注释】闪电的光所照到的地方，天空看似出现裂缝，所以古人常用“列缺”指称闪电。传说中为月驾车的仙人叫“望舒”，所以古人常用“望舒”指称月亮。

甘霖甘澍，俱指时雨；玄穹彼苍，悉称上天。

【注释】《尔雅》：“久旱而雨曰甘霖，久雨不止曰愁霖，时雨澍

(shù) 生万物曰甘澍。”玄穹（qióng）、彼苍都是天空的别称。“玄”是黑色，“苍”是青色。“彼苍”源自《诗经·秦风·黄鸟》：“彼苍者天。”“玄穹彼苍”又合称为“苍穹”。悉：全，都。

雪花飞六出，先兆丰年；日上已三竿，乃云时晏。

【注释】六角形的雪花满天飘飞，预兆今年是个丰收年。太阳已升起三竿那么高了，是说时候不早了。晏：晚。

蜀犬吠日，比人所见甚稀；吴牛喘月，笑人畏惧过甚。

【注释】蜀犬吠日：蜀地山高雾多少见太阳，一旦太阳出现，群犬就惊奇地对着太阳吠叫。吴牛喘月：江淮一带夏季炎热，水牛见到月亮也误以为是太阳，便禁不住“热”得气喘起来。

望切者若云霓之望，恩深者如雨露之恩。

【注释】云兴起意味着将会下雨，霓（彩虹）出现表明雨停了；久旱无雨切盼云兴雨降，久雨不止切望霓出雨停。受人大恩如同万物受到雨露滋润。

参商二星，其出没不相见；牛女两宿，惟七夕一相逢。

【注释】参（shēn）商二星不同时在天空中出现，比喻亲友不能会面。神话传说，天上的牛郎和织女，只有农历七月初七晚上才能相会一次，比喻相爱的男女不能常在一起。惟：只有。宿（xiù）：古时指某些星的集合体。

后羿妻，奔月宫而为嫦娥；傅说死，其精神托于箕尾。

【注释】传说后羿（yì）是夏代有穷国的君主，善于射箭，神话中说他的妻子嫦娥（又叫素娥、姮héng娥）偷吃了他从西王母那里求得的不死之药，便升空奔向月宫，化为蟾蜍。傅说（yuè）是商朝的名相，《庄子·大宗师》里说他死后精神（魂灵）托于箕尾二星宿之间，称为“傅说星”。

披星戴月，谓早夜之奔驰；沐雨栉风，谓风尘之劳苦。

【注释】披星戴月：披星而出戴月而入的简缩，比喻早出晚归。沐雨栉风：也作栉风沐雨，受风吹被雨淋，比喻路途辛苦。栉：zhì，梳（头发）。风尘：路途。

事非有意，譬如云出无心；恩可遍施，乃曰阳春有脚。

【注释】晋代诗人陶渊明《归去来辞》有“云无心以出岫”句，意思是云气自然而然地冒出山头。唐玄宗的宰相宋璟爱护百姓，人们称赞他为有脚阳春，意思是说他的恩德如同温暖的春天，他走到哪里就带到哪里。

馈物致敬，曰敢效献曝之忱；托人转移，曰全赖回天之力。

【注释】敢：谦辞，有冒昧的意思。效：学，效仿。献曝：谦言所奉献的礼物如同晒太阳取暖，不足珍贵。典出《列子·杨朱》：宋国有个农夫，冬天没有棉衣皮袄穿，在外面晒太阳觉得很暖和，回家对妻子说：“晒太阳真够暖和的，恐怕人们还不知道呢，我想把它献给国君，一定能得到重赏。”忱：情意诚恳。转移：意思是改变现状。回天之力：形容力量大，能扭转很难挽回的局面。唐太宗想修建洛阳宫，以备巡幸时居住，张玄素（时任给事中）上书劝阻，太宗作罢。

魏征知道了，赞叹："张公论事有回天之力。"这个"天"是指皇帝。

感救死之恩曰再造，诵再生之德曰二天。

【注释】唐代郭子仪克复两京（长安、洛阳），挽救了遭安史之乱的唐王朝，唐肃宗夸赞他的功勋说："朕（皇帝自称）之国家，由卿（你）再造。"东汉清河太守误以为顶头上司冀州刺史苏章会宽恕自己的罪行，高兴地对苏章说："人（别人）皆有一天，我独有二天（两个遮蔽庇护自己的天，一指上天，一指苏章）。"

势易尽者若冰山，事相悬者如天壤。

【注释】势：权势。唐代杨国忠（杨贵妃的堂兄）为宰相，恃宠恣横，人们都争相巴结他，有人劝进士张彖（tuàn）去拜见杨国忠，张彖说："你们都把杨国忠看做泰山，我却以为他是冰山，如果太阳出来晒化冰山，你们能不失去依靠吗！"于是张彖就隐居嵩山。相悬：相差悬殊。天壤：天与地。

晨星谓贤人寥落，雷同谓言语相符。

【注释】寥落：稀少。古人常用晨星寥落比喻贤者稀少。韩愈《华山女》诗："黄衣道士亦讲说，座下寥落如明星（天明后的星星，即晨星）。"雷同：随声附和别人，如同物类应和雷声。

心多过虑，何异杞人忧天；事不量力，不殊夸父追日。

【注释】《列子·天瑞》：周代的杞国有个人忧虑天塌下来，以致吃不下睡不安。《山海经·海外北经》记载古代神话：有个叫夸父的追赶太阳，路上渴极了，喝尽了黄河、渭河的水还不够，又往别处找水，结果渴死在半路上。不殊：无异于。

如夏日之可畏，是谓赵盾；如冬日之可爱，是谓赵衰。

【注释】赵衰、赵盾父子二人都是春秋时晋国大夫，赵衰为人慈祥，赵盾为人凶暴，所以人们这样评价他们父子。夏日：夏天的太阳（炎热可怕）。冬日：冬天的太阳（温暖可爱）。是谓：这说的是。

齐妇含冤，三年不雨；邹衍下狱，六月飞霜。

【注释】汉代东海郡旧属齐国，有个孝妇窦氏，丈夫死后不肯改嫁，尽心赡养婆婆，婆婆不忍心拖累儿媳，自缢而死，婆婆的女儿诬告窦氏杀了母亲，郡守冤杀了窦氏，致使该郡遭到大旱三年的报应。邹衍是战国末期齐国人，阴阳家的代表人物。燕昭王广招贤才，邹衍从魏国来到燕国，昭王以师礼厚待他。昭王死后，惠王听信谗言，将邹衍下狱。冤不能白，邹衍仰天大哭。时值六月，天忽然降霜为他鸣冤。（如同《窦娥冤》，只能看作人们对司法不公的一种控诉。）

父仇不共戴天，子道须当爱日。

【注释】不共戴天：不与仇敌生活在同一个天底下，形容仇大恨深。《礼记·曲礼》："父之仇，弗（不）与共戴天。"子道：为子孝亲之道。爱日：珍惜时日，是说儿子侍奉父母的时日有限，应当珍惜这有限的时日。

盛世黎民，嬉游于光天化日之下；太平天子，上召夫景星庆云之祥。

【注释】黎民：百姓。天子有德政，感召上天出现景星（祥瑞之星）和庆云（五彩之云）。夫：句中助词。

箕好风，毕好雨，比庶人愿欲不同；风从虎，云从龙，比君臣会合不偶。

【注释】箕：东北之星，主管风。毕：西南之星，主管雨。庶人：普通人，平民百姓。风从虎，云从龙：语出《易经·乾》，意思是龙能兴云，虎能生风。风云际会比喻君臣相得。不偶：并非偶然。

雨旸时若，系是休征；天地交泰，斯称盛世。

【注释】雨旸（yáng，日出）：雨过天晴。时若：时节顺利。休征：好的征兆。天地交泰：天地之气和谐，万物得以生养。“交泰”后引申为时运亨通。斯：则。

大圜乃天之号，阳德为日之称。

【注释】圜：yuán，天体，天空。乃：是。阳德：又称阳景，太阳的美称。

欲知孝子伤心，晨霜践履；每见雄军喜气，晚雪消融。

【注释】周宣王的贤臣尹吉甫，听信后妻挑唆，将儿子伯奇赶出家门，伯奇认为自己无错，清晨踏着霜地弹琴以抒发伤心之情。唐武宗时出任淮南节度使的李绅，镇守扬州，诗人章孝标赋《春雪》诗颂扬说：“朱门到晚难盈尺（雪的厚度难达一尺），尽是三军喜气融。”

中台为鼎鼐之司，东壁是图书之府。

【注释】中台：星名，三台星的中台星。鼎鼐：喻指公卿级的大臣，他们与天上的中台星相对应。东壁：星名，主天下图书。唐代名臣张说《恩敕丽正殿书院宴应制》诗句：“东壁图书府，西园翰墨林。”

鲁阳苦战挥西日，日返戈头；诸葛神机祭东风，风回纛下。

【注释】传说战国时楚国的鲁阳公与韩国军队作战，日已西下，还不肯休战，鲁阳公向西下的太阳挥戈示意，太阳又返回三舍（“舍”是春秋时行军的里程单位，一舍合当时的三十里），使他得以继续作战。神机：非凡的、惊人的机智。纛：dào，古代军队里的大旗。

儿童争日，如盘如汤；辩士论天，有头有足。

【注释】孔子出游，见两小儿在争论太阳的远近，一个说：“日初出如车轮，至中午乃（却）如盘，此远者小，近者大。”一个说：“日初出时苍苍凉凉，至中午乃如探汤（手伸进很热的水里），此近者热，而远者凉。”请教孔子谁说得对，孔子不能评断。三国时，吴国派张温（官至太子太傅）出使蜀国，张温听说蜀国的秦宓（官为别驾中郎）博学，想把他问倒。温问：“天有头吗？”宓答：“有头，在西方。《诗经》里说‘乃眷西顾（眷恋地回头向西看）’。”温问：“天有耳吗？”宓答：“天在高处却能听到下面的声音。《诗经》里说‘鹤鸣于九皋，声闻于天’。”温问：“天有足吗？”宓答：“《诗经》里说‘天步艰难’，若无足，怎能行步？”温问：“天有姓吗？”宓答：“姓刘。”温问：“怎么知道姓刘？”宓答：“天子姓刘（此时蜀主是刘禅），因此知道。”

地 舆

宇宙之江山不改，古今之称谓各殊。

【注释】宇宙的江和山是固定不移的，江山的名称多随时而变化，古今各不相同。宇：上下四方。宙：古往今来。

北京原属幽燕，金台是其异号；南京原是建业，金陵又是别名。

【注释】幽：古幽州，地跨今河北省北部、北京市及辽宁省一带。燕：燕国，战国七雄之一，地域相当于古幽州。金台：全称叫黄金台，在濡水（北易水）附近，系燕昭王为招徕贤才而建。异号：别名。北京市最早的名字叫“蓟”，系2200年前战国七雄之一燕国的首都。契丹、女真、蒙古分别在中国建立了辽（公元936—1125年）、金（公元1115—1234年）、元（公元1271—1368年）三个朝代。辽最初以蓟为陪都，名曰南京。金灭辽，迁都于蓟，改名中都。元统一中国后，在中都城外另建新城，叫大都。明洪武元年改为北平府，永乐元年建北京，七年改北平府为顺天府。十九年明由南京迁都于此，改北京为京师，但习惯仍称北京。1928年改称北平。1949年改称北京。战国时楚威王设金陵邑（金陵本是山名，即现在的钟山）。秦时曰秣陵。三国吴自京口迁都于此，称建业，晋代改称建康，南唐为江宁府。南京曾是好几代封建王朝的首都、留都、陪都：①东吴（229—280）称建业。②东晋（317—420）称建康。③南朝宋（420—479）称建康。④南朝齐（479—502）称建康。⑤南朝梁（502—557）称建康。⑥南朝陈（557—589）称建康。⑦南唐（937—975）称江宁府。⑧南宋（1129—1275）为留都，称建康府。⑨明（1368—1421）称京师应天府。⑩明（1421—1645）为陪都，称南京应天府。此外，太平天国（1853—1864）称天京，辛亥革命后为中华民国临时政府（1911—1912）首都，称南京。

金城汤池，谓城池之巩固；砺山带河，乃封建之誓盟。

【注释】上联：城墙像金属般坚固，敌不可破，护城河水像汤一样滚烫，敌不敢近。下联：汉高祖封赏各功臣时盟誓说："黄河如带，泰山如砺（lì，磨刀石），国以永宁（长治久安），爰（yuán，于是）及苗裔（传至后代）。"封建：君主把土地分封给宗室和功臣，让他们在分封的土地上建国。

帝都曰京师，故乡曰梓里。

【注释】《诗经·小雅·小弁》："维桑与梓，必恭敬止。"是说家乡房前屋后的桑树和梓树是父母种植的，对它要有敬意。后人把故乡称为桑梓。

蓬莱弱水，惟飞仙可渡；方壶员峤，乃仙子所居。

【注释】古代神话："蓬莱弱水三千里，非飞仙不可到。"苏轼《金山妙高台》诗句："蓬莱不可到，弱水三万里。"连草芥也无力负荷的水叫"弱水"。惟：只有。晋代王嘉所撰志怪小说集《拾遗记》：渤海东有大壑，里面有五座山，名为岱舆、员峤、方壶、瀛洲、蓬莱，山上的台观都是用金玉建造的，居住在这里的都是神仙。

沧海桑田，谓世事之多变；河清海晏，兆天下之升平。

【注释】大海变成农田，农田变成大海，比喻世事反复多变。黄河的浑水清澈了，大海的波涛平静了，是天下太平的预兆。

水神曰冯夷，又曰阳侯；火神曰祝融，又曰回禄。

【注释】传说轩辕之子冯夷为水官，死后被尊为水神。《庄子·大宗师》："冯夷得之（指得道），以游大川。"阳侯是传说中陵阳国国王，溺水而死，他的神灵能扬起波涛，所以称他为波神。传说祝融是高辛氏（传说中古代部族的首领"帝喾 kù"）的火正（管火的官），死后被尊为火神。回禄也是传说中的火神。（古人认为各个领域都有神在主宰，就自觉不自觉地造出各种神。造神是为了敬神，敬神是为了祈福消灾。）

海神曰海若，海眼曰尾闾。

【注释】海若：源自《庄子·秋水》："于是焉河伯始旋（转）其面目，望洋向若而叹。"海眼：泉眼。古人认为井泉的水潜流地下，通于江海，随潮涨退。尾闾：古代传说海中沃焦山，即尾闾，一石方圆四万里，海水全从它下面流走。《庄子·秋水》："天下之水，莫大于海，万川归之不知何时止而不盈；尾闾泄之，不知何时已（停止）而不虚。"

望人包容曰海涵，谢人恩泽曰河润。

【注释】海涵：像大海一样有容量，能包涵。河润：如黄河水般滋润流域大地的万物。

无系累者，曰江湖散人；负豪气者，曰湖海之士。

【注释】唐代陆龟蒙常泛舟于江湖之上，活得无牵无挂、自由自在，号称“江湖散人”。许汜（sì，东汉末年名士，曾是吕布的谋士）曾与刘备议论人物，说陈登（东汉末曾为广陵太守）是湖海之士，狂傲有豪气。

问舍求田，原无大志；掀天揭地，方是奇才。

【注释】问舍求田：热衷于置办美居肥田等家产。

凭空起事，谓之平地风波；独立不移，谓之中流砥柱。

【注释】移：移动，动摇。中流砥（dǐ）柱：也作砥柱中流。语出《晏子春秋》：“以入砥柱之中流。”砥柱是山名，在今河南省三门峡黄河中流。

黑子弹丸，极言至小之邑；咽喉右臂，皆言要害之区。

【注释】宋代开国之初，赵普（就是“半部论语治天下”的那个宋朝初年的宰相）对宋太祖赵匡胤说：“太原当西、北二面，太原既下，则我独当之，不如姑俟（姑且等待）削平诸国，则弹丸黑子（黑痣）之地，将安（何）逃乎？”赵普的意思是要赵匡胤先削平南方重要地区，然后再顾北方边郡。邑：人们聚居的地方，也指城镇，也是县的别称。

独立难持，曰一木焉能支大厦；英雄自恃，曰丸泥亦可封函关。

【注释】焉：怎，哪。东汉朔宁王隗（wěi）嚣的部将王元对隗嚣夸口说：“元请以一丸泥（比喻用极少的兵力）为大王东封（在东面封堵）函谷关，此万世一时也（这是万代难得的机会啊）。”

事先败而后成，曰失之东隅，收之桑榆；事将成而终止，曰为山九仞，功亏一篑。

【注释】东隅：东方日出处，指早晨。桑榆：西方日落处，指傍晚。为山九仞（rèn），功亏一篑（kuì）：以土堆积高山，只差一筐土而不能最终完成。古时八尺或七尺为一仞，“九仞”是极言其高。

以蠡测海，喻人之见小；精卫衔石，比人之徒劳。

【注释】以蠡（lí）测海：用葫芦瓢（一说贝壳）测量海水多少。西汉东方朔《答客难》：“以管窥天，以蠡测海。”精卫衔石：《山海经·北山经》所记传说，炎帝的女儿游东海，溺水而死，化作精卫鸟，每天衔西山的木石来填东海。成语有“精卫填海”。

跋涉谓行路艰难，康庄谓道路平坦。

【注释】跋涉：翻山越岭，徒步过河。《诗经·鄘风·载驰》：“大夫跋涉，我心则忧。”康庄：宽广平坦的道路。《尔雅·释宫》：“五达（通达）谓之康，六达谓之庄。”

硗地曰不毛之地，美田曰膏腴之田。

【注释】硗（qiāo）地：坚硬贫瘠的土地。不毛：不长草木，更不长庄稼。膏腴（yú）：肥沃。

得物无所用，曰如获石田；为学已大成，曰诞登道岸。

【注释】春秋时，吴国要攻打齐国，伍子胥说：“越国才是我们的心腹之患，即使胜了齐国，如同得到一块石田（不可耕种的石头田地），是没有用的东西。”诞登道岸：学问达到极高点。诞：句首语助词。

淄渑之滋味可辨，泾渭之清浊当分。

【注释】淄渑（shéng）：两条水流名，在今山东省。相传二水味道不同，合则难辨，只有春秋时齐国易牙能辨别出来。泾渭：今陕西省的两条河流，泾水清，渭水浊，泾水流入渭水时，两股水合流三百里却清浊分明。成语有“泾渭分明”。

泌水乐饥，隐居不仕；东山高卧，谢职求安。

【注释】泌水乐饥：泌（bì）水在今河南省。《诗经·陈风·衡门》：“泌之洋洋，可以乐饥（盛大的泌水，可以充饥。乐：同“疗”。“泌水”一解为涌出的泉水）。”隐居不仕：可以在这里隐居，不去做官。东晋谢安，年轻时即有重名，谢绝官职，在会稽东山建屋居住，以山水书籍自娱。后以东山指隐居之地。

圣人出，则黄河清；太守廉，则越石见。

【注释】古时传说黄河水五百年才清澈一次，是因为五百年才出一圣人。传说福州府南海边有越王石，隐藏在云雾中，太守贪就不出现，南齐虞愿做太守时，清廉爱民，越王石才显现出来。见：同“现”，显现。

美俗曰仁里，恶俗曰互乡。

【注释】仁里：有仁厚风气的乡里。《论语·里仁》：“里仁为美。”互乡：乡民交相为恶的乡里。《论语·述而》：“互乡难与言。”

里名胜母，曾子不入；邑号朝歌，墨翟回车。

【注释】曾子名参，是孝子，到了一个叫“胜母”的乡里，认为地名不孝，不肯进去。朝（zhāo）歌是商纣王的都城，墨翟（墨子）到此，认为这地名不好（因早晨唱歌不是时候，一说因墨子否定音乐），就驾车返回。南宋刊行的《子华子》（作者不详）说："水名盗泉，尼父（孔子）不饮；邑号朝歌，颜回不舍（住）；里名胜母，曾子还轺（yáo，车）；亭名柏人，汉高宵遁，以（因）其名害义（有害于义理）也。"

击壤而歌，尧帝黎民之自得；让畔而耕，文王百姓之相推。

【注释】击壤而歌：相传尧游于康衢（四通八达的大路），有个老人含哺鼓腹（吃得饱饱的），击壤（敲地打拍）而歌："日出而作，日入而息，凿井而饮，耕田而食。"尧帝黎民：尧帝时的百姓。自得：自得其乐。相传虞、芮二国争田，连年不决，就西去请文王评理，去那儿一看，那里的人耕者让畔（相互推让田界），行者让路。于是叹道："我们都是些小人啊！"回来后就不再争了，把原来所争的田地作为闲田。

尧有九年之水患，汤有七年之旱灾。

【注释】尧、汤虽是圣王，却也避免不了水旱灾害。因有九年水患，才有大禹治水。因有七年旱灾，才有成汤承担责任而自罚——剪掉头发，切下指甲，身缠白茅，把自己作为祭品，在桑林里祈祷。

道不拾遗，由在上有善政；海不扬波，知中国有圣人。

【注释】君主有善政，民风就淳朴，所以道不拾遗。海不扬波（大海不起大风大浪）是交趾国（古五岭以南地区）使者称赞周天子治理有方、天下太平的话。中国：中原之国。

神州曰赤县，边地曰穹庐。

【注释】战国时阴阳家的代表人物邹衍称中国为“赤县神州”，后以“神州”代称中国。古时把边地游牧民族居住的毡子做的圆顶帐篷叫“穹（qióng）庐”，曾用以指称边远地区。

白鹭洲，二水中分吴壮丽；金牛路，五丁凿破蜀空虚。

【注释】李白《登金陵凤凰台》诗句：“三山半落青天外，二水中分白鹭洲。”白鹭洲属吴地，在今南京市西南长江中，因是白鹭的栖息地而得名。《史记》：战国时，秦惠王想要吞并蜀地，诡称秦国有能屙金的五头石牛，想献给蜀而无路可通，蜀王信以为真，便使五个大力士凿山开路，于是秦得以通过此路伐蜀。

瀑布岭头悬，苍碧空中垂白练；君山湖内翠，水晶盘里拥青螺。

【注释】白练：白绢。君山：在洞庭湖内，又名湘山。青螺：山像青色的螺。唐代刘禹锡《望洞庭》诗句：“湖光秋色两相和，潭面无风镜未磨。遥望洞庭山水翠，白银盘里一青螺。”

浩荡吴江，险称天堑；嵯峨秦岭，高谓坤维。

【注释】吴江：长江，古称扬子江，因下游地处吴国，又称吴江。嵯峨：cuó'é，山势高峻。坤维：维系大地的绳子。李白《秦岭赋》有“为天之枢，为坤之维”句。

雪浪涌鞋山，洗清步武；彩云笼笔岫，绚出文章。

【注释】雪浪：雪白的浪花。鞋山：九江大孤山的别称，在鄱阳湖出口处。步武：足迹，脚印。笔岫：笔山，在河北省涿州。绚出文章：呈现出绚丽的色彩和花纹。“绚”在此用作动词。

金谷园中，花卉具备；平泉庄上，木石皆奇。

【注释】洛阳西北有金谷涧，晋代富豪石崇在这里建一花园。平泉庄是唐武宗时宰相李德裕的别墅，在洛阳。

滩之凶，无如虎臂；路之险，莫若羊肠。

【注释】虎臂：比喻江河水滩的凶险。今四川万县东有虎臂滩，汉代杨亮为益州刺史，经过这里翻了船。羊肠：比喻小路的崎岖狭窄。山西晋城、静乐都有山间小路名叫“羊肠坂”。

烟树晴岚，潇湘可纪；武乡文里，汉郡堪夸。

【注释】湖南潇水湘水附近有八处胜景：平沙落雁、远浦归帆、山市晴岚、江天暮雪、洞庭秋月、潇湘夜雨、烟寺晚钟、渔村落照。纪：通“记”。南朝宋明帝问梁州刺史范伯年：“你家乡有广州贪泉那样的水吗?”范伯年答道：“我的家乡汉中只有文里、武乡、廉泉、让水。”又问：“你家住在哪里？”答：“在廉、让之间。”堪：可，值得。

七里滩是严光乐地，九折坂乃王阳畏途。

【注释】严光年轻时与刘秀同游学，刘秀推翻王莽做了东汉皇帝(光武帝)，严光拒绝为官，隐居在浙江富春山七里滩，以耕钓为乐。九折坂在四川荥经县邛崃（qióng lái）山，道路崎岖曲折，极为危险，汉代王阳为益州刺史时，经过这里，叹道：“我这身体是父母给的，怎么屡屡登上这条险路!”后来王尊赴任刺史，走到九折坂，问吏卒：

"这不是王阳所畏惧的那条道路吗?"回答说"是"。王尊命驾车夫:"驱车过去!"

将军争战之场，雁门紫塞；仙子遨游之境，玄圃阆风。

【注释】雁门：雁门关，在今山西省。秦筑长城，所用的土是紫色的，所以称北方边塞为"紫塞"。传说昆仑山有玄圃，又名阆(làng)风苑，是神仙居住的地方，普通人到不了那里。

岁时

爆竹一声除旧，桃符万户更新。

【注释】宋代王安石《元日》诗："爆竹声中一岁除，春风送暖入屠苏（美酒名）。千门万户曈曈（tóng，太阳刚出的样子）日，总（都）把新桃换旧符。"爆竹：将竹筒放在火中使它爆响。桃符：旧俗春节时在桃木板上画门神，用以驱鬼避邪，每年更新，后来渐被春联所取代。

履端是初一元旦，人日是初七灵辰。

【注释】《左传·文公元年》："先王之正时（制定日历节令）也，履端（开端）于始。"旧历正月初七是人日，唐代李峤《人日》诗："七日最灵辰（良辰）"。

元日献君以椒花颂，为祝遐龄；元日饮人以屠苏酒，可除疠疫。

【注释】晋代刘臻之妻陈氏在正月初一献《椒花颂》，祝皇帝遐龄

（高龄，长寿）。唐代名医孙思邈除夕这天分送邻里一种药，要他们放在井中浸泡，初一取井水兑入酒里，饮后可除百病，名叫“屠苏酒”。

新岁曰王春，去年曰客岁。

【注释】春秋时期，周天子懦弱，权威丧失，不受诸侯尊重，孔子作《春秋》特意写“元年春，王正月”，以示尊重周天子。客岁：旧岁。

火树银花合，谓元宵灯火之辉煌；星桥铁锁开，谓元夕金吾之不禁。

【注释】“火树银花合，星桥铁锁开”，是唐代诗人苏味道《元夕》诗中的两句。唐睿宗于元宵节做灯树，高二十丈，上挂五万灯笼，号称“火树”。战国时李冰守蜀时建一桥，在上面刻画斗魁七星，名“星桥”（一说“星桥”即神话中的鹊桥）。“金吾”本是仪仗棒，此指官兵手持金吾巡夜，也指称巡夜的官兵。汉代京城实行宵禁，有官兵巡逻，只在正月十五日夜开禁，无官兵巡逻。“星桥铁锁开”指解除宵禁。

二月朔为中和节，三月三为上巳辰。

【注释】朔：农历每月初一。中和节：唐德宗接受老臣李泌建议，将二月初一定为中和节，取居春之中而和暖之意。上巳辰：上巳节。汉代以前，三月上旬的巳日是汉族民间的传统节日，魏晋以后，一般袭用三月初三。晋代王羲之《兰亭集序》记载，这一天名士们“会于会稽山阴之兰亭，修禊（xì）事也（一种临水为祭以消除不祥的习俗）”。明清以后逐渐演变为以春游为主，谚语有“寻春直须三月三”。

辰：时光，日子。

冬至百六是清明，立春五戊为春社。

【注释】冬至百六：冬至后第一百零六天。五戊：立春后第五个戊日。春社：春季祭祀土地神，祈求好年景。

寒食节是清明前一日，初伏日是夏至第三庚。

【注释】寒食节：又叫禁烟节。传说此节是为纪念介子推的。春秋时期晋国公子重耳流亡他国，介子推随从辅佐。19年后重耳回国成为晋文公，大封功臣时竟忘了介子推，后来记起来，介子推已隐居绵山（在今山西介休）不出，晋文公便放火烧山逼他出来，介子推抱着树被烧死。晋文公非常悲痛，就令全国在他的祭日禁烟火，吃冷食。夏至第三庚：夏至后第三个庚日。

四月乃是麦秋，端午却为蒲节。

【注释】麦秋：麦子成熟的季节。蒲节：端午节将菖蒲切碎泡在酒中，饮这种酒可避瘟疫。一说是把菖蒲插在门上驱邪避灾。

六月六日，节名天贶；五月五日，序号天中。

【注释】宋哲宗元符四年六月初六，有人奏报有天书降下，于是将这一天定为“天贶节”。贶：kuàng，赏赐。唐宋以后以五月初五日午时为天中节，即端午节。

端阳竞渡，吊屈原之溺水；重九登高，效桓景之避灾。

【注释】端阳即端午，这一天楚地有赛龙舟的习俗，以纪念投汨罗江而死的屈原。重九：九月九日。九为阳数，两阳相重为“重九”，也称“重阳”。南朝梁吴均撰《续齐谐记》：东汉道士费长房预告弟子桓景说，九月九日你家将有灾，赶快叫家人缝布袋盛着茱萸系在肩上，登上高处，饮菊花酒，可以免灾。桓景照他说的做了。晚上回家一看，鸡犬牛羊果然都死了。因此把这一天称作登高节，又称茱萸节、菊花节。1989 年将重阳节定为老年节。

五戊鸡豚宴社，处处饮治聋之酒；七夕牛女渡河，家家穿乞巧之针。

【注释】五戊：立春和立秋后第五个戊日，即春社和秋社，都是汉族民间祭祀土地神的时节习俗。春社和秋社要杀鸡宰猪用来祭祀，然后用这些祭品设宴，同时喝酒，据说可治耳聋。传说农历七月初七天上的牛郎织女相会。“乞巧”是七夕节的主要习俗之一。织女心灵手巧，是纺织能手，所以七月七日夜晚妇女们都要对着月亮穿针引线，乞求能有一双灵巧的手，能穿过的就是得巧。

中秋月朗，明皇亲游于月殿；九日风高，孟嘉帽落于龙山。

【注释】唐明皇即唐玄宗。传说罗公远有道术，中秋夜陪唐明皇赏月，将一根拄杖扔出去，化为一座大桥，过桥见到一个大城阙，罗公远说这是月宫。东晋孟嘉在大司马桓温幕府任参军，重九日随桓温游龙山（在今湖北省江陵县西北），帽子被大风吹落而自己没有察觉，桓温示意随同的僚佐不要告诉他，还叫人作文嘲笑他。

秦人岁终祭神曰腊，故至今以十二月为腊；始皇当年御讳曰政，故至今读正月为征。

【注释】农历十二月叫腊月，延续至今。秦始皇姓嬴名政，“政”的读音与“正”同，避其讳，将“正月”的“正”的读音改读为“征”的读音。

冬至到而葭灰飞，立秋至而梧叶落。

【注释】葭灰飞：古代用芦苇膜烧成的灰测量冬至时刻。方法是：把律管（定音或测气候用的管）放在屋里的几案上，在律管两端塞上芦苇膜灰，等到冬至时刻阳气生长（冬至是昼渐长夜渐短的转折点），律管里的灰就会飞散。梧叶落：传说有一种金井梧桐，立秋时节到了，就落一叶。

上弦谓月圆其半，系初八、九；下弦谓月缺其半，系廿二、三。

【注释】弦：半个月亮形似弓弦。这里的日期都是农历。

月光都尽谓之晦，三十日之名；月光复苏谓之朔，初一日之号；月与日对谓之望，十五日之称。

【注释】都尽：全不见了。晦：暗。望：十五日月儿圆，日东升，月西落，遥相对望。

翌日、诘朝，皆言明日；谷旦、吉旦，悉是良辰。

【注释】翌：yì。诘朝：jié zhāo。谷：善，吉。悉：都，全。

片晌即谓片时，日曛乃云日暮。

【注释】片晌（shǎng）、片时：即通常说的片刻。曛：xūn，落日的余光。乃云：是说。

畴昔、曩者，俱前日之谓；黎明、昧爽，皆将曙之时。

【注释】畴昔、曩（nǎng）者：以往，从前，过去。前日：以前，从前。昧爽：拂晓。曙：天将亮。

月有三浣：初旬十日为上浣，中旬十日为中浣，下旬十日为下浣；学足三余：夜者日之余，冬者岁之余，雨者晴之余。

【注释】月有三浣（huàn，洗）：唐制：官员每十日发一次俸禄，休息一次，用以洗衣沐浴。“月有三浣”即每月发三次俸禄，休息三天。学足三余：想学习，有这“三余”的时间足够了。三国魏董遇好学，对人说，想学习的人应当利用“三余”（即夜者日之余，冬者岁之余，雨者晴之余）的时间读书学习。

以术愚人，曰朝三暮四；为学求益，曰日就月将。

【注释】术：此指权术。愚：愚弄。朝三暮四：《庄子·齐物论》：宋国有个养猴的老人给猴喂食，说：“给你们芋吃，早晨三个晚上四个。”众猴大怒。老人改口说：“那就早晨四个晚上三个。”众猴都很高兴。为学求益：学习（或做学问）希望有所进益。日就月将：每日有成就，每月有进步，即日积月累的意思。

焚膏继晷，日夜辛勤；俾昼作夜，晨昏颠倒。

【注释】焚膏继晷：点燃灯烛来接替日光照明，指日夜劳作。膏：灯油。晷：guǐ，日影。俾：bǐ，使，把。昏：夜晚。

自愧无成，曰虚延岁月；与人共语，曰少叙寒暄。

【注释】虚延：虚度。寒暄：见面时说些天气寒暖的话。东晋王献之与兄徽之、操之一起去见谢安（东晋重臣，淝水之战大败苻坚的总统帅），徽之、操之大多说些世间俗事，而献之只说点天气寒暖的话。有人问王氏兄弟谁好谁差，谢安说：“少者佳（说话少的那个好），吉人辞寡（话少）。”王献之是王羲之第七子，也是书法家。

可憎者，人情冷暖；可厌者，世态炎凉。

【注释】世俗情态羡慕阿附富贵者，嫌弃疏远贫贱者，最为可憎可厌。

周末无寒年，因东周之懦弱；秦亡无燠岁，由嬴氏之凶残。

【注释】上联的意思是，周朝末期的衰落，是因为东周天子懦弱（无力统领诸侯），而年景也不正常（无寒年）。下联的意思是，秦朝的灭亡，是由于秦始皇实行暴政，而年景也不正常（无燠岁。燠：yù，暖，热）。嬴氏：秦始皇姓嬴（yíng）。“无寒年”、“无燠岁”也可理解为政治气候。

岁歉曰饥馑之岁，年丰曰大有之年。

【注释】歉：歉收。《尔雅·释天》：“谷不熟曰饥，菜不熟曰馑。”大有年：大丰收之年。《谷梁传·宣公十六年》：“五谷大熟，为大有年。”

唐德宗之饥年，醉人为瑞；梁惠王之凶岁，野莩堪怜。

【注释】唐德宗时遭遇饥荒年，因缺粮无人酿酒，偶见一个喝醉的人，人们都凑过去观看，以为是祥瑞的兆头。孟子对梁惠王说：我看到你们这里“民有饥色，野有饿莩（piǎo，同“殍”。百姓饿得面黄肌瘦，野外躺倒着饿死者的尸体)。”凶岁：坏年景。

丰年玉，荒年谷，言人品之可珍；薪如桂，食如玉，言薪米之腾贵。

【注释】《世说新语·赏誉》：东晋庾亮、庾翼都有才能，时人称亮为“丰年玉”，称翼为“荒年谷”（丰收年宝玉珍贵，饥荒年谷物珍贵)，比喻他二人都是宝贵的人才。《战国策·楚策》：苏秦到楚国游说，三天才得见楚王，苏秦很不满，立即提出辞行，楚王说：“为什么不多留些时日？”苏秦感叹说：“楚国之食贵如玉，薪贵如桂。谒者（通报、接待宾客的内侍）难得见如鬼，王难得见如天帝。”

春祈秋报，农夫之常规；夜寐夙兴，吾人之勤事。

【注释】春祈秋报：春天祭祀土地神祈求好年景，秋天祭祀土地神报答保佑之功。夜寐夙兴：晚睡早起。吾人：我辈，当指普通人。

韶华不再，吾辈须当惜阴；日月其除，志士正宜待旦。

【注释】韶华：春光，比喻美好的青年时代。惜阴：珍惜光阴。东晋陶侃说：“大禹是圣人，还珍惜寸阴，我辈更当珍惜分阴。”日月其除：时光流逝而去。待旦：等待天亮，比喻时刻准备着。

寒暑代迁，居诸迭运。

【注释】代迁：更替。居诸：日月。迭运：轮流运行。

九秋授御寒之服，自古已然；三月上踏青之鞋，于今不改。

【注释】九秋：九月。《诗经·豳风·七月》：“九月授衣。”已然：已经如此。踏青：春日郊游。

双柑斗酒，雅称春游；对影三人，尽堪夜饮。

【注释】唐代冯贽《云仙杂记》：戴颙（yóng。南朝宋人，学者，高士）春天携带双柑斗酒出游，有人问他到何处去，他说“往听黄鹂声”。“双柑斗酒”本指游春所备的酒食，后借指游春。雅：高尚，不俗。李白《月下独酌》诗句：“举杯邀明月，对影成三人。”

五月孤军渡泸水，蜀丞相何等忠勤；上元三鼓夺昆仑，狄将军更多妙算。

【注释】泸水：金沙江。蜀丞相：指诸葛亮。宋大将军狄青作为朝廷的宣抚使巡视广西，于上元（元宵节）夜以麻痹敌军的计谋袭夺昆仑关。三鼓：三更。

二月扑蝶之会，洵可乐焉；元正磔鸡之朝，必有取尔。

【注释】扑蝶会：旧俗，长安二月间，士女相聚，以扑蝶为戏。洵：xún，实在。元正：元旦，即现在的春节。磔：zhé，裂，杀。取尔：取其某种意义（羊吃百草，鸡啄五谷，宰羊杀鸡悬于门，有迎春到、助生气的意义）。尔：表示肯定的语气词。

豪吟释子，夜敲咏月之钟；胜赏君王，春击催花之鼓。

【注释】唐代僧人如满，在夜晚豪放地吟诵咏月诗：“团圆离海峤（近海多山之地），渐渐出云衢（云路，高空之路），此夜一轮满，清光何处无。”喜极而撞钟。唐玄宗在二月游上苑，欣赏春天胜（美）景，叫太监高力士在屋前纵情击鼓，自奏一曲《春光好》，回头一看，柳树杏树都已发芽，笑着对妃子说：“你们是不是该呼我为天公呢？”

清秋汾水，歌传汉武之词；上巳兰亭，事记右军之迹。

【注释】汉武帝到汾水边游玩，秋风忽起，即兴而歌："秋风起兮白云飞，草木黄落兮雁南归。"东晋永和九年上巳日（三月三日），书法家王羲之与一伙士人聚会饮宴于会稽之兰亭，为（做）流觞曲水（把酒杯放在环流的水上，流到谁跟前谁就饮酒）之乐（lè，娱乐，游戏），于是作《兰亭记》。王羲之曾任右军将军，人们就称他王右军。迹：手迹。

人日卧含章檐下，寿阳试学梅妆；中秋过牛渚矶头，谢尚细吹竹笛。

【注释】《南史》记载：南朝宋武帝之女寿阳公主在人日（正月初七）这天卧于含章殿檐下，梅花落在她额头上，就形成五片花瓣的妆饰，拂拭不掉，于是宫女们都学梅花妆。东晋谢尚曾在中秋夜晚吹着竹笛泛舟牛渚矶头，听到附近舟上有人高声朗诵，一问是袁宏，便上了袁宏舟上，谈论到天亮。牛渚：山名，在安徽当涂县西北，其山脚突入长江的部分叫采石矶。细吹竹笛：吹竹笛，发出细柔的笛声。

寇公《春色》诗，真可喜也；欧子《秋声赋》，何其凄然。

【注释】寇公：寇准，宋真宗时宰相，封莱国公。欧子：宋代文学家欧阳修，称"子"表示尊崇。何其凄然：多么凄凉。

朝　廷

三皇为皇，五帝为帝。

【注释】三皇：天皇，地皇，人皇。五帝：说法不一，一般指伏羲、神农、黄帝、唐尧、虞舜。

以德行仁者王，以力假仁者霸。

【注释】行仁：施行仁政。以力假仁者霸：借助实力（包括土地军队等）代行仁义的称为霸主。假：代替。东周天子的权威逐渐衰弱，实力强大的诸侯成为多个诸侯国的盟主，叫做“霸”，也叫“伯”，即为首的。如春秋时有“五霸”，一般指齐桓公、晋文公、秦穆公、楚庄王、宋襄公（或吴王阖闾）。

天子天下之主，诸侯一国之君。

【注释】周朝把天下分为许多小国，各国国君统称诸侯，诸侯分公、侯、伯、子、男五等。

官天下，乃以位让贤；家天下，是以位传子。

【注释】官天下：把天下看作公有的。尧、舜时实行禅让制，由贤者继承君位，是“官天下”。家天下：把天下当作自家所私有。到禹时将君位传给儿子，是“家天下”。自此历代帝王都是传位给儿子，个别传给弟、侄，也是家天下。

陛下，尊称天子；殿下，尊重宗藩。

【注释】陛下：臣下对君主的尊称，从秦始皇开始专称皇帝。宗藩：原指与天子同姓的诸侯，汉以后指受封的宗族。

皇帝即位曰龙飞，人臣觐君曰虎拜。

【注释】龙飞：取《易经·干》“飞龙在天”之意。觐：jìn，拜见。虎拜：出自《诗经·大雅·江汉》“虎拜稽首，天子万寿”。

皇帝之言，谓之纶音；皇后之命，乃称懿旨。

【注释】《礼记·缁衣》：“王言如丝，其出如纶，王言如纶，其出如綍（fú）。”所以帝王诏书也叫纶綍。皇帝之命叫圣旨，皇后之命叫懿旨。懿：美。

椒房是皇后所居，枫宸乃人君所莅。

【注释】椒房：汉代后宫多以椒涂墙，用以取温暖、避恶气。枫宸：帝王居处叫宸，殿前多植枫树，因而得名。所莅：所在的地方。

天子尊崇，故称元首；臣邻辅翼，故曰股肱。

【注释】《书经·益稷》：“元首明哉，股肱良哉。”元首：元是头，首也是头，头居身体最上位，所以称国家最高统领者为元首。臣邻：帝王身边的大臣。股肱（gōng）：大腿和胳膊。

龙之种，麟之角，俱誉宗藩；君之储，国之贰，皆称太子。

【注释】南朝萧统所编《文选》：“高帝（汉高祖）子孙龙之种，文王（周文王）宗族麟之角。”是说他们尊贵不凡。君之储、国之贰：君主的接班人。汉以后皇帝立为继位人的嫡子始称太子。

帝子爰立青宫，帝印乃是玉玺。

【注释】皇帝之子立为太子，居于东宫，东方属青，所以太子宫也叫青宫。爰：yuán，曰，称为。玺：印章，秦以前尊卑通用。秦始皇得蓝田玉，刻上李斯篆文“受命于天，既寿永昌”八字，从此把皇帝专用的印章叫做玉玺。

宗室之派演于天潢，帝胄之谱名为玉牒。

【注释】宗室之派演于天潢：宗室的支系派别是皇帝宗室的延长。派：流派，支系。演：水流长，引申为引长、延及。潢：水池。天潢：指皇帝宗室。帝胄：皇帝的后代。记载皇帝宗族世系的族谱叫“玉牒”。牒：簿册。

前星耀彩，共祝太子以千秋；嵩岳效灵，三呼天子以万岁。

【注释】古人认为，天上三星中的中星代表天子位，前星代表太子位，后星代表庶子位。唐玄宗为太子时，在八月五日生辰这天在花萼楼宴请百官，张说（玄宗时为中书令）请把这天定为千秋节。据史书记载，汉武帝登嵩山，武帝与随从的人都听到嵩山三次高呼万岁，认为是嵩山显灵。“山呼万岁”源于此。

神器大宝，皆言帝位；妃嫔媵嫱，总是宫娥。

【注释】嫔：pín，宫中女官。媵：yìng，随皇后陪嫁过来的女子。嫱：qiáng，宫中女官。总：都，全。宫娥：宫女。

姜后脱簪而待罪，世称哲后；马后练服以鸣俭，共仰贤妃。

【注释】《列女传》记载：周宣王曾晚起（睡懒觉），姜后脱下头簪请罪，使人对王说：“是我的过错，导致君王乐色而忘德，失礼而晚起。”宣王说：“是我无德，不是你的过错。”从此勤于政事。哲后：聪明的后妃。汉明帝的皇后马后，穿素色粗帛衣服，饮食节俭，以此做天下表率。鸣俭：宣示俭朴。

唐放勋德配昊天，遂动华封之三祝；汉太子恩覃少海，乃兴乐府之四歌。

【注释】唐放勋：尧帝名放勋（一说“放勋”是功勋极大的意思），初居于陶（在今山东省），后封于唐（在今山西省），所以称尧帝为唐放勋。昊天：广大无边的天。遂：于是。动：启动，引发。华封之三祝：尧帝到华山巡视，华山封人（地官司徒的属官）祝愿他多福、多寿、多男子。汉太子：即后来的汉明帝。恩覃少海：恩深如少海。覃：深厚。少海：渤海，又称幼海。乃兴乐府之四歌：汉明帝为太子时，乐人作歌四章歌颂他的恩德：第一章为“日重光”，第二章为“月重轮”，第三章为“星重辉”，第四章为“海重润”。乃：于是。兴：作。

德奉三无，功安九有。

【注释】意思是，作为帝王，要具有“三无”那样的仁德，要建立安定九有（九州）那样的功勋。三无：天无私覆，地无私载，日月无私照。

设鼓悬钟，千古仰夏王之乐善；释旄结袜，万年钦西伯之尊贤。

【注释】设鼓悬钟：《史记》记载，夏禹治天下，设鼓悬钟于大门外，有进言的可击鼓敲钟报知。仰：景仰。乐善：喜欢听取善言。释旄结袜：《韩非子》记载：文王伐崇（古国名）时，行军途中袜带松开了，便放下手中的指挥旗，俯身系好袜带。太公问：“为什么要亲自动手呢？”文王说：“跟随我的都是先君的臣子，不可烦劳他们啊。”西伯：西部的首领，即周文王。

帝尧用心，哀孺子又哀妇人；武王伐暴，廉货财还廉女色。

【注释】《庄子·天道》记载：舜问尧：“您所用心的是什么？”尧说：“处境困窘、生活贫穷的男女老少，都是我所用心的。”孺子：小孩子。《史记》记载：周武王灭商，上堂见到宝玉，说：“这些宝玉都是诸侯的，应该归还诸侯。”入室看见女子，说：“她们都是诸侯之女，应该送归诸侯。”天下人听说了，都赞叹武王不贪财不好色。伐暴：指讨伐暴虐的商纣王。廉：不贪。

六宫无丽服，玄宗罢织锦之坊；万姓有余粮，周祖建绘农之阁。

【注释】唐玄宗初年，倡俭禁奢，命后妃以下，都不得穿着锦绣衣服，不得佩戴珠玉，并关闭了两京（长安、洛阳）织锦的作坊。五代时，后周世宗重视农桑，曾建阁绘画农夫蚕女劳作的情状于其中，还派出三十多名官员分赴各郡均定田租。

仁宗味淡而撤蟹，晋武尚朴而焚裘。

【注释】宋仁宗要吃新蟹，御膳房蒸了二十八只进上，仁宗问得花钱多少？身边的人回答说“二十八千”。仁宗说：“一下筷子就耗费二十八千，我不忍心吃啊！”便叫人撤去不吃了。太医司马程据献给晋武帝一件雉头裘（野鸡头的羽毛做成的皮衣），武帝叫人把它在殿前烧掉，并命天下不得进献奇装异服。

汉文除肉刑，仁昭法外；武王分宝玉，恩溢伦中。

【注释】汉文帝施仁政，下令废除前代残酷的肉刑，以髡钳（kūn

qián，剃去头发用铁圈箍住脖子）取代黥（qíng，刺面涂墨的墨刑），以笞（用鞭、杖、竹板打）三百取代劓（yì，割掉鼻子），以笞五百取代砍掉左脚。昭：昭示。周武王把宝玉分给伯叔之国（诸侯），以表示重视亲族。伦：同辈，同类，此指同姓诸侯。

更知唐王颂成功，舞扬七德；且仰汉高颁令典，约法三章。

【注释】唐代初年有《秦王破阵舞曲》（唐太宗李世民称帝前封为秦王），后人称之为《七德舞》。秦末，刘邦攻入关中，约法三章：杀人者死，伤人及盗抵罪。因而收到稳定民心的效果。典：典章，法典。

文臣

帝王有出震向离之象，大臣有补天浴日之功。

【注释】《周易：说卦传》："帝出于震……相见乎离。"震在东方，象雷。离在南方，象火。有火则明，万物都能相见。比喻帝王像太阳照耀天下。《宋史》记载：赵鼎（宋高宗时宰相）上疏说："张浚（川陕京西诸路宣抚使）出使川陕，国势百倍于今，浚有补天浴日之功（比喻功勋极大），陛下有砺山带河之势（把泰山看做磨石般小，把黄河看做带一样窄，比喻权势极强），君臣相信（相互信任），古今无二。"

三公上应三台，郎官上应列宿。

【注释】三公：朝中的高级官员，有的朝代指太师、太保、太傅，有的朝代指大司马、大司寇、大司空。三台：天上的三台星，分上台、中台、下台共六星，古代以星宿象征人事，所谓“在人曰三公，在天曰三台”，人间的三公和天上的三台相对应。郎官：帝王的侍从官。列宿：众星宿。

宰相位居台铉，吏部职掌铨衡。

【注释】台：三台星。铉：xuàn，举鼎的器具，穿入鼎耳，两人共举。台铉指宰相，表示职位重要。铨衡：度量工具，此指考核选拔官员。

吏部天官大冢宰，户部地官大司徒。

【注释】称吏部尚书为大冢宰，又叫天卿、太宰、太师，职责是统管众官，犹如天道统理万物，所以称“天官”。称户部尚书为大司徒，又叫地卿、农师，职责是安抚万民，犹如地道生养万物，所以称“地官”。

礼部春官大宗伯，兵部夏官大司马。

【注释】称礼部尚书为大宗伯，又叫春卿，掌管典礼，礼文繁褥，如春发生，所以称“春官”。称兵部尚书为大司马，又叫夏卿、司戎、大常伯，掌管军事，兵威震赫，如夏长盛，所以称“夏官”。

刑部秋官大司寇，工部冬官大司空。

【注释】称刑部尚书为大司寇，又叫秋卿、士师，他们管刑狱，如秋肃杀，所以称“秋官”。称工部尚书为大司空，又叫冬卿，他们主管建筑、制造，使民有所居，如冬收藏，所以称“冬官”。

都宪、中丞，都御史之号；内翰、学士，翰林院之称。

【注释】汉代以后设御史台，为监察机构，明代改称都察院，长官为都御史。唐代初设翰林，为内廷供奉之官，唐玄宗时设翰林院，负责为皇帝起草文书。

天使誉称行人，司城尊称祭酒。

【注释】天使：天子的使者。行人：传达皇帝诏令的官员。司城：即司空，主管工业的官。祭酒：对位尊者的尊称。

称都堂曰大抚台，称巡按曰大柱史。

【注释】都堂、大抚台、巡按、大柱史都是巡察、司法官员的称号。

方伯、藩侯，左右布政之号；宪台、廉宪，提刑按察之称。

【注释】上联所指是掌管一省户政赋役的长官。下联所指是掌管一省司法刑罚的长官。

宗师称为大文衡，副使称为大宪副。

【注释】宗师、大文衡：掌管一省教育的官。副使、大宪副：监察史的副手。

郡侯、邦伯，知府名尊；郡丞、贰侯，同知誉美。

【注释】郡侯、邦伯、知府，都是郡、州、府长官的名称。郡丞、贰侯、同知，都是郡、州、府副长官的名称。

郡宰、别驾，乃称通判；司理、廌史，赞美推官。

【注释】通判：监督征粮的地方官。推官：府中理刑办案的官。廌：zhì，豸的本体字。

刺史、州牧，乃知州之两号；廌史、台谏，即知县之尊称。

【注释】刺史、州牧和廌史、台谏是州、县两级官长的不同名称。(古代县官也直接审理案件，所以“廌史”既指县官，也指司法官。)

乡宦曰乡绅，农官曰田畯。

【注释】乡绅：古时做官的，身穿朝服，腰束大带，一乡之中束大带的官叫做“乡绅”。田畯（jùn）：古时管农事的下层官员。

钧座、台座，皆称仕宦；帐下、麾下，并美武官。

【注释】钧座、台座：对上级官长的敬称。仕宦：做官的。帐：本指行军时大将所居的帷帐。麾：huī，本指指挥军队的旗子。并：同，同是。美：美称，尊称。

秩官既分九品，命妇亦有七阶。

【注释】秩官：官员等级。九品：九个等级。命妇：受诰命（封号）之妇。古代官员的母亲和妻子都可以被授予封号。七阶：七个等级（夫人、亦夫人、淑人、恭人、宜人、安人、孺人）。

妇人受封曰金花诰，状元报捷曰紫泥封。

【注释】唐玄宗诰封众夫人，用金花罗纸书写，称为“金花诰”。唐代进士及第，用紫泥封住报喜的书函，称为“紫泥封”。

唐玄宗以金瓯覆宰相之名，宋真宗以美珠箝谏臣之口。

【注释】唐玄宗将任命宰相，先写好名字用金盆盖住，正好太子进来，玄宗说：“这里面是宰相名字，你猜是谁呢?”太子说：“莫非是崔琳、卢从愿吗?”玄宗说：“是的。”原来他们二人素有声望，所以太子能猜中。王钦若劝宋真宗到泰山封禅，真宗担心大臣王旦反对，就赐给王旦一樽酒，说：“此酒极佳，回家与妻儿共享吧。”王旦回家打开一看，里面装的是美珠，悟出皇上的用意，不敢再提异议了。

金马玉堂，羡翰林之声价；朱幡皂盖，仰郡守之威仪。

【注释】金马：汉武帝得大宛马，铸铜马像立于官署门前，称为“金马门”。玉堂：宋太宗时，苏易简累官至翰林，皇上书“玉堂之署”四字赐他。朱幡皂盖：汉代太守的仪仗有红色的旗幡和黑色的伞盖。

台辅曰紫阁名公，知府曰黄堂太守。

【注释】台辅：指朝廷里职位高的三公。紫阁：宰相办公的处所。黄堂：太守办公的处所，正堂用雌黄涂墙。

府尹之禄二千石，太守之马五花骢。

【注释】汉代京都设京兆尹，唐代东都（洛阳）、西都（长安）、北都（太原，唐朝发祥于此）各设府尹，明代应天府（南京）、顺天府（北京）也各设府尹。汉代太守乘四匹马拉的车，政绩优异的，可加一马，所以以“五花骢”誉称太守。骢：青白色的马。

代天巡狩，赞称巡按；指日高升，预贺官僚。

【注释】古时天子巡行诸侯所守之土，察其政事，后以巡按代之，所以叫“代天巡狩”。指日高升：官职升迁，指日可待。

初到任曰下车，告致仕曰解组。

【注释】告：请求。致仕：（官员）退休。解组：解下系印的绶带，即辞去官职。欧阳修《致仕表》：“俾（使）其解组公庭（官府），还车（回归）故里。”

藩垣屏翰，方伯犹古诸侯之国；墨绶铜章，令尹即古子男之帮。

【注释】藩垣屏翰：比喻镇守一方的官员。方伯：地方长官。墨绶铜章：比喻县令。令尹即古子男之帮：县令管理的地方相当于古代子国、男国一样的小诸侯国。

萧曹相汉高，曾为刀笔吏；汲黯相汉武，真是社稷臣。

【注释】萧曹：萧何、曹参，秦代曾为刀笔吏，助刘邦得天下后先后任丞相。汲黯：汉武帝的谏臣，位列九卿，敢于当面指出别人的过失。社稷臣：关系国家安危的大臣。汉武帝说：“古有社稷之臣，汲黯是也（汲黯就是这样的大臣）。”

召伯布文王之政，尝舍甘棠之下，后人思其遗爱，不忍伐其树；孔明有王佐之才，尝隐草庐之中，先主慕其令名，乃三顾其庐。

【注释】召伯：召（shào）公奭（shì），姬姓，周的支族，周武王的大臣，封于召。曾居甘棠树下，死后有人作《甘棠赋》以表思念。先主：指刘备。令名：美名。乃：就，于是。

鱼头参政，鲁宗道秉性骨鲠；伴食宰相，卢怀慎居位无能。

【注释】鲁宗道做宋朝参政，刚正疾恶，遇事敢言，权贵们也怕他，称“鱼头（“鲁”字为“鱼”头）参政”。唐玄宗宰相卢怀慎，德高能低，自认为才能不如另一宰相姚崇，有事往往推给姚崇处理，因而被人称为“伴食（陪着吃饭）宰相”。

王德用，人称黑王相公；赵清献，世号铁面御史。

【注释】宋仁宗时，枢密使王德用熟悉军中实情，虽未曾亲自督战，却名闻四方，即使妇人孩子也呼他为“黑王相公”。宋神宗时，赵汴（谥号“清献”）任殿中侍御史，权贵亲幸有罪过也敢弹劾，声震京师，世人给他个“铁面御史”的称号。

汉刘宽责民，蒲鞭示辱；项仲山洁己，饮马投钱。

【注释】东汉南阳太守刘宽，为官宽厚，吏民有过，只用蒲草鞭子处罚，以示耻辱。东汉安陵（在今陕西省）人项仲山，以清廉著称，每次饮马渭水，都要投钱三文，以表示不白饮水。

李善感直言不讳，竞称鸣凤朝阳；汉张纲弹劾无私，直斥豺狼当道。

【注释】唐高宗时，褚遂良因上疏劝阻废王皇后，被贬而死，此后二十年无人敢直言极谏。到唐中宗时，李善感任监察御史，始敢直言极谏，于是人们竞相称赞他是“鸣凤朝阳”（凤凰朝着太阳鸣叫）。东汉张纲任御史，顺帝派他和另外七人到外地巡察风俗，张纲把车轮埋在洛阳都亭下（表示不奉命前往），说：“豺狼当道，安问（为什么倒去过问）狐狸。”于是入朝劾奏大将军梁冀及其弟的不法行为。

民爱邓侯之政，挽之不留；人嫌谢令之贪，推之不去。

【注释】晋代邓攸任吴郡太守，为官清廉，离任时百姓攀船挽留，船不得行，至半夜才悄悄离去。而他的前任太守谢令非常贪财，为民所嫌恶。吴郡人作歌谣：“邓侯挽不留，谢令推不去。”

廉范守蜀郡，民歌五袴；张堪守渔阳，麦穗两歧。

【注释】东汉廉范为蜀郡太守，废除为防火灾而禁民夜间劳作的旧制，百姓非常欢迎，歌唱说：“廉叔度（廉范字），来何暮（晚，迟），不禁火，民安作（安心劳作），昔无襦（短衣），今五袴（同“裤”）。”东汉张堪做渔阳太守，鼓励耕稼，以致殷富，百姓作歌谣：“桑无附枝（桑树没有多余的枝条，来年就丰收），麦秀两歧（一茎长出两个麦穗，是祥瑞征兆），张君为政，乐不可支。”

鲁恭为中牟令，桑下有驯雉之异；郭伋为并州守，儿童有竹马之迎。

【注释】东汉鲁恭任中牟县令时，桑树下的野鸡都很驯服，连小孩子都知道它们还要抚养幼雉而不去捕捉它。异：指不同寻常的现象。东汉郭伋（jí）为并州太守，素有恩德，一次到河西巡察时，数百儿童骑着竹马（以竹竿当做马）在道旁欢迎他。

鲜于子骏，宁非一路福星；司马温公，真是万家生佛。

【注释】鲜于子骏名侁（shēn），宋神宗时任京中转运使。齐鲁地区大饥，子骏受命前去治理，政绩卓著。司马光对人说：“齐鲁之区，凋残已甚，须侁救，此一路（“路”是行政区划名）福星也。”宁：岂。司马温公：司马光，《资治通鉴》主编，宋哲宗时任宰相，封温国公。司马光恩德惠及众人，被誉为“万家生（活）佛”。

鸾凤不栖枳棘，羡仇香之为主簿；河阳遍种桃花，乃潘岳之为县官。

【注释】东汉仇香为洛阳县主簿，县令王涣认为他值得栽培，说“枳棘非鸾凤所栖”，便自己出资送他入太学深造，后来仇香学有所成，声名大振。枳棘：两种有刺的树。晋代潘岳任河阳尹时，百姓有负债还不了的，潘岳就叫他们种植桃树，官府代他们还债。等到他离任时，全县种满桃树，遍开桃花，人们称河阳为“花县”。

刘昆宰江陵，昔日反风灭火；龚遂守渤海，令民卖刀买牛。

【注释】汉朝刘昆为江陵令时，一次发生火灾，刘昆对火叩头，风反转过来将火扑灭。宰江陵：做江陵县官。西汉时，渤海郡遭遇饥荒，盗贼四起，汉宣帝派龚遂出任郡守，龚遂到达郡界，传令不要追捕盗贼，盗贼都很高兴，竟带着刀剑前来迎接，龚遂就劝他们卖刀买犊，卖剑买牛，努力于农业生产，改恶从善。守渤海：做渤海郡太守。

俗美化醇，尹翁归去思蜀郡；名高望重，汲长孺卧治淮阳。

【注释】俗美化醇：民风民俗良好纯正。西汉尹翁归（一说是文翁，当是）为蜀郡太守，政绩卓著，去世后百姓都思念他。汉武帝委任汲黯（字长孺）为淮阳太守，汲黯因病辞谢不受，武帝说：“君（你）薄（轻视）淮阳邪？吾今召君矣，顾（考虑）淮阳吏民不相得（不和谐），吾徒得君之重（我只是借重你的名声），卧而治之。”

张魏公作冲天羽翼，李长吉为瑞世琼瑶。

【注释】宋代张浚（封魏国公）被任命为礼部侍郎，宋孝宗在便殿召见他，说：“朕（我）将有为，正欲一飞冲天而无羽翼，卿

（你）为朕留意。”唐代李长吉（名质），为承旨（翰林院官员），韩愈祝贺他是“盛世之琼瑶（珍宝）也”！

士仰直声，汉世喜多二鲍；民歌善政，江东闻有三岑。

【注释】东汉鲍永、鲍恢为御史，坦率耿直，贵戚不敢恣意妄为，受到士人敬仰，号称“二鲍”。唐代岑羲为金坛令，其弟仲翔为长州令，仲休为溧水令，都有好的政绩，得到百姓赞扬，世称“三岑”。上述三县都在江东地区。

棠棣理政多能，刘氏弟兄守南郡；桥梓治县有谱，傅家父子宰山阴。

【注释】棠棣：代指兄弟。南朝梁刘之遴任南郡太守，恩惠遍及百姓，死后其弟刘之亨继任，也仁爱，都受到吏民爱戴，称呼他俩为大南郡、小南郡。桥梓：代指父子。南朝宋傅僧佑、傅琰父子相继为山阴令尹，都有奇绩，人们称赞他们父子治县有谱（指治理政事有章法有办法）。

政简刑清，姜谟号太平官府；身修行洁，裴侠称独立使君。

【注释】唐代姜谟为秦州刺史，政简（为政不扰民）刑清（刑罚公正），吏民高兴地说：“想不到现在能见到太平官府”。后周裴侠为河北郡太守，一次入朝，周太祖特命他另外站着（不用跪下），对各郡太守说：“裴侠清慎奉公，为天下之最，今众中有如侠者，可与之俱立。”众人都默不作声。时人号称裴侠为“独立使君”。“使君”是汉代以后对州郡长官的尊称。

袁尚书学问深宏，不愧魏朝杜预；寇丞相事功彪炳，真为宋代谢安。

【注释】后魏肃宗把袁翻（任都官尚书）比作魏朝的杜预（杜预字元凯，晋朝尚书，博学，多谋略，人称“杜武库”）。在一次宴会上，举杯对群臣说：“袁尚书朕之杜预，欲以此杯敬属元凯，今为尽之（干杯）。”侍座者莫不羡仰。宋真宗时，契丹入侵，寇准力主真宗亲征，寇准指挥澶（chán）州（在今河南濮阳西）之役，迫使契丹订立澶渊之盟，时人把他的战功与晋朝谢安相比。（东晋谢安指挥淝水之战，大败秦王苻坚。）

熙宁三舍人，乃一朝硕彦；庆历四谏士，实千古良臣。

【注释】熙宁：宋神宗年号。三舍人：宋敏求、苏仲、李大临是熙宁年间的中书舍人（起草诏诰的官员）。硕彦：有大才之士。庆历：宋仁宗年号。四谏士：余靖、欧阳修、王素、蔡襄同为谏官，都能尽职尽责。

宰相必用读书人，舍窦可象谁当鼎轴；状元曾是瞌睡汉，惟吕文穆乃占魁名。

【注释】宋太祖即位，年号初为建隆，后改为乾德。一天见宫人有面镜子，标明乾德四年铸，臣下无人晓得这个“乾德”是怎么回事。问宰相窦仪（字可象），窦仪说这个宫人一定是蜀地女子，蜀王有“乾德”的年号。太祖叹道：“宰相须用读书人！”鼎轴：比喻栋梁之臣。宋代吕蒙正，曾任户部尚书、太子太师，死后谥文穆。吕蒙正早年所作诗中有“挑尽寒灯梦不成”句，胡旦（曾任右拾遗，好读书，著书甚多）讥笑他是“一瞌睡汉”。次年吕中状元，捎话告诉胡旦“瞌睡汉今中状元”，胡旦非常惭愧。惟：只有。乃：却，竟然。魁：居第一的。

武职

韩柳欧苏，固文人之最著；起翦颇牧，乃武将之多奇。

【注释】韩柳欧苏：唐代文学家韩愈、柳宗元和宋代文学家欧阳修、苏轼（也可包括苏洵、苏辙）。起翦颇牧：战国时秦国的大将白起、王翦和赵国的大将廉颇、李牧。最著：最为著名。多奇：多有奇功。

范仲淹胸中具数万甲兵，楚项羽江东有八千子弟。

【注释】西夏入侵延州，宋仁宗以范仲淹兼延州知州，到任后，练兵蓄锐，告诫将士不要轻动，西夏人相互告诫说："无以延州为意（别再打延州的主意），今小范（范仲淹）老子，胸中自有数万甲兵（比喻富有韬略），不比大范（范雍，累官礼部尚书）老子可欺也！"原楚国的项羽于秦末起兵，杀了会稽太守殷通，率江东八千子弟渡江向西击秦。

孙膑吴起，将略堪夸；穰苴尉缭，兵机莫测。

【注释】孙膑：战国时军事家，齐国人，著《孙膑兵法》。吴起：战国时军事家，卫国人，在魏国做官，善于用兵，著有《吴子兵法》。将略：指挥军队作战的谋略。穰苴：ráng jū，司马穰苴，春秋时名将，齐国人，著有兵书《司马法》。尉缭：战国时魏国人（一说齐国人），军事家，著有《尉缭子》。兵机莫测：用兵的机谋，别人无法预知。

姜太公有《六韬》，黄石公有《三略》。

【注释】六韬：汉代人采拾旧说，假托为姜太公（吕尚）编写的古兵书。分文韬、武韬、龙韬、虎韬、豹韬、犬韬，记的是周文王、周武王请教姜太公用兵作战的事。三略：古兵书，分上略、中略、下略，相传也是姜太公所著，经秦代隐士黄石公加以推演，名为《太公兵法》，后来送给了张良。

韩信将兵，多多益善；毛遂讥众，碌碌无奇。

【注释】刘邦曾问韩信能带多少兵，韩信说“多多益善”。将：统领。战国时，秦攻赵，赵王派平原君求救于楚国，门客毛遂自荐随往。楚王好长时间下不了决心，毛遂按剑上前，列举楚受秦欺的多个事例，晓以利害，终于说服了楚王出兵援赵。过后，毛遂讥讽其余随往的十九人为“碌碌无奇”之辈。

大将曰干城，武士曰武弁。

【注释】《诗经·周南·兔罝》：“赳赳武夫，公侯干（盾牌）城(城墙)。”弁：biàn，头巾。武士是率领众卒的头目，犹如头巾是全身的首服。

都督称为大镇国，总兵称为大总戎。

【注释】魏文帝曹丕始设都督诸州军事的官职，也称大镇国，是中央军事长官，又称上将、元戎、大都尉。率兵出征的军队长官称总兵，也称大总戎、元帅、总制。

都阃即是都司，参戎即是参将。

【注释】都阃（kǔn）、都司是正职将领名称。参戎、参将是副职将领名称。

千户有户侯之仰，百户有百宰之称。

【注释】千户又叫大户侯、千夫长，即后来的千总，是中级武官。仰：敬仰，此为敬称的意思。百户又叫百宰、百夫长，即后来的把总，是低级武官。千户、百户始设于金，为世袭军职。

以车为户曰辕门，显揭战功曰露布。

【注释】驻军扎营时，立起两车，车辕相对当作门，叫做“辕门”。北魏时每战获胜，就把战功写在旗子上高高举起以显示于众，叫做“露布”。

下杀上谓之弑，上伐下谓之征。

【注释】弑：shì，臣杀君，子女杀父母都是下杀上，叫“弑”。征：上一级以武力征讨下一级。

交锋为对垒，求和曰求成。

【注释】对垒：两军交战，各筑垒（工事）相持、对阵。

战胜而回，谓之凯旋；战败而走，谓之奔北。

【注释】走：跑，逃跑。奔北：也作“败北”。“北”本是二人相背的意思，因此打败仗背向敌人而逃叫“奔北”或“败北”。

为君泄恨曰敌忾，为国救难曰勤王。

【注释】君：君王。敌忾（kài）：一致愤怒。勤王：为王朝尽力，对君主尽忠。

胆破心寒，比敌人慑服之状；风声鹤唳，惊士卒败北之魂。

【注释】《宋史·韩琦传》记载：宋代韩琦（官为陕西经略安抚招讨使）与范仲淹（兼延州知州）致力于收复西夏，名重一时，人心所归，守边士卒作歌谣："军中有一韩，西贼（西夏敌人）闻之心胆寒。军中有一范，西贼闻之惊破胆。"淝水之战，前秦的军队战败，败逃途中，听到风声与鹤鸣，都以为是晋兵追来。败北：背向敌人败逃。"北"本是二人相背的意思。

汉冯异当论功，独立大树下，不夸己绩；汉文帝尝劳军，亲幸细柳营，按辔徐行。

【注释】东汉冯异是刘秀起兵讨王莽时的偏将军，胜利后，将军们都坐在一起谈论个人的功劳，唯独冯异立在大树下，不参与论功。汉文帝曾到周亚夫的细柳军营劳军，守营门的军士不让进入，先驱告知是天子来了，军门都尉说："将军令曰：'军中闻（听从）将军令，不闻天子之诏。'"后经请示周亚夫，准许进入，但又告知随从的车骑："将军约（规定），军中不得驱驰。"于是文帝就按辔徐行（使马缓步前行）。文帝进到军营，亚夫以军礼拜见。看到周亚夫如此从严治军，文帝赞叹道："嗟乎，此真将军矣！曩者霸上、棘门军（先前看到霸上、棘门两处军营松垮散漫），若儿戏耳。"幸：皇帝或皇后到某处叫"幸"。

苻坚自夸将广，投鞭可以断流；毛遂自荐才奇，处囊便当脱颖。

【注释】前秦苻坚南侵东晋前，吹嘘自己将士众多，若将马鞭投于江中，足可截断江流。结果淝水一战为晋军所败。战国时，赵国平原君的门客毛遂自荐随同出使楚国，平原君说："夫贤士之处世也，譬若锥之处囊（袋）中，其末（尖端）立见（现，显现出来）。今先生处胜（平原君名赵胜）之门下三年于此矣，左右未有所称颂，胜未有所闻，是先生无所有也。先生不能，先生留。"毛遂曰："臣乃（那我就）今日请处囊中耳。使（假使）遂早得处囊中，乃（早就）颖脱而出，非特（不只是）其末见而已。"颖：细长物的尖端。成语"毛遂自荐"、"脱颖而出"，源此。

羞与哙等伍，韩信降作淮阴；无面见江东，项羽羞归故里。

【注释】韩信助刘邦打下天下，被封为楚王，刘邦见他威势过大，采用陈平之计，将他捉拿回朝，降为淮阴侯。韩信羞于和周勃、灌婴同列，称病不朝。一次他到樊哙那里，樊哙迎送时虽自称臣，而韩信却笑道："生乃与哙等为伍（我活得竟与樊哙等人为伍啊）！"楚汉相争，项羽为汉军所追，败退至乌江，乌江亭长劝他赶紧渡江，项王笑道："天之亡我，我何渡为！且籍（项羽名籍）与江东子弟八千人渡江而西，今无一人还；纵江东父兄怜而王我（拥我为王），我何面目见之！纵彼（他们）不言，籍独不愧于心乎？"于是拔剑自刎。

韩信受胯下之辱，张良有进履之谦。

【注释】韩信少年时喜欢佩剑到处游逛，同乡有一无赖欺侮他说："你不怕死就来刺我，怕死就从我胯下钻过去。"韩信瞪着他看了好长时间，终于俯身从他胯下钻了过去。后来韩信助刘邦打下天下被封为楚王，还让那个无赖做了个楚中尉的小官。张良游下邳，有一老人故意将鞋掉落桥下，叫张良给捡回来，张良忍气吞声下去捡回，老人又叫他给穿上，张良就跪着给他穿上。老人说：“孺子（小孩子）可教矣！”过后又一再考验张良，最后将《太公兵法》送给张良，并且说：“读此书可为帝师。”这个老人就是隐士黄石公。后来张良果然成为刘邦的重要谋士，刘邦称赞他“运筹帷幄之中，决胜千里之外”。

卫青为牧猪之奴，樊哙为屠狗之辈。

【注释】汉武帝的大将军卫青，年轻时家境贫穷，父亲让他为人放牧猪羊。樊哙年轻时家贫，以屠狗为业，与刘邦是沛县同乡，又是连襟，助刘邦打下天下，封为舞阳侯。

求士莫求全，毋以二卵弃干城之将；用人如用木，毋以寸朽弃连抱之材。

【注释】春秋时，子思向卫国国君推荐苟变做大将，卫侯说：“我知道他可以为将，但他做小吏时曾白吃过百姓两个鸡蛋，所以不想用他。”子思说：“用人如用木，不要因为有寸把长的朽烂就弃掉数人合抱的良材。当今处于战国之世，不可因为两个鸡蛋的小事而抛弃干城之将。”毋：不要。干城：盾牌和城郭，比喻御敌的大将。

君子之身，可大可小；丈夫之志，能屈能伸。

【注释】上联取意于老子的话：“君子得时（得志）则驾（乘车），不得时则蓬累而行（头上戴着蓬蒿，用两手扶着走路）。”（《史记·老庄申韩列传》）。下联取意于孟子的话：“古之人，得志，泽（恩惠）加于民；不得志，修身见（现）于世。穷（处境困窘）则独善其身，达（地位显贵）则兼善天下。”（《孟子·尽心上》）。

自古英雄，难以枚举；欲详将略，须读武经。

【注释】枚举：一个一个地列举。欲详将略：想要懂得为将的韬略。武经：古代兵法书。

黄骍少年，登先陷阵；白马长史，殿后摧锋。

【注释】北魏裴果，年轻时慷慨有志略，常骑骍（zōu）马，时号“黄骍少年”。从军征讨，总是冲锋陷阵在前，屡建战功。东汉公孙瓒为辽东属国长史，常骑白马，乌桓人都怕他，互相告诫要“避白马长史”。殿后摧锋：行军作战时或殿后护卫，或冲锋在前。

天子遣赵将军，真得御边之策；路人问霍去病，速收绝漠之勋。

【注释】赵将军：赵充国；汉武帝时为中郎将，汉宣帝时西羌叛乱，赵充国时年已七十有余，还能率兵平叛，稳定了西域局势。南朝梁曹景宗击败魏军回来，梁武帝萧衍在华光殿开宴并联句，字韵差不多用完了，只剩下竞、病二韵，景宗操笔立成一诗：“去时儿女悲，归来笳鼓竞。借问行路人，何如霍去病?”速收绝漠之勋：指汉武帝时名将霍去病前后六次北击匈奴的功勋。绝漠：极远的荒漠地带。

北敌势方强，娄师德八遇八克；南蛮心不服，诸葛亮七纵七擒。

【注释】武则天时，娄师德任监察御史兼河源军司马，西羌侵犯边境，奉诏西征，与敌八次遭遇，八次获胜。孟获为南蛮的首领，诸葛亮想使他心服，七擒七纵，孟获说：“丞相天威，南人不复（再）反矣。”

卫将军一举而朔庭空，仗剑洗刘家日月；薛总管三箭而天山定，

弯弓造李氏乾坤。

【注释】汉武帝以卫青为大将军征讨匈奴，匈奴军队往北逃遁，形成“朔庭空”的局面。朔庭：指北方匈奴王廷。刘家：指汉代朝廷。唐高宗时，以薛仁贵为总管领兵前往天山平息九姓突厥作乱，突厥派出数十勇士出阵挑战，薛仁贵连发三箭射杀其魁首三人，其余都下马投降。班师回朝时，军中歌唱道：“将军三箭定天山，战士长歌（放声高歌）入汉关（借汉指唐）。”李氏：指唐代朝廷。

韩信用木罂渡军，机谋叵测；田单以火牛出阵，势焰莫当。

【注释】魏王豹是战国时魏国的贵族，秦末天下大乱时自称魏王，以平阳（今山西临汾）为都城。楚汉相争时，他在项羽和刘邦之间动摇不定。刘邦使韩信进攻魏，魏王豹在蒲坂（今山西永济市蒲州镇）陈兵防御，韩信明里摆列船只像要渡向临晋（今陕西省大荔县）的样子，暗中却以木罂（yīng，一种浮渡的工具）从夏阳（在今陕西省韩城市南）渡河袭取安邑（战国魏国都城，在今山西夏县西北），最终全部攻下魏地。战国时齐将田单以火牛阵击退入侵的燕国军队。当：挡，抵挡。

太史慈乃猿臂英雄，班定远实虎头豪杰。

【注释】三国吴将太史慈，臂长如猿臂，善射。东汉班超，长相奇特，相面的说他“虎头燕额”，汉明帝时奉命率吏卒三十六人出使西域，以超凡的胆识取得成功，汉和帝时封他为定远侯。实：实为，实是。

力能迈众，敬德避矟而复夺矟；胆略过人，张辽出阵而复入阵。

【注释】迈众：超众。唐代名将尉迟敬德，勇猛善战，尤能避矟(shuò，长矛)，即使数敌共刺也能躲避，而他却往往能夺过敌人的长矛反刺过去。三国魏将张辽守合肥，被孙权所围，领数十人突围出来，其他军士高声呼叫："将军抛下我们不管了吗？"张辽又返身杀进敌阵带出余众。复：再，又。

狄天使可例云长，高敖曹堪比项籍。

【注释】北宋名将狄青，人们都叫他"狄天使"，宋仁宗想见识一下他，命他入朝，正赶上敌寇逼近平凉（在今甘肃省），就令他前往御敌，叫他绘制一张自己的图像进上一见，仁宗观其仪容，赞叹道："这是我的关羽啊！"例：类似，像。云长：三国关羽的字。北魏将领高昂，字敖曹，骁勇善战，人们把他比作项籍（项羽）。

紫髯会稽，振耀吴军武烈；黄须骁骑，奋扬曹氏威声。

【注释】三国魏将张辽询问吴军投降过来的人："有个骑马善射的紫须将军是谁？"回答说是"孙会稽（即孙权）"。张辽非常叹服。烈：威。曹操遣儿子曹彰领兵攻打乌桓（古民族名，在今东北），大胜，曹操高兴地捋着曹彰的胡须说："黄须儿大奇也！"骁骑：勇猛的骑手。曹彰被封为骁骑将。

鸦军雷军雁子军，鬼神褫魄；飞将锐将熊虎将，草木知名。

【注释】鸦军：唐将李克用，军中称他李鸦儿，他有支军队都穿黑衣，号鸦军。雷军：唐代凤翔节度使郑畋（tián）招募勇猛兵卒五百，所向披靡，号疾雷军。雁子军：唐将朱瑾在招募的骁勇兵卒双颊上刺双雁图纹，号雁子军。鬼神褫（chǐ，夺）魄：形容这种军队战斗力很强，属“特种兵”，连鬼神都会被他们吓得像丢了魂似的。飞将：隋末瓦岗起义军的单雄信极勇，为李密部将，号飞将。锐将：唐将马璘武艺绝伦，为中兴锐将。熊虎将：周瑜称关羽、张飞为熊虎将。草木知名：形容名声很大连草木都知道其名。

圻父，王之爪牙，诗旨真可味也；将军，国之心膂，人言其不谬乎。

【注释】《诗经·小雅·祈父》：“圻父予（我）王之爪牙。”圻（qí）父：官名，掌管京城一带的军事。爪牙：比喻武士、虎臣。诗旨真可味也：《诗经》的这一诗句的意思真值得体味。心膂：比喻得力的辅佐人才。人言其不谬乎：人们说的不差啊。

祖孙父子

何谓五伦：君臣、父子、兄弟、夫妇、朋友；何谓九族：高、曾、祖、考、已身、子、孙、曾、玄。

【注释】五伦：人与人之间的五种关系。《孟子·滕文公上》：“人之有道（规律）也，饱食、暖衣、逸居而无教，则近于禽兽。圣人（指舜）有忧之，使契（xiè）为司徒，教以人伦：父子有亲（亲情），君臣有义（忠义），夫妇有别（内外有别），长幼有序（尊卑或兄弟有次序），朋友有信（诚信）。”九族：同宗的上下九辈。考：父，后多指已死的父亲。

始祖曰鼻祖，远孙曰耳孙。

【注释】鼻祖：始祖，初祖，有世系可考的最初的祖先，取人怀胎鼻先成形之意。西汉扬雄撰《方言》：“凡人怀胎，鼻先受形，故为鼻祖。”耳孙：远代孙。没有眼见只是耳闻远代祖先的孙辈。东汉应劭说：“耳孙者，玄孙之子也，言去（离）其曾高益（更）远，但（只）耳闻之也。”

父子创造，曰肯构肯堂；父子俱贤，曰是父是子。

【注释】肯构肯堂：本意是父亲要建房，已设计好，儿子不肯打地基，更不肯构建。这里是反其意而用，指父子共创事业。是父是子：有这样的好父亲就有这样的好儿子。是：此。

父母俱存，谓之椿萱并茂；子孙发达，谓之兰桂腾芳。

【注释】椿萱：古人以椿树比喻父亲，以萱草（忘忧草）比喻母亲。兰桂：东晋谢玄以芝兰比喻子侄，晋代顾荣说：“桂子兰孙，为家之宝。”腾芳：升腾芳香，比喻扬美名。

桥木高而仰，似父之道；梓木低而俯，如子之卑。

【注释】《商君书》（据说为商鞅所撰）：“桥者父道也，梓者子道也。”桥木高而仰：桥木高，须仰视。梓木低而俯：梓木低，须俯视。卑：低。

不痴不聋，不作阿家阿翁；得亲顺亲，方可为人为子。

【注释】唐代郭子仪之子郭暧（ài）娶昇平公主为妻，夫妻不和，郭暧说：“你依仗你父是天子吗？我父还看不起天子，不肯做呢！”公主入朝奏报其父唐代宗，代宗说：“这不是你所明白的，他若真的想做天子，这天下难道还能是你家所有吗？”安慰晓谕一番叫她回去。郭子仪将儿子囚禁起来向皇帝请罪，代宗说：“不痴不聋，不做阿家

（gū）阿翁（公公婆婆）。儿女闺房里的话不要听它。”《孟子·离娄上》：“不得乎亲（不能使父母愉悦），不可以为人；不顺（孝顺）乎亲，不可以为子。”

盖父愆，名为干蛊；育义子，乃曰螟蛉。

【注释】盖父愆（qiān）：弥补父亲的过错。干蛊：能矫正父母之过而处事有才能。《易经·蛊》有“干父之蛊”，意思是儿子能干好父亲没干好的事。螟蛉：一种虫，比喻义子。古人误以为蜾蠃是将螟蛉收为义子。

生子当如孙仲谋，曹操羡孙权之语；生子须如李亚子，朱温叹存勖之词。

【注释】曹操见孙权军武整齐，叹道：“生子当如孙仲谋，如刘景昇（刘表）儿子，豚犬耳（猪狗而已）。”后唐庄宗李存勖（小名亚子）攻破后梁来寨，后梁太祖朱温（又名朱晃、朱全忠）叹道：“生子须如李亚子，吾（我）儿豚犬耳。”

菽水承欢，贫士养亲之乐；义方是训，父亲教子之严。

【注释】子路说：“伤者贫也（令人感伤的是贫穷），生无以为养，死无以为礼。”孔子说：“啜菽（shū）饮水尽其欢，此之谓孝矣（能给父母豆类吃清水喝使他们高兴，这就是孝了）。”义方是训：教子走正道才是正确的教育。春秋时卫国庄公之子州吁，有宠而好玩兵器，庄公也不禁止，卫国大夫石碏（què）劝诫庄公说：“臣闻爱子，教以义（走正道），弗纳于邪（不要使他走上邪路）。”

绍箕裘，子承父业；恢先绪，子振家声。

【注释】绍：继，承续。《礼记·学记》："良冶之子必学为裘（优秀的冶炼工匠的儿子，一定学做衣服），良弓之子必学为箕（优秀的制弓工匠的儿子，一定学编箕）。"恢：光大。先绪：先人的事业。

燕翼贻谋，乃称裕后之祖；克绳祖武，是称象贤之孙。

【注释】上联是说留给子孙好的谋生办法，就是使后代富裕的祖辈。《诗经·大雅·文王有声》里有"贻厥孙谋，以燕翼子"的诗句。燕翼：为子孙谋虑。下联是说继承祖先的足迹，就是能像祖先一样贤德的子孙。《诗经·大雅·下武》里有"绳其祖武"的诗句。克：能。绳：继承。武：足迹。

称人有令子，曰麟趾呈祥；称宦有贤郎，曰凤毛济美。

【注释】令子、贤郎：好儿子。麟趾、凤毛：对他人之子的赞美之词。呈祥：呈现吉祥。宦：官。济美：发扬光大前辈的美好业绩。

弑父自立，隋杨广之天性何存；杀子媚君，齐易牙之人心奚在。

【注释】弑：shì，臣杀君王，子杀父母。隋文帝杨坚卧病不起，太子杨广将侍奉榻前的后宫嫔妃都打发到别的屋子，不一会儿杨坚就死去了，于是朝廷内外颇有非议，认为是杨广急于即位而弑父。春秋时齐国大臣易牙，善于烹调，一次桓公叹道："天下的美味都尝过了，只是没有吃过人肉。"易牙就回家砍下儿子的两手烹调给桓公吃，从此更加得宠，言听计从。奚在：何在。

分甘以娱目，王羲之弄孙自乐；问安惟点颔，郭子仪厥孙最多。

【注释】东晋王羲之把自家园里甜甜的桑果分给孙子们吃，看在眼里乐在心里。弄：戏，逗。唐代大将郭子仪有八子七婿，孙辈数十人。孙子们每次向他问安，他分辨不清谁是谁，只是以点头为应。点颔：颔首，点头。厥：其，他的。

和丸教子，仲郢母之贤；戏彩娱亲，老莱子之孝。

【注释】唐代柳公绰之妻韩氏，曾用熊胆调和为丸，使儿子仲郢夜里嚼食，以此使他懂得勤苦。春秋时楚国隐士老莱子，年已七十三岁，双亲还健在，为使老人高兴，老莱子曾穿着五彩斑斓的衣服，像小孩子一样在双亲跟前戏耍，为双亲取饭食时，假装跌倒在地，并学着小儿啼哭，还时常把鸡雏拿到双亲身边玩耍作乐。

毛义捧檄，为亲之存；伯俞泣杖，因母之老。

【注释】东汉毛义，以孝亲著称，本无意做官，但有一天府里突然任命他为安阳令，毛义捧着任命书喜形于色。等到他母亲亡故，毛义就再不做官。别人这才明白他以前的喜悦原来是为得到一点官俸奉养母亲。檄：（委任）文书。存：存在，活着。汉代韩伯俞很有孝心，一次犯了过错遭母杖打，他忽然哭泣起来。母问："以前打你，你只是忍受着，这次为什么却哭了？"伯俞说："以前打得痛，知道母亲康健有力，今天打得不痛，知道母亲已年老力衰，所以才哭。"

慈母望子，倚门倚闾；游子思亲，陟岵陟屺。

【注释】望子：望子归来。闾：里巷的门。陟岵陟屺：《诗经·魏风·陟岵》："陟（zhì，登上）彼岵（hù，多草木的山）兮，瞻望父兮；陟彼屺（qǐ，无草木的山）兮，瞻望母兮。"

爱无差等，曰兄子如邻子；分有相同，曰吾翁即若翁。

【注释】“爱无差等（对人的爱没有差别等次）”是墨子之徒夷子对孟子说的。“兄子如邻子”是孟子反问夷子的话：夷子真的以为一个人对待他兄弟的儿子和对待邻家的孩子一样亲吗？（《孟子·滕文公上》）。楚汉相争时，项羽抓到汉王刘邦的父亲后，传话给被围困在荥阳的刘邦说：“今若不能很快攻下此城，我就把你老子煮了。”刘邦回话说：“我和你在楚怀王面前盟誓为兄弟，我老子就是你老子，你煮吧。”若：你，你的。

长男为主器，令子可克家。

【注释】长男：长子。主器：主掌宗庙祭器（的继承人）。令子：好儿子。克家：治家。

子光前曰充闾，子过父曰跨灶。

【注释】光前：荣耀于前辈。充闾：光大门户。晋代贾充刚生下时，他父亲说：“后当有充闾之庆（瑞祥）”，所以名为充，字为公闾。跨灶：一解为：灶上有釜（锅），跨灶就是跨釜（釜，谐音父），所以把子过父叫做“跨灶”。一解为：灶是马的足迹，马跑起来后蹄的痕迹超过前蹄的痕迹，叫“跨灶”，比喻儿子超过父亲。

宁馨、英畏，皆是羡人之儿；国器、掌珠，悉是称人之子。

【注释】宁馨：东晋王衍年轻时，山涛见他丰姿如瑶林琼树，说：“何物（哪个）老妪，生此宁馨儿（这样好的孩子）！”英畏：英俊而可敬畏。晋代桓温出生后，温峤端详他的相貌，说：“此儿有奇骨。”听到他的啼哭声，说：“真英物也！”隋代高孝基见到年轻的房玄龄

(后为唐太宗时宰相)，说："我见的人多了，没有像他这样的，当为国器（国家的栋梁之才）。"掌珠：掌中珠，极言珍贵。

经遗世训，韦玄成乐有贤父兄；书擅时名，王羲之却是佳子弟。

【注释】西汉韦贤和儿子韦玄成都因通晓经学步入仕途，位至丞相，人们说："遗（留给）子黄金满籯（yíng，箱笼一类器具），不如教子一经。"东晋王羲之自幼能文章、善书法，深为叔父王敦所器重，王敦曾对羲之说："你是我们家的优秀子弟。"

敬则应得鸣鼓角，母觇子荣；宗武更勿带罗囊，父规儿怠。

【注释】南齐王敬则的母亲曾对人说："敬则将来应能得到鸣鼓角。"人们笑她说："你儿子能给别人吹鼓角就不错了。"后来王敬则得以封侯，果然人们给他鸣鼓吹角以庆贺。觇：chān，观测，预见。杜甫作《示子宗武》诗，规劝儿子要勤奋读书，不要怠惰，诗中有"莫带紫罗囊（一种佩戴物）"句，意思是不要追求外表光鲜。

宋之问能分父绝，作述重光；狄兼谟绰有祖风，后先辉映。

【注释】唐代宋之问的父亲宋令文，富于文辞，工于书法，有超人的勇力，世人说他有"三绝"。后来宋之问以文章著名，其弟宋之悌以骁勇闻名，宋之逊精于草书隶书，世人说他们兄弟三人各得父亲一绝。作述：著述。重（chóng）光：比喻后人继承先人的功德。唐狄仁杰的孙子狄兼谟为人刚正，有祖父遗风，官至御史中丞，唐文宗说："你是狄梁公的后代，能保持狄家的声望。"绰：富有。后先辉映：后辈和先辈的光辉互相映照。

焚裘伏剑，罗母与陵母皆贤；跃鲤杀鸡，姜生与茅生并孝。

【注释】焚裘：东晋将军桓玄攻破荆州，荆州刺史殷仲堪被俘，被逼自杀，他的属下罗企生守节不降，被桓玄所杀。罗母得到噩耗，哭着说："忠臣也，死复何恨（死了又有什么遗憾）！"桓玄曾赠罗母羔羊皮衣，罗母哭过后就把它烧了。伏剑：王陵是刘邦的同乡，刘邦起兵后，王陵聚众数千跟从刘邦。项羽把王陵母亲抓到军中，诱招王陵。陵母私下对使者说："请替我告诉王陵，汉王（刘邦）是长者，我儿不要为我而生二心。"于是以剑自杀。跃鲤：东汉姜诗（官至江阳令）对母亲特别孝顺，母亲爱喝江水，想吃鲤鱼，忽然屋旁涌出江水，还跃出两条鲤鱼。杀鸡：东汉茅容四十多岁还是个农夫，大学者郭泰见到他，觉得他不同一般，便留宿他家。次日早茅容杀鸡，郭泰以为是要招待自己。可是鸡做好了，茅容端给母亲吃，而自己却另以蔬菜和郭泰同食。郭泰向他施礼说："卿贤乎哉（你真是个好儿子啊）！"

灵运子孙多是凤，岂是阿私；僧虔后嗣半为龙，原非自侈。

【注释】"灵运子孙多是凤"是苏东坡答马忠王诗句。灵运：谢灵运，南朝宋人，书画文章皆美。阿私：偏私。南朝齐王僧虔告诫儿子："吾门中（我家里）优者为龙为凤，劣者为虎为豹。失荫之后岂能虎之谓哉（失去先辈的荫庇之后难道还能叫做虎吗）？正宜各自努力耳。"自侈：自夸。

马援得璘能耀武，毕竟孙贤；祁奚举午不避亲，皆因子肖。

【注释】唐代马璘是东汉马援的后代，年轻时读《马援传》，读到"男儿要当死于边野，以马革裹尸还"时，慨然道："令吾祖勋业坠地下乎！”于是发奋而成为名将。春秋时晋国大夫祁奚（祁黄羊）年老请求退休，晋悼公问他谁可以接替他，他推荐仇人解狐，解狐没来得及就任就死了，祁奚又推荐自己的儿子祁午。肖：德才好。

触詟犹怜少子，乞请要于君前；萧俶喜见曾孙，效传呼于阶下。

【注释】战国时，赵国左师触詟（zhé）见太后，说：“老臣贱息（贱儿）舒祺，最少，不肖（不成材），而臣衰（衰老），窃（谦辞，私下）自怜（爱）之，愿令得补黑衣之数（原意使他充当一名卫士），以卫王宫。”太后说：“丈夫（男子）亦爱怜其少子乎？”回答说：“甚于妇人。”（事见《战国策·赵策》）。唐代宰相萧俶的曾孙萧愿，顽皮地学他在阶下的传呼声，萧俶对客人说：“我不以得相为喜，所幸寿考（高寿），又见曾孙。”

杜氏之宝田斯在，薛家之磐石犹存。

【注释】宋代杜孟游太学，因不满蔡京掌权，幡然回归，说：“忠孝，吾家之宝；经史，吾家之田。”时人称他“宝田杜氏”。斯：皆，尽。唐代薛元超任中书舍人，中书省有一磐石，他的祖父薛道衡为侍郎时常在磐石上起草文书，元超每见石思祖而泫然流涕。

词辨既见渊源，强项亦征风烈。

【注释】唐代员俶（chù）九岁时应诏入朝答问，能言善辩，唐玄宗十分惊异，说：“员半千（唐朝老臣）的孙子本当如此。”辨：同“辩”。汉灵帝夸奖杨震（安帝时为官，清正廉洁）的孙子杨奇说：“你是个不肯低头的人，不愧是杨震的子孙，有祖先的风烈（风范）。”强项：硬脖子，刚正不阿。征：证明。

兄弟

天下无不是底父母，世间最难得者兄弟。

【注释】宋代罗仲素论舜尽事亲之道说："只为天下无不是底父母"。不是：不对。底：的。北齐时有普明兄弟争田，积年不决，新任清河太守苏琼把他们招来晓谕说："天下难得者兄弟，易得者田地；倘得田地，失兄弟，心如何?"普明兄弟悔悟，于是和好。

须贻同气之光，无伤手足之雅。

【注释】贻：遗留。同气：指兄弟同为父母气血所生。手足：喻兄弟。雅：情谊。

玉昆金友，羡兄弟之俱贤；伯埙仲篪，谓声气之相应。

【注释】宋代王铨、王锡兄弟二人长相都很丰美，孝行名声相同，人们誉称他俩为"玉昆金友"。昆、友指兄弟，也是对他人兄弟的美称。唐代韦应物有"徘徊亲交恋，怆恨（liàng）昆友情"诗句。《诗经·小雅·何人斯》："伯氏（兄）吹埙，仲氏（弟）吹篪"，音声和谐喻兄弟和睦。埙（xūn）、篪(chí)：都是古乐器。

兄弟既翕，谓之花萼相辉；兄弟联芳，谓之棠棣竞秀。

【注释】翕：xī，和顺，协调。唐玄宗与诸兄弟相友爱，曾制作长枕大被，与兄弟同寝，又设五幄帐，与诸王同处其中，还将西楼题名为"花萼相辉"。联芳：同有美名。棠棣：植物名，常用以指兄弟。

《诗经·小雅·棠棣》：“棠棣（棠梨树，也作“常棣”）之花，鄂不（花萼与花蒂。鄂同“萼”）韡韡（wěi，鲜明的样子）。凡今之人，莫如兄弟。”

患难相顾，似鹡鸰之在原；手足分离，如雁行之折翼。

【注释】鹡鸰：jílíng，鸟名。《诗经·小雅·棠棣》：“鹡鸰在原（原野），兄弟急难。”后以鹡鸰喻兄弟。大雁排列成行飞行，如有折伤翅膀的，就要掉队离群。

元方季方俱盛德，祖太丘称为难弟难兄；宋郊宋祁俱中元，当时人号为大宋小宋。

【注释】东汉太丘令陈寔（shí）的长子叫元方，次子叫季方，元方之子叫长文，季方之子叫孝先，长文和孝先争论各自父亲谁更优秀，请祖父陈寔评说，陈寔说：“元方难为兄，季方难为弟。”意思是两人才德都好，难分高下。成语“难兄难弟”，本此。宋代宋郊、宋祁兄弟二人同时进士及第，弟宋祁中状元，当入朝谢恩时，章宪太后说：“弟岂可排在兄前？”于是也赐宋郊状元及第。所以说“俱中元”。

荀氏兄弟，得八龙之佳誉；河东伯仲，有三凤之美名。

【注释】东汉博学之士荀淑的八个儿子都有才名，人称“荀氏八龙”。河东：唐代设河东道，治所在蒲州（今山西永济）。伯仲：兄弟。古时以伯、仲、叔、季表示兄弟之间的顺序。三凤：唐代蒲州汾阴人薛收与堂兄薛元敬、族弟薛德音，都有文才，世称河东“三凤”。

煮豆燃萁，谓其相害；斗粟尺布，讥其不容。

【注释】曹丕即位后，嫉妒弟弟曹植的才华，想害他，令他七步成诗，否则定行大法，曹植当即吟道："煮豆燃豆萁，豆在釜中泣，本是同根生，相煎何太急！"曹丕感到惭愧而没有加害。汉文帝之弟淮南王刘长因谋反被废，发配到蜀郡，绝食而死，百姓作歌谣："一尺布尚可缝，一斗粟尚可舂，兄弟二人不相容。"

兄弟阋墙，即兄弟之斗狠；天生羽翼，谓兄弟之相亲。

【注释】阋（xì）墙：指兄弟之间争斗。魏文帝曹丕诗句："赐我一丸药，光辉有五色，服之三五月，身体生羽翼。"唐玄宗读后说："哪如我们兄弟，是天生的羽翼呢！"

姜家大被以同眠，宋君灼艾而分痛。

【注释】汉代姜肱与弟仲海、季江，虽都已成亲，却仍不愿分开睡觉，便做大被而同卧。宋太祖赵匡胤之弟赵匡义生病，灼艾治疗，弟感到疼，宋太祖也灼艾以分担弟弟的疼痛。

虽曰安宁之日，不如友生；其实凡今之人，莫如兄弟。

【注释】《诗经·小雅·常棣》："丧乱既平，既安且宁。虽有兄弟，不如友生。"友生：朋友。全联的意思是，虽说社会安定时期，兄弟情义不如朋友情谊，其实当今的人，看待朋友情谊还是不如兄弟情义。

诗歌绰绰，圣训怡怡。

【注释】诗歌指《诗经》。《诗经·小雅·角弓》："此令兄弟，绰绰有裕（这好兄弟之间，要多有相互宽待）。"圣训：圣人的教导。

《论语·子路》里说“兄弟怡怡（兄弟要和悦相亲）”。

羯末封胡，俱称彦秀；醍醐酪乳，并属奇珍。

【注释】羯末封胡：分别是东晋谢玄、谢川、谢韶、谢朗的小名。彦秀：俊秀。（“俱称彦秀”是指他们年轻时。后三人都早逝，只有谢玄成就大，以功名终。）醍醐酪乳：唐代穆赞、穆质、穆员、穆赏兄弟相处和睦，世人以“奇珍”称誉他们：“赞为酪，质为酥，员为醍醐（古时指从牛奶中提炼出来的精华），赏为乳。”

陆机、陆云，名共喧于洛邑；季心、季布，气并盖于关中。

【注释】晋灭吴后，陆机、陆云兄弟同到洛阳，才名轰动一时。季布原为项羽将领，后归刘邦，为人重然诺，楚人有谚语：“得黄金百斤，不如得季布一诺。”季心是季布之弟，有勇力，二人都闻名于关中。

文采则眉山轼辙，才名则秦氏韩通。

【注释】宋代苏轼、苏辙兄弟是眉山（在今四川省）人，文采粲然，号称大苏、小苏。唐代秦景通与弟秦景暐都有才名，精通《汉书》，号称大秦君、小秦君。

欲成弟名，虽择肥美而何咎；中分财产，宁取荒顿以为安。

【注释】东汉许武被太守第五伦举为孝廉，而许武想使两个弟弟成名，有意将家财一分为三，自取美肥的田地，强壮的奴婢，乡人都说许武贪婪，不讲兄弟情义，结果他两个弟弟便被举为孝廉。事后许武将家产全部推给两个弟弟。咎：错。东汉薛包好学术，其弟要求分家，包便将家财分成两份，自取年老的奴婢，贫瘠的田地，老旧的房屋，破旧的器物，把好的全留给弟弟。

爱敬宜法温公，恭让当师延寿。

【注释】 司马光（封温国公）之兄伯康，年将八十，司马光奉之若慈父，保之如婴儿，问饥问寒，关怀备至。法：效法。师：师法、效法。延寿：杨延寿，名椿，北魏时为官。杨氏世代家风纯厚，兄弟相处恭敬谦让。

夫 妇

孤阴则不生，独阳则不长，故天地配以阴阳；男以女为室，女以男为家，故人生偶以夫妇。

【注释】 阴阳：中国古代的哲学概念。古人把观察到的自然界的各种对立而又相联系的现象，如天地、日月、昼夜、寒暑、男女等，归纳为“阴阳”的概念。偶：成双，配偶。

阴阳和而后雨泽降，夫妇和而后家道成。

【注释】 和：和谐，协调。家道成：形成正常的家庭之道，即家庭中人与人的关系和谐正常。

夫谓妻曰拙荆，又曰内子；妻称夫曰藁砧，又曰良人。

【注释】 拙荆：谦称自己的妻子。“拙”表示无能，“荆”是以荆为钗，表示贫穷。藁砧：藁是稻草之类的秸秆，砧是垫板，把藁草放在砧板上，以铁切碎。铁与“夫”同音，后以“藁砧”作为妻子称丈夫的隐语。

贺人娶妻，曰荣谐伉俪；留物与妻，曰归遗细君。

【注释】伉俪：kàng lì，夫妻。细君：汉武帝准备分肉给跟从的臣子，东方朔抢先割了一块送回家去，有关官员告了他一状，武帝让他作检讨，东方朔说：“受赐不待诏（不等待帝命），何无礼也；拔剑割肉，一何壮（多么气壮）也；割之不多，一何廉（廉洁）也；归遗（wèi）细君（回家送给妻子），又何仁（多么有爱心）也。”

结发系是初婚，续弦乃是再娶。

【注释】三国魏曹植诗《种葛篇》：“与君初婚时，结发恩义深。”续弦：把断了的琴弦连接上，比喻再娶。

妇人重婚曰再醮，男子无偶曰鳏居。

【注释】重婚：再婚。醮：jiào，古代结婚时用酒祭神的礼仪。《孟子·梁惠王》：“老而无妻曰鳏。”

如鼓瑟琴，夫妻好合之谓；琴瑟不调，夫妇反目之词。

【注释】《诗经·小雅·棠棣》：“妻子好合，如鼓（弹拨）瑟琴。”之谓：的说法。反目：不合，有了矛盾。

牝鸡司晨，比妇人之主事；河东狮吼，讥男子之畏妻。

【注释】牝（pìn）鸡司晨：母鸡打鸣报晓。河东狮吼：宋代陈慥（zào），字季长，其妻柳氏凶悍，来访的客人曾听到她的诟骂声，苏东坡作诗戏之："龙丘居士（指陈慥）亦可怜，谈空说有夜不眠，忽闻河东（今山西晋南一带，柳氏为河东望族）狮子吼，拄杖落手心茫然。"后以"河东狮吼"比喻妻子厉害，也用来嘲笑男人怕老婆。

杀妻求将，吴起何其忍心；蒸梨出妻，曾子善全孝道。

【注释】齐国攻打鲁国，鲁国国君想以吴起为将抵御齐军，但因吴起的妻子是齐国女子，担心吴起不可靠，吴起便杀了妻子以取信于鲁君。曾参对后母很孝顺，一次妻子给婆婆蒸梨没有蒸熟，曾子便因此把妻子赶走了。出妻：休妻。

张敞为妻画眉，媚态可哂；董氏为夫封发，贞节堪夸。

【注释】汉代京兆尹张敞，夫妻非常恩爱，张敞经常为妻子画眉，而且画得很漂亮。因此还得到皇帝召见，被树为夫妻恩爱的典范。哂：讥笑。唐代宗时，贾直言获罪流放岭南，与妻子董氏诀别时说："我此去生死不可预料，我走后你可改嫁。"妻子不肯，用绳子把头发扎起来，再用绢帛包起来，捎信给贾直言说"等你回来亲手解开"。二十年后贾直言回来，解开一看，头发全脱落了。

冀郤缺夫妻，相敬如宾；陈仲子夫妇，灌园食力。

【注释】春秋时，晋国大夫臼季出使他国，经过冀邑（今河北一带），见当地人郤（xì）缺耕种于田野，他妻子给他送饭，相敬如宾。臼季回国后对晋文公说："能敬必有德，有德必能管理好百姓，请任用他，晋文公就任用郤缺为下军大夫。"战国时，楚王遣使持重金聘请齐国人陈仲子到楚国做官，陈仲子拒绝不受，带着妻子躲到别处为人浇灌菜园，终身自食其力。

不弃糟糠，宋弘回光武之语；举案齐眉，梁鸿配孟光之贤。

【注释】东汉光武帝刘秀的姐姐湖阳公主新寡，光武帝试探着问她看好了哪个大臣，她说：“宋弘威仪，群臣莫及，可试试他的意思。”光武帝便召弘说：“富了要换朋友，贵了要换妻子，是人之常情吧？”宋弘说：“贫贱之交不可忘，糟糠之妻不下堂。”过后光武帝对姐姐说：“事不谐矣（这事谈不成了）！”东汉孟光貌丑面黑，力能举臼，而德行高雅，年已三十尚未出嫁，她父亲问她看好了谁，她说：“要嫁就嫁梁鸿那样有操行的人。”梁鸿听说了就娶了孟光。梁鸿给人做舂米佣工，每次回来，孟光给他端上饭食，把端饭的盘子举得与眉一般高。后人用“举案齐眉”来形容夫妻相敬。

苏蕙织回文，乐昌分破镜，是夫妇之生离；张瞻炊臼梦，庄子鼓盆歌，是夫妇之死别。

【注释】苏蕙织回文：苏蕙是前秦苻坚时的女诗人，她丈夫窦滔受奸臣陷害，被流放到流沙（今新疆一沙漠地带），临别时两人发誓海枯石烂不变心。但窦滔到流沙后另有新爱，苏蕙得知后，由思念转为忧愤，作成一诗，以锦织成回文诗寄去，窦滔回心转意，夫妻重归于好。乐昌分破镜：南朝陈灭亡时，乐昌公主和丈夫徐德言（官太子舍人）将铜镜分成两半，各执一半，希望有重逢团圆的机会，后来果然破镜重圆。有个商人张瞻，梦见在臼中做饭，请善卜者王生解梦，王说：“在臼中做饭表明无釜（锅），釜与妇同音，无釜就是无妇。你回去后见不到妻子了。”张瞻回到家，果然妻子已死。庄子鼓盆歌：庄子妻子死了，惠子前去吊唁，见庄子坐在那里鼓盆而歌。惠子批评他说：“妻子死了，不哭倒也罢了，鼓盆而歌不是太过分了吗！”庄子说：“不然。她刚死时，我怎能不伤感！但后来想通了，人的生与死如同春夏秋冬四时运行，是自然规律，就不悲伤了。”

鲍宣之妻，提瓮出汲，雅得顺从之道；齐御之妻，窥御激夫，可称内助之贤。

【注释】西汉鲍宣求学于桓少君之父，少君父有感于鲍宣生活清苦，将少君嫁给他，陪嫁的资财很丰厚。鲍宣对少君说：“你家很富，我很贫穷，不敢当。”少君听了即换上布衣，与鲍宣共坐一辆小车，回归乡里，拜见婆婆礼毕，就提着瓮出去打水，以尽妇道。雅：很。春秋时的晏子（名婴）为齐相，他的车夫驾车那种神气的样子，被车夫的妻子看到了，待车夫回到家里，妻子责备说：“晏子身高不满六尺，身为齐相，名显诸侯，他的表现还很谦卑；而你身高八尺，为人驾车，还那样神气。这样看来，你地位卑贱是应该的，我为你感到羞耻。”从此车夫便注意自我抑损。晏子感到奇怪，就问他为什么变了个样，车夫以实相告，于是晏子举荐他做了大夫。御：驾驭车马。

可怪者买臣之妻，因贫求去，不思覆水难收；可丑者相如之妻，夤夜私奔，但识丝桐有意。

【注释】汉代朱买臣家贫，一边打柴一边读书，他妻子要求离去，买臣说：“我到五十岁时必富贵。”妻子怒道：“跟着你终究要饿死！”买臣留不住，妻子终于离他而去。后来朱买臣回到故乡会稽做了太守，已另嫁的前妻要求复婚，买臣说：“你能把倒掉的水再收回来，才可以。”前妻羞愧自缢而死。西汉司马相如，擅长辞赋。一次应邀到富人卓王孙家宴饮，酒酣，司马相如为在座宾客弹琴。卓王孙新寡的女儿文君懂琴知音，相如有意弹奏一曲《凤求凰》，文君懂得他的心意，于深夜私奔相如，驰归成都。但识：只知。丝桐：古时多以桐木制琴，以丝练为弦。（这是司马相如和卓文君的一段浪漫爱情故事，并不“可丑”。）

身修而后家齐，夫义自然妇顺。

【注释】身修而后家齐：自身修养好了，然后才能治理好家庭。语出《大学》：“心正而后身修，身修而后家齐。”夫义：丈夫有道义，对家庭负责。

或穿牖以窥宾，或断机而勖学。

【注释】或：有的。牖：yǒu，窗户。魏晋时山涛与嵇康、阮籍的交情不同寻常，山涛之妻韩氏很想知道嵇康、阮籍是什么样的人物。有一天二人来访，山涛留他们彻夜饮酒闲谈，韩氏将窗户穿孔窥视窃听。第二天山涛问妻子：“这两个人怎么样？”妻子说：“你的才学不如人家，当以度量相交。”山涛说：“他们也认为我以度量为胜。”汉代河南郡有个乐羊子，离家远行寻师求学，才一年就回来了。他妻子问他为何这么快就回来？他说没有别的原因，只是在外久了很想家。他妻子就拿刀走到织机前，生气地说：“您寻师求学，中途而归，与切断正在织的丝绸有什么两样！”乐羊子于是返回去发奋完成学业，七年后才回家。勖：xù，勉励。

贾大夫之射雉，未足欢娱；百里奚之烹雌，何嫌寂寞。

【注释】春秋时，有个贾大夫长相很丑，却娶了个美貌的妻子，他妻子三年不言不笑。后来贾大夫驾车带她到水边高地射野鸡，射到了许多，妻子才有说有笑。春秋时百里奚为秦相，一天在堂上奏乐，所雇用的洗衣妇自称懂得音乐，便叫她过来试试，她操琴唱道："百里奚，五羊皮（百里奚的绰号）。临别时，烹伏雌（孵蛋的母鸡），炊扊扅（yǎn yí，门栓）。今富贵，忘我为（为：句末语气词）！"百里奚一问，原来是自己的妻子。

仍求故剑，宣帝不忘许后于多年；忽著新衣，桓冲顿化成心于一旦。

【注释】汉宣帝即位前初娶许广汉之女，即位后寻求旧时的宝剑，大臣明白了他的旨意，就立许氏为皇后。东晋桓冲不喜欢穿新衣，一次浴后，他妻子特意使人送新衣给他，并传话说："衣服不经过新的，怎么能有旧的？"桓冲听了大笑，于是就穿上了新衣。化：化解。成心：偏见，成见。

吴隐之得淑女，奚惜负薪；司马懿有贤妻，何辞执爨。

【注释】东晋吴隐之为晋陵太守时，他妻子还亲自背柴。奚：何，哪。司马懿卸任后，因中风不能起居，一天在院里晾晒书籍，突然下起雨来，他勉强起来收回。家中只一女仆见到了此情，懿妻怕女仆把这件事说出去，就把她杀了，于是自己亲自烧火做饭。爨：cuàn，烧火煮饭。（如此残忍，岂能说是"贤妻"！）

募死士以拒敌，谁同杨氏之坚持；提数骑以拔围，孰比邵姬之勇往。

【注释】唐德宗时，淮宁节度使李希烈反，谋袭陈州，项城令李侃因城小难保，想弃城而逃，他妻子杨氏说："若县城失守，一县之地都为敌寇所有，粮仓府库就都成了敌寇的积蓄，百姓也将成为敌寇的士卒。请招募敢死之士坚守拒敌。”结果李希烈的军队终于退去。东晋将领刘遐被石勒（后赵创建者）所围，他妻子邵氏骁勇果敢，独自带领几个骑兵将刘遐从万人重围中救出。提：率领。孰：谁，哪个。

李益设防妻之计，常撒冷灰；志坚摛送妇之词，任撩新发。

【注释】唐代李益（官至礼部尚书），性忌刻，年轻时防妻过甚，出门常把灶底冷灰撒去（防妻偷着做吃的），把门从外拴住，时人称他为“妒痴”。唐代著名诗人杨志坚，原先家境贫寒，但立志勤学，他妻子要求离婚，索要休书，志坚就写了《送妻》诗一首送她，“当年立志早从师，今日翻成鬓有丝。落托自知求事晚，蹉跎甘道出身迟。金钗任意撩新发，鸾镜从他别画眉。此去便同行路客，相逢即是下山时。”（最后一句意思是，再次相见就是我学业有成，走出山野的时候）。“摛：chī，铺张辞藻，写作。

叔侄

曰诸父，曰亚父，皆叔父之辈；曰犹子，曰比儿，俱侄儿之称。

【注释】诸父：伯父叔父的统称。亚父：叔父排序次于父，所以称“亚父”。也作敬称，如项羽尊称范增为“亚父”。亚：次。犹子：《礼记·檀弓》：“兄弟之子，犹子也（犹如自己的儿子）”。比儿：兄弟的儿子可与自己儿子相并列。比：并。

乌衣诸郎君，江东称王谢之子弟；吾家千里驹，苻坚羡苻朗为侄儿。

【注释】东晋望族王导、谢安两家居住在乌衣巷（在今南京附近），人们称王、谢两家的子弟为“乌衣郎君”。苻朗是秦王苻坚堂兄之子，苻坚看他人才不凡，曾夸奖他是“吾家千里驹也。”

竹林叔侄之称；兰玉子侄之誉。

【注释】东晋阮籍、阮咸、嵇康、山涛、向秀、王戎、刘伶，号称“竹林七贤”，其中二阮是叔侄俩，后来人们称叔侄为“贤竹林”。东晋谢安（官至太傅）希望自己的晚辈都是好样的，侄子谢玄（官为车骑将军）打个比方说：“如芝兰玉树，使其生于庭阶。”后以芝兰玉树比喻优秀子弟。庭阶：庭院阶前。

存侄弃儿，悲伯道之无后；视叔犹父，羡公绰之居官。

【注释】东晋邓伯道遭石勒之乱，担着儿子与侄子一同逃难，中途对妻子说：“看来儿子与侄子不能两全，我弟早亡，只有这么一个儿子，不可使他绝后，宁可弃掉咱们的儿子，将来可再生。”他妻子哭着表示同意。但后来他们没有再生，以至于无后。太傅谢安知道了，哀怜地说：“老天无知，使伯道无儿！”唐代柳公绰身居高官，奉侍叔父如同父亲，他死后，儿子仲郢又奉侍叔父柳公权如同父亲。

卢迈无儿，以侄而主身之后；张范遇贼，以子而代侄之生。

【注释】唐代中书侍郎卢迈没有儿子，有人劝他纳妾生子，他说：“兄弟的儿子如同我的儿子，可以主管我身后的事。”三国魏议郎张范的儿子陵及侄子戬（jiǎn）都被贼寇掳去，张范要求送还两个孩子，贼寇只把他儿子送回来，张范说：“我可怜侄子年小，请用我儿子替换侄子。”贼寇被他的大义所感动，将两个孩子全都送还回来。生：

生命。

谢密能成佳器，刘孺可号明珠。

【注释】南朝宋谢弘微（原名密）幼童时就表现不同一般，他叔父十分惊异，说：“此儿天生聪敏，能成佳器（有才能的人），有子如此足矣。”南朝梁吏部尚书刘孺，七岁就能为文，他叔父曾让他坐在自己旁边，对宾客说：“此儿吾家明珠也。”

陆家精饭，何损素风；杨氏铜盘，独逾诸子。

【注释】东晋太傅谢安曾造访光禄大夫陆纳，陆纳仅以茶果招待，他侄子却私下做了精美饭食供上。事后陆纳大怒，杖打侄子四十，说：“你不能为叔父增光，却败坏我纯朴的家风！”素风：纯朴洁净的风尚。北齐杨愔（yīn）幼时，院里李树落下李子，其他孩子争着去捡，杨愔却独坐不动，叔父杨玮看出他的优异，专门给他修一居室，还用铜盘盛美食给他吃，作为对他的奖励，并激励其他子侄说：“你们也能像杨愔一样谨慎做人，同样可享受这样的待遇。”逾诸子：（待遇）超过其他子侄。

谢安石东山之费，阮仲容北道之贫。

【注释】东晋谢安（字安石）在东山建造别墅，林木茂盛，经常带着子侄前往游玩，每次饭食之费百金，世人颇多非议，谢安却满不在乎。晋阮咸（字仲容）与叔父阮籍，住在道北，因崇尚道家，放弃世事，又嗜酒好游，所以家贫。阮氏其他人家住在道南，因重视经营家业，所以家富。时有“道南富道北贫”之说。（《世说新语·任诞》所记不同：“阮仲容、步兵（阮籍，曾任步兵校尉）居道南，诸阮居道北。北阮皆富，南阮贫。”）

可为都督，王浑预评犹子之词；必破吾门，宗炳先料比儿之语。

【注释】晋代王浑的侄子彭祖，少年时不为亲族所知，王浑对他弟弟王深说：“卿等（你们）莫轻彭祖，此儿平世（太平时代）不减方州牧伯（不低于地方州郡的长官），乱世可为都督三公（朝廷高官）。”后来彭祖果为冀幽都督。南朝宋宗炳（书画家）问侄子悫（què）的志向，侄子答道：“愿乘长风，破万里浪。”炳说：“汝不富贵，必破吾门。”（意思是，你的志向如此，要么富贵，要么败家。）犹子、比儿：侄子。

愚者宜归葱肆，贤者得反金刀。

【注释】南朝吕僧珍出身微贱，以贩葱为业，等到做了官，侄子向他求官，他说，“你们自有适合自己的正常职分，只是现在应该赶快回到葱铺去。”肆：店铺。后燕慕容德（后来做了南燕皇帝）的儿子全被前秦苻氏所杀，只剩下十岁的侄子慕容超（慕容德死后，继承皇位），超的祖母临终前把金刀交给他，说：“若天下太平了，你得以东归，就将此刀交给你叔父（指慕容德）。”贤者：聪颖的。反：同“返”。

师　生

马融设绛帐，前授生徒，后列女乐；孔子居杏坛，贤人七十，弟子三千。

【注释】马融是东汉大儒，从他求学的达三千多人。他常坐高堂，设绛色帐帷，帐前授生徒，帐后列女乐。孔子周游列国，他的思想、学说不被各国国君接受，就居杏坛教授生徒，从学的弟子三千，身通六艺的优秀弟子七十二人。杏坛：植有杏树的高地，在鲁都东门外，孔子曾在此讲学。《庄子·渔父》："孔子游乎缁帷之林，休坐乎杏坛之上。弟子读书，孔子弦歌鼓琴。"

称教馆曰设帐，又曰振铎；谦教馆曰糊口，又曰舌耕。

【注释】振铎：摇动铃铛。古代宣布政教法令时，就摇动有铃舌的大铃以警示众人，后引申为教书人的代称。糊口：挣口饭吃，维持最低生活。舌耕：东汉贾逵精通左传、五经，名闻当世，从学者甚众，所得赠献积粟满仓，人们说："贾逵所得，不是力耕，而是舌耕(因讲诵而劳动口舌)。"

师曰西宾，师席曰函丈；学曰家塾，学俸曰束脩。

【注释】西宾：古时宾主相见，以西为尊，主在东宾在西，后以西宾尊称教师。函丈：原指讲学者和听讲者之间有一丈的间隔距离。后指教师坐席的空间。函：容。家塾：旧时民间教学的地方叫"塾"(官办的叫"庠")，私人设立的教学处所叫"私塾"，请教师到家里讲授的叫"家塾"。学俸：求学者给教师的报酬，如同后世的学费。束脩：脩，xiū，干肉。十条干肉为一束。《论语·述而》："子曰：'自行（自己送上）束脩以上，吾未尝无诲（不教）焉。'"

桃李在公门，称人弟子之多；苜蓿长阑干，奉师饮食之薄。

【注释】唐代宰相狄仁杰向武则天举荐的张柬之、桓彦范、姚崇等数十人，后来都成为名臣，有人对仁杰说：“桃李尽在公门（优秀人才全出在您的门下）。”唐代薛令之为东宫（太子）侍读时，饮食简薄，在壁上题诗抱怨：“朝日上团团，照见先生盘。盘中何所有？苜蓿长阑干（纵横交错摆放着苜蓿菜）。饭涩匙难绾（wǎn，舀起），羹稀箸（筷子）易宽。只可谋朝夕，何由保岁寒！”

冰生于水而寒于水，比学生过于先生；青出于蓝而胜于蓝，谓弟子优于师傅。

【注释】比：比喻。过：超过。蓝：一种可制颜料的草。“冰生于水而寒于水”、“青出于蓝而胜于蓝”语出《荀子·劝学》：“青，取之于蓝，而青于蓝；冰，水为之，而寒于水。”

未得及门，曰宫墙外望；称得秘授，曰衣钵真传。

【注释】上联的意思是，不能进入师门为徒，只能在屋墙之外仰望。宫墙：屋子外围的墙。《论语·子张》：“夫子之墙数仞，不得其门而入，不见宗庙之美，百官之富。”衣钵：原指佛教中师傅传授给弟子的袈裟和钵，后泛指传授下来的思想、学术、技能等。

人称杨震为关西夫子，世称贺循为当世儒宗。

【注释】东汉杨震是关西人，明经博学，弟子超过三千人，当时的文人称他为“关西孔子”。晋元帝即位后，把学问高深的贺循视为当世儒宗（文人中为首的大师）。

负笈千里，苏章从师之殷；立雪程门，游杨敬师之至。

【注释】东汉苏章背着书箱，不远千里从师求学。笈：书箱。殷：

殷切。宋代游酢（zuò）、杨时从师于程颐，一日到程颐家，正赶上程颐闭眼坐着休息，二人不肯惊动老师，一直站在门外等到程颐睁开眼，此时门外积雪已一尺厚。至：达到极点。成语“程门立雪”源此。

弟子称师之善教，曰如坐春风之中；学业感师之造成，曰仰沾时雨之化。

【注释】宋代朱光庭（官至左司谏）到洛阳听程颢（理学家）讲学，回来后对人说：“光庭在春风中坐了一个月”。仰：仰仗。《孟子·尽心上》：“君子之所以教者五。有如时雨（及时雨）化（滋润）之者……”

执经问义，事若严君；鼓箧担囊，不辞曲士。

【注释】拿着经书请教道理，侍奉教师如同侍奉父亲。对上门求学的，即使愚陋的人也不拒绝。鼓箧：古代一种入学仪式，用敲鼓来提醒学子打开书箱拿出经书，后来以鼓箧表示勤学、好学。《礼记·学记》：“入学鼓箧，孙（通“逊”）其业也。”担囊：担着行囊外出求学。曲士：孤陋寡闻的人。柳宗元《与太学诸生书》：“俞扁（古代名医俞跗、扁鹊）之门不拒病夫，绳墨（木匠）之侧不拒曲木，师儒之席不拒曲士。”

史居左，经居右，士得真修；道已南，易已东，人沾教泽。

【注释】北宋学者张载教授门徒，史书放在身左，经书放在身右（一解为学史的门徒居左，学经的门徒居右）。士：指生徒，从学读书的人。真修：真学问。北宋杨龟山（杨时，晚年隐居龟山）从学于理学家程颢，学成南归。程颢对人说：“吾道南矣（我的学说将传到南国了。杨时是今福建人）。”汉代丁宽（今河南商丘人）跟田何（居今西安）学《易经》，学成东归，田何对门人说：“易已东矣”（易学已传到东方了）。”教泽：教育的恩泽。

赐宴月池之上，翼赞堪夸；诵书幄帐之中，烽烟奚避。

【注释】唐高祖李渊镇守太原时，请张复胤教授李世民读经。李世民即位后，在月池设宴谢师，从容问道：“您的弟子现在怎么样？”胤说：“从前孔子有弟子三千，最显贵的也没有达到子爵、男爵的地位，我只翼赞（教授辅导）你一人，却成了天下帝王，相比之下我的功绩胜过孔圣人。”李世民听了哈哈大笑。东汉张奂出使外国，正遇上外族叛乱，还烧了度辽将军（汉时将军称号）驻所的大门，烟火冲天，守军兵将非常恐慌，想要各自逃跑，而张奂坐在帷帐里，与诸弟子诵书自若，军士心情为之渐渐安定下来。奚避：何避，有什么可躲避的。

《忠臣录》、《孝子录》，纲常互振；经义斋、治事斋，体用兼全。

【注释】古时将忠臣和孝子的事迹各编成一录，教授弟子懂得忠和孝是最重要的、相辅相成的纲常。宋代胡瑗在吴中（今江苏苏州）从事教育，设经义斋和治事斋，意在使从学者既学到书本知识，又有从政理事的能力。体用：主体和实用。

东家之外更无丘，道德由文章炫出；北斗以南应有杰，事功从学术做来。

【注释】东汉邴原，道德文章兼美，曾从学于孙崧，崧说：“您家乡的郑玄是学者的师模，您却舍近求远到我这里来，这就是所谓将郑玄视为‘东家丘’了。”原说：“人各有志，取向不同。您说我把郑玄视为‘东家丘’，那您是把我看做西家愚夫了吧？”崧向他表示歉意。更：再。东家丘：传说孔丘（孔子名丘）的西邻不知孔丘是位才识不凡的人物，一直称他为“东家丘”，后成典故，表示“不识人才”的意思。炫出：表现出来。唐代狄仁杰以学识成就功业，世人称赞他是“北斗以南第一人”。

边孝先便便大腹，曾见嘲于弟子；韩退之表表高标，宜共仰于吾儒。

【注释】东汉边韶，字孝先，肚子大，好白天睡觉。被弟子私下嘲笑说：“边孝先，腹便便（pián pián），懒读书，但（只）好眠。”韶听到了，应声对答：“边为姓，孝为字，腹便便，五经笥（sì，盛物的竹器。句意是：他的大肚像是装满五经的竹筐），但欲眠，思经（五经）事。”唐代韩愈，字退之，他排斥佛教，不读非圣之书，学者莫不仰之如泰山北斗，称他韩夫子。表表：卓立，特出。高标：喻指韩愈高深的造诣。宜共仰于吾儒：应该被我们这些书生所敬仰。

应生独举官衔，岂事先生之礼；李固不矜父爵，乃称弟子之良。

【注释】东汉应劭（字仲远）对大学者郑玄说：“从前的泰山太守应仲远，北面称弟子何如？”郑玄笑着说：“仲尼之门，分以四科（德行、言语、政事、文学为孔门四科），回赐之徒（颜回、端木赐一类优秀弟子），不称官衔。”应劭听了深感惭愧。岂事先生之礼：这哪是从师学习应有的礼貌。李固是东汉重臣李郃（hé）之子，年轻时曾改姓易名，策杖骑驴，负笈（背着书箱）求师，从不让同学知道自己是李郃的儿子。不矜父爵：不夸耀父亲的官爵。

朋友宾主

取善辅仁，皆资朋友；往来交际，迭为主宾。

【注释】 取善辅仁：汲取他人优点以养成自己的仁德。曾子说："君子以文会友，以友辅仁。"资：借助。迭：交替，相互。

尔我同心，曰金兰；朋友相资，曰丽泽。

【注释】 尔：你。《易经》："二人同心，其利断金；同心之言，其臭（xiù，气味）如兰。"资：助。《易经》："丽泽兑（悦），君子以朋友讲习。"丽"本义为成双成对，"泽"为水泊，"丽泽"意为两个连在一起的湖泊，其水交流，犹如君子朋友通过讲习而交流知识思想，彼此都受益而喜悦。

父所交游，尊为父执；己所共事，谓之同袍。

【注释】 交游：交往。父执：父亲的友人。《礼记·曲礼上》："见父之执，不谓之进（不叫你进来），不敢进；不谓之退，不敢退；不问，不敢对（对答），此孝子之行（品行）也。"同袍：相友爱的同事、朋友。《诗经·秦风·无衣》："岂曰（怎能说）无衣，与子（你）同袍。"旧时军界的人也互称袍泽、同袍。

心志相孚为莫逆，老幼相交曰忘年。

【注释】 孚：信赖，投合。莫逆：彼此志趣投合，友情深厚，不相违逆。《庄子·大宗师》："三人相视而笑，莫逆于心，遂（于是）

相与为友。”忘年：忘记年龄上的差距。

刎颈交，相如与廉颇；总角好，孙策与周瑜。

【注释】刎颈交：指同生死共患难的朋友。战国时赵国的廉颇与蔺相如，一为将，一为相，相如地位居上，廉颇不服，一心想羞辱相如，相如就尽量避让他，相如的舍人感到耻辱，相如说：“强秦之所以不敢加兵于赵者，徒以（只因）吾两人在也。今两虎斗，其势不俱生，吾所以为此（这样做）者，以（因）先国家之急而后私仇也。”廉颇听到这话，肉袒负荆，登门谢罪。二人于是和好，成为刎颈之交。总角好：童年就相识要好的朋友。古时儿童把头发束成两角叫“总角”。孙策说：“周公瑾与孤（我）有总角之好，骨肉之分（情分）。”

胶漆相投，陈重之与雷义；鸡黍之约，元伯之与巨卿。

【注释】东汉雷义举茂才，要让给朋友陈重，刺史不同意，雷义就装疯披散着头发逃走，不前去应命。后来二人同举孝廉，同任尚书侍郎。人们说：“胶漆自为坚，不如雷与陈。”东汉张元伯（名劭）与范巨卿（名式）友善，同游太学，回归乡里时，巨卿约定二年后某日一定前往拜见元伯的母亲。约期到了，元伯告诉母亲准备好鸡黍等待。母亲说：“两年前分别时的约言，相隔千里，怎能期望他如约而来呢?”元伯说：“巨卿是个守信的人，必不违约。”巨卿果然到来，升堂拜母，尽欢而别。

与善人交，如入芝兰之室，久而不闻其香；与恶人交，如入鲍鱼之肆，久而不闻其臭。

【注释】全联语出《孔子家语》。善人：好人。恶人：坏人。鲍鱼之肆：卖腌鱼的店铺。臭：腥臭味。

肝胆相照，斯为心腹之友；意气不孚，谓之口头之交。

【注释】斯：此。唐代杜审言与李峤、崔融、苏味道友善，世称“心腹四友”。意气不孚：志趣不相投合。

彼此不合，谓之参商；尔我相仇，如同冰炭。

【注释】参（shēn）商：参星和商星一在西一在东，不同时在天空出现，比喻彼此感情不和睦，有隔阂。尔：你。苏轼奏疏：“君子小人（道德高尚的人和品行低下的人），势同冰炭，同处必争。”

民之失德，干糇以愆；他山之石，可以攻玉。

【注释】上联出自《诗经·小雅·伐木》，意思是，有人彼此失和而互相仇怨，过失在于用粗薄的食物待人。干糇（hóu）：粗薄的食物。愆：qiān，过失。下联出自《诗经·小雅·鹤鸣》。原是喻指别国的贤才可以作为本国的辅佐。后常比喻借助于外力。他：别，别的。攻：雕琢。

王阳在位，禹贡弹冠以待荐；杜伯非罪，左儒宁死不徇君。

【注释】汉代王阳做了益州刺史，他的挚友禹贡整理好衣冠，等待他推荐自己。周宣王要杀大夫杜伯，左儒认为杜伯无罪，为他力争，杜伯最终还是被杀，左儒也愤而跟着死了。徇：xùn，依从，曲从。

分首判袂，叙别之辞；拥彗扫门，迎迓之敬。

【注释】分首、判袂：都是分别、离别的一种说法。拥彗扫门：抱着扫帚打扫门前。彗：huì（古读 suì），扫帚。迎迓之敬：表示迎接来客的敬意。迓：yà，迎接。

频来无忌，乃云入幕之宾；不请自来，谓之不速之客。

【注释】东晋谢安、王坦之到桓温处论事，桓温叫自己的参谋郗超卧在帐中听他们谈论，风把帐幕吹开，谢安看到了，就笑着说："郗生可谓入幕之宾矣！"后人就将参与机密的幕僚叫做"入幕宾"。速：邀请。

醴酒不设，楚王戊待士之意怠；投辖于井，汉陈遵留客之心诚。

【注释】西汉楚元王刘交（刘邦弟）与穆生友善，穆生不嗜酒，元王每设宴常备醴（甜酒）待他。等到其子刘戊继承王位，设宴时却忘记上甜酒，穆生说："今可去矣，醴酒不设，王之意怠矣（心意怠慢了）。"西汉陈遵每次设宴，宾客满座，为了不让客人随便离去，陈遵就把门关上，并把宾客的车辖（穿在车轴头上的小铁棍）取下投入井里。

蔡邕倒屣以迎宾，周公握发而待士。

【注释】东汉蔡邕家经常宾客填门，一次听说王粲到来，蔡邕急忙起身迎接，竟穿倒了鞋子。周成王封周公之子伯禽于鲁，周公告诫他说："子（你）毋以鲁国骄士，吾尝（曾）一饭三吐哺，一沐三握发，以延（迎）天下之贤士。"（你不要因为被封于鲁国就对士人骄傲，我曾经吃饭时三次把吃到嘴里的饭吐出来，洗头时三次握着还没洗完的头发，以接待天下的贤士。）

陈蕃器重徐稚，下榻相延；孔子道遇程生，倾盖而语。

【注释】东汉陈蕃为豫章（今南昌）太守，性格严肃，杜门谢客，唯独仰慕当地隐士徐稚之贤，专门设一坐榻接待他，徐来了就把榻放下，走了就把榻挂起。唐代王勃《滕王阁序》有“人杰地灵，徐孺（即徐稚）下陈蕃之榻”句。孔子到郯（tán，在今山东省）地，途中遇见程子，都停下车来，两车车盖相挨近，交谈得甚为亲热。

伯牙绝弦失子期，更无知音之辈；管宁割席拒华歆，谓非同志之人。

【注释】春秋时期的伯牙善弹琴，他的朋友钟子期善听琴，能听出琴声表达的是高山还是流水的意思。钟子期死后，伯牙以为世上再无知音，就弄断了琴弦，终身不再弹琴。更：再。东汉管宁与华歆是朋友，一次同在园中锄菜，见地上有块金，管宁视同瓦石继续挥锄，华歆捡起来看了看又扔掉了。又一天二人在一起学习，有官员乘轩（大夫以上官员乘的车）从门前经过，管宁照常读书，华歆扔下书本起身出去观看。管宁不满地说：“你我志趣不同，你不是我的朋友。”于是割席分坐。席：坐席。

分金多与，鲍叔独知管仲之贫；绨袍垂爱，须贾深怜范叔之窘。

【注释】管仲（春秋时齐相）说：“我当初贫困时，曾与鲍叔一同经商，我总是多给自己分财，鲍叔不以为我贪，因为知道我贫。”范雎（jū）字叔，战国魏人，跟随魏大夫须贾出使齐国，齐王听说范雎口有辩才，赐给他一些金子和牛马。须贾怀疑范雎把魏国的机密泄漏给齐王，回国后报告魏相魏齐，范雎受到笞打，装死得免，改名张禄跟着秦国使者王稽到了秦国，被推荐给秦昭王，做了秦相。后来须贾出使秦国，范雎就换上一身破旧衣服去见须贾。须贾惊问："我以为你死了，原来还活着！你现在做什么事？"范雎说："给人做佣工。"须贾哀怜他说："范叔一寒至此（贫寒到这种地步）！"便送他一件绨袍（厚绸布做的袍子）。第二天须贾才知道范雎做了秦相。窘：困窘。

主宾联以情，须尽东南之美；朋友合以义，当展切偲之诚。

【注释】联以情：因友情相联一起。尽东南之美：语出唐代王勃《滕王阁序》："宾主尽东南之美（来赴这次宴会的宾客和主人，全是东南一带的才俊。尽：全是）。"合以义：因情义而聚合。切偲（sī）：相互切磋，互相勉励。语出《论语·子路》："朋友切切偲偲。"

仲尼老子可谓通家，管子叔牙可称知己。

【注释】东汉孔融十岁时前去拜见李膺（汉桓帝汉灵帝时为官，当时名人），说："我是您的通家子弟。"李膺问他有何根据。孔融说："我的先君孔子与李老君（老子姓李名耳）同德比义，互为师友，那么我和您不就是累世通家了吗？"春秋时齐国大夫鲍叔牙生病，管仲（鲍叔牙推荐管仲给齐桓公为相）为此而吃不下饭，对宁戚（齐国大夫）说："生我的是父母，知我的是鲍子，他若死了，天下就没有知我的人了。"

伯桃并粮与共事，甘殒流离；子舆裹饭于同侪，不忘贫贱。

【注释】春秋时，羊角哀和左伯桃听说楚王是个贤王，就一起投奔楚王。途中遇到雨雪，考虑到不可能两人都活下来，伯桃就把衣和粮都给了角哀，自己钻进一棵空心柳树中冻饿而死了，人称为"死友”。共事：同事。甘殒流离：自甘丧命于流离的途中。《庄子·大宗师》里记载：子舆和子桑是好友，一次连续下了十天雨，子舆想到子桑的贫苦，就包上饭食送去。同侪：chái，同辈（朋友）。

程普见容于周瑜，若饮醇醪自醉；周举得亲于黄宪，不披绵纩犹温。

【注释】三国吴将程普依仗年长屡侮周瑜，周瑜折节相容，始终不和他计较。后来程普渐对周瑜敬服，说：“与周瑜交，如饮醇醪(láo)，不觉自醉。”见……于……：被……所……（程普被周瑜所宽容）。东汉周举（官至大鸿胪）常说：“我数日不见黄宪（字叔度，为人清正，不曾做官），鄙吝之心就会再生，一见黄宪，使人如同不穿丝绵也觉得温暖。”绵纩：kuàng，丝绵。

贵贱不忘，素犬丹鸡定约；死生与共，乌牛白马盟心。

【注释】越地人定约的风俗是：筑坛，杀丹鸡白犬，歃血而盟，相约说：“卿（你）乘车，我戴笠，他日相逢下车揖；我步行，卿乘马，他日相逢马当下。”（意思是你要是富贵了，不要忘记我这个贫贱的朋友）。刘（备）、关（羽）、张（飞）桃园三结义，杀白马祭天，杀乌牛祭地，发誓生死与共。

面前便失人，刘巴不与张飞语；事后方思友，周颉还廑王导悲。

【注释】蜀汉尚书令刘巴不与张飞说话，诸葛亮听说了就问刘巴，巴说：“大丈夫处世，当与四海英雄交友，为何要和兵子（对士兵的蔑称）共语。”东晋王敦反，他的堂弟王导向周颉（yǐ）请罪，周颉当下没有说什么，然后上表说明王导无罪，王导不知此情而怀恨在心。

及至周顗被王敦所杀，王导也不予援救。当清理旧时文书时，才发现当年周顗所上的奏表，王导哭着说："我对不起地下这位好友啊！"王敦、王导、周顗都是东晋重臣。还廑：(实际上对王导）还是很热情周到的。廑：古"勤"字，殷勤。

吕安动遐思，千里命寻嵇之驾；子猷怀雅兴，三更泛访戴之舟。

【注释】晋代吕安敬佩嵇康，每当思念，便驾车不远千里前去找他。遐思：远念。王子猷（王羲之的儿子王徽之，字子猷）居山阴，一天夜里下大雪，一觉醒来，开门四望，一片皎然，忽然想起戴安道(晋代画家戴逵，字安道)，当时戴在剡（shàn，今浙江省嵊县)，子猷便夜乘小船前往，到达戴的门前却又返回。有人问他原因，他说："我乘兴而来，兴尽而返，何必一定要见到安道呢！"

孔融座中常满，必然有礼招徕；毛仲堂上全无，定是乏才感召。

【注释】东汉孔融原为北海太守，后来辞官居家授徒，爱才乐士，曾自叹道："座上客常满，樽中酒不空，吾无忧矣！"唐玄宗的宠臣王毛仲嫁女，邀请大臣们参加婚宴，宰相宋璟谢绝。玄宗知道了，要求宰相们都去喝喜酒。届时客人全到齐入座了，宋璟才迟迟到来，端起酒杯先向皇帝所在的方向拜了拜，表示已奉命前来，然后喝了一小口，就声称肚子痛，告辞而去。乏才感召：缺乏才德不能感召众人。(实际上并非"堂上全无"，除宋璟外，其他大臣全请到了。)

式饮式食，敢曰无鱼；必敬必恭，何尝叱狗。

【注释】式饮式食：有喝的有吃的。"式"是发语词，无义。战国时齐国田文（号孟尝君）有食客三千，分三等，上客食肉，中客食鱼，下客食菜。冯谖位列下客，便倚柱弹铗（jiá，剑柄，此指剑）而歌："长铗归来乎，食无鱼"（长剑啊，咱们回去吧，这里吃不上鱼）。叱狗：古人礼貌待客，有个讲究，在客人面前不喝叱狗。

婚　姻

良缘由夙缔，佳偶自天成。

【注释】 良缘由夙缔：好婚姻是早就命中注定而结合的。天成：上天安排而成，即所谓"天作之合"。

礼须六礼之周，好合二姓之好。

【注释】 六礼：从提亲到迎亲的六项礼仪程序——纳采、问名、纳吉、纳征、请期、亲迎。周：周到。二姓：两家。

女嫁曰于归，男婚曰完娶。

【注释】 于归：语出《诗经·周南·桃夭》"之（句首助词，无义）子于归，宜其室家。"归：回。古人认为女子嫁到夫家才是真正回到自家。

婚姻论财，夷虏之道；同姓不婚，周礼则然。

【注释】 夷虏：古人对周边较落后民族的鄙称。同姓不婚：周公定的婚姻礼制。同姓是指本宗本族。则然：就是这样。

女家受聘礼，谓之许缨；新妇谒祖先，谓之庙见。

【注释】女子许嫁后就系缨（绳子，头绳）以表明已有归属。谒：yè，拜见。

文定纳采，皆为行聘之名；女嫁男婚，谓了子平之愿。

【注释】行聘：送聘礼，男方向女方送求婚的礼物。子平之愿：汉代向长，字子平，淡泊名利，不随世俗。为儿女办完婚事后，对家人说：“我的心愿已了，今后就当我已经死了。”于是出游五岳名山，不知所终。后来人们将男婚女嫁叫做“向平之愿”或“子平之愿”，儿女婚事办完叫“向平愿了”。

成婚之日曰星期，传命之人曰月老。

【注释】星期：原指农历七月初七，传说中牛郎、织女两星相会之期，后称男女成婚之日为“星期”。月老：“月下老人”的省略，媒人，典出唐人小说。

下采即是纳币，合卺系是交杯。

【注释】采：彩礼。币：礼物。卺：jǐn，古代举行婚礼时用做酒器的瓢。“合卺”就是新婚夫妇共饮，后来用杯盛酒，叫“交杯酒”。

绿窗是贫女之室，红楼是富女之居。

【注释】唐代白居易《秦中吟·议婚》诗句：“红楼富家女，金缕绣罗襦”，“绿窗贫家女……衣上无珍珠”。

桃夭谓婚姻之及时，摽梅谓婚期之已过。

【注释】桃夭：《诗经·周南·桃夭》：“桃之夭夭，灼灼其华。”

夭夭：茂盛而艳丽。灼灼：鲜艳的样子。以桃花开得茂盛而艳丽比喻女子婚姻及时。摽梅：《诗经·周南·摽有梅》：“摽（biào，落）有梅，其实（果实）七兮。求我庶士（众士），迨（dài，趁着）其吉兮。摽有梅，其实三兮。求我庶士，迨其今兮。（意思是，梅树的果实成熟了，三成落了，还剩七成，想要我的士人，趁着吉日。七成落了，还剩三成，想要我的士人，趁着今日）”所以用“摽梅”比喻女子出嫁晚。

御沟题叶，于祐始得宫娥；绣幕牵丝，元振幸获美女。

【注释】唐僖宗时，宫女韩翠题诗红叶上，放在御沟（皇宫内的水沟）流出宫外，士人于祐拾得，也题一叶放在沟里流入宫中，恰被韩翠拾得。后来僖宗遣散一批宫女，经丞相韩泳做媒，韩翠与于祐成婚，韩泳说：“你二人可得谢媒人啊！”韩翠随口应道：“一联诗句随流水，十载幽思满素怀。今日恰成鸾凤友，方知红叶是良媒。”唐郭元振为荆州都督，宰相张嘉贞想让他做自己的女婿，说：“我有五个女儿，我让她们藏在幕后各执一丝线，你可自选一丝线牵住，我就把她嫁给你。”元振牵一红丝线，是颇有姿色的第三女。

汉武与景帝论妇，欲将金屋贮娇；韦固与月老论婚，始知赤绳系足。

【注释】汉武帝刘彻年幼时，其父汉景帝刘启问他：“你想不想娶媳妇？”刘彻说：“想。”景帝之姊长公主指着自己的女儿问他：“阿娇好不好？”刘彻说：“若得阿娇，当以金屋贮之。”此即“金屋藏娇”的典故。唐代韦固途中见一老人，倚靠着布袋对着月亮翻看一本书，便问是什么书，老人说是有关婚姻的书，又问袋子里是什么东西，老人说是红绳子，是用来系人夫妇之足的，即使仇家或异地相隔，用此绳一系，就是不可逃避的婚姻。故事出自唐代李复言《续幽怪录》，“赤绳系足”就成为“婚姻是命中注定”的旧说。

朱陈一村而结好，秦晋两国以联姻。

【注释】宋代祝穆所撰《事文类聚》记载：“朱陈两姓，世为婚姻。”白居易《朱陈村》诗：“徐州古丰县，有村曰朱陈。……一村唯两姓，世世为婚姻。”后称两家联姻为“结朱陈之好”。春秋时，秦晋两国世代互相婚嫁，后称两姓联姻为“秦晋之好”。

架鹊桥以渡河，牛女相会；射雀屏而中目，唐高得妻。

【注释】鹊桥：神话传说每年七月七日，群鹊衔接成桥，以使牛郎织女过河相会。窦毅（隋朝重臣）有个女儿，长相不同一般，不随便许人，他在屏风上画一孔雀，叫求婚者射两箭，能射中孔雀两眼的，就将女儿嫁他为妻。李渊（后来的唐高祖）射中了，因而得其女为妻。

鱼水合欢，情何款密；丝萝有托，意甚绸缪。

【注释】鱼水合欢：比喻夫妇感情和好。款密：亲密。丝萝：菟丝与女萝，植物名，诗文中常用以比喻男女结成婚姻。托：依托。绸缪：缠绵。

牵乌羊以为礼，自是古风；选碧鹳以成婚，正为佳匹。

【注释】南朝宋王敬弘（王裕之，字敬弘，曾任尚书令）将女儿嫁给孔淳之（性好山水，不肯做官），孔牵一只乌羊提一壶酒为礼，人们怪他的礼太薄，他说："此田父（农夫）之礼也。"唐代韦诜（shēn，官为润州刺史）选中裴宽（韦诜属下的参军）做女婿，成婚这天，族人围观，见裴宽穿着碧衣，身体瘦而长，就给他个绰号"碧鹳雀"。匹：配。

因亲作配，温峤曾下镜台；从简去华，仲淹欲焚罗帐。

【注释】东晋温峤（元帝、明帝时为官为将）的姑姑有个女儿，嘱托温峤帮助找个女婿，温峤有自娶之意，问："找个如同我这样的怎么样？"姑说："哪敢希望像你一样的。"又一天，温峤回话说："已找到了，门第和我不相上下。"于是送一玉镜订婚。成婚后，妻子笑说："我本来就怀疑是你这老奴！"镜台：玉镜台，梳妆台。宋范仲淹之子娶妇将归，有人传说他们以罗为帐，仲淹听了很不高兴，说："我家一向清俭，怎能乱我家法，如果带罗帐回来，我就在院里把它烧掉。"去华：去掉豪华。

刘景择婚杜广，厩卒何惭；挚恂定配马融，门徒有幸。

【注释】唐代刘景为刺史，杜广做他的厩卒（管马圈的士卒）。一天刘景与杜广交谈，十分惊奇，回家对妻子说："为女求夫二十年，没想到厩中有麒麟。"于是将女儿嫁给杜广。东汉挚恂拒不应召做官，隐于住地的南山教授生徒，马融前去从学，挚恂非常惊异马融的才华，就把女儿嫁他为妻。配：婚配。

义重恩深，楚女因婚报德；情孚意契，汉君指腹连姻。

【注释】春秋时，吴国军队攻入楚国都城，楚昭王带着妹妹季芈（mǐ）出逃到郑国，楚大夫钟建背着季芈相随。后来昭王要嫁季芈，季芈说“钟建曾背过我”，于是嫁给钟建。因：以，借。东汉光武帝刘秀即位前，贾复是他手下大将，刘秀听说他破敌受伤，大惊道：“损失了我的一员名将！听说他妻子已怀孕，若生个女孩我儿子娶她，若生个男孩，我女儿嫁他，不使他为妻子儿女担忧。”情孚意契：指刘秀对贾复情真意合。

贫乏奁仪，吴隐之婢卖犬；婿皆贤士，元叔之女乘龙。

【注释】奁（lián）仪：嫁妆。东晋吴隐之（官至广州刺史）当年将嫁女，谢石（官至尚书令）知他贫困，嫁妆必薄，就给他以帮助。使者来到吴隐之家，见一女仆牵一犬在卖，此外萧然无他物。魏黄商与李膺都是司徒，都娶太尉桓焉（字元叔）之女，人们说“元叔两女俱乘龙（骑龙飞腾，比喻前程远大，“乘龙”是对女婿的赞词）。”

女　子

男子禀乾之刚，女子配坤之顺。

【注释】禀：秉承。乾：天。坤：地。顺：温顺。

贤后称女中尧舜，烈女称女中丈夫。

【注释】宋哲宗即位时才十岁，他的祖母高太后（英宗皇后）垂帘听政，绝私恩，罢新法，任用司马光，贬黜吕惠卿等（吕惠卿品行恶劣，起初支持王安石变法，王安石被罢相，又竭力攻击王安石）。临政九年，朝廷清明，华夏安定，人称她是“女中尧舜”。丈夫：男子，这里指有大丈夫气概的人。

曰闺秀，曰淑媛，皆称贤女；曰阃范，曰懿德，并美佳人。

【注释】闺秀：有贤德的女子。闺，指女子卧室。淑媛：温柔善良的美女。阃范：女中模范。阃：kǔn，女子居室，也借指妇女。懿德：女子的美德。并美：同是赞美。

妇主中馈，烹治饮食之名；女子归宁，回家省亲之谓。

【注释】主：主持，主管。中馈：家中的饭食。归宁：已出嫁的女子回娘家看望父母。宁：安，问安。

何谓三从？从父、从夫、从子；何谓四德？妇德、妇言、妇工、妇容。

【注释】“三从四德”是规范妇女道德行为的旧礼教。从：听从。三从：在家从父，出嫁从夫，夫死从子。妇工：也作“妇功”，旧指妇女从事纺织、刺绣、缝纫等活计。妇容：妇女的仪容。

周家母仪，太王有周姜，王季有太妊，文王有太姒；三代亡国，夏桀以妺喜，商纣以妲己，周幽以褒姒。

【注释】母仪：母亲（此指国母）中典范。周姜是太王之妃、王季之母，太妊是王季之妃、文王之母，太姒（sì）是文王之妃、武王之母。妺喜是夏桀的宠妃，妲（dá）己是商纣王的宠妃，褒姒是周幽王的宠妃。

兰蕙质，柳絮才，皆女人之美誉；冰雪心，柏舟操，悉孀妇之清声。

【注释】兰蕙质：兰与蕙花味清香，古时常用以比喻妇女品质纯美。柳絮才：《世说新语·言语》，天下大雪，谢安高兴地说：“白雪纷纷何所似?”侄子谢朗说:“撒盐空中差可拟。”侄女谢道韫说:“未若柳絮因风起。”受到叔父的赞赏。后世以“柳絮才”或“咏絮才”比喻才女。冰雪心:古有蒋顺怡妻周氏,丈夫死后作诗说“瑶池故冰雪,为妾做心肝。”表示不改嫁的决心。柏舟操:春秋时卫国的共姜,夫死后不从父母之命改嫁,作诗说“泛彼柏舟,在河中流”。孀妇:寡妇。清声:清白的名声。

女貌娇娆,谓之尤物;妇容妖媚,实可倾城。

【注释】 尤物:指优异的人或物,多指美女。尤:异,特别。妖媚:妩媚,艳丽。倾城:形容女子貌美。《汉书·外戚传》载李延年在汉武帝宴席上自弹自唱的新歌:“北方有佳人,绝世而独立;一顾(看)倾人城,再顾倾人国。”成语“倾城倾国”或“倾国倾城”,源此。

潘妃步朵朵莲花,小蛮腰纤纤杨柳。

【注释】 南朝齐东昏侯萧宝卷,凿金为莲花贴在地上,让潘妃行走在上面,说:“步步生莲花”。唐代白居易有二妾,樊素善歌,小蛮善舞,有诗描写:“樱桃樊素口,杨柳小蛮腰。”

张丽华发光可鉴,吴绛仙秀色可餐。

【注释】 南朝陈后主(陈叔宝)宠妃张丽华,发长七尺,其光可鉴(明亮得可当镜子照)。吴绛仙:隋炀帝妃子。隋炀帝曾对内侍说:“古人谓秀色可餐,绛仙者,可以疗饥矣。”晋代陆机《日出东南隅行》诗:“鲜肤一何(多么)润,秀色若(好像)可餐。”

缇萦上书而救父,卢氏冒刃而卫姑。

【注释】西汉太仓令（也是名医）淳于意没有儿子，只有五个女儿，获罪当刑，叹道："生女不生男，缓急无有益（遇到紧急事没有用处）！"小女儿缇萦深感悲痛，随父到长安，上书请求入宫为婢以赎父罪，汉文帝受到感动，就赦免了淳于意的肉刑。唐代郑义宗妻卢氏，家遭盗劫，其他人都躲藏了起来，婆婆年老不能行走，卢氏冒刃站在婆婆身旁护卫，几乎被贼打死，宁死不避。事后家人问她为何不害怕，她说："人之所以不同于禽兽，因有仁义之心，邻里有急难，还要过去相救，何况是婆婆呢！"姑：婆母。

侃母截发以延宾，村媪杀鸡而谢客。

【注释】东晋范逵（官至会稽太守）等数人途经新淦（在今江西省），正遇冰雪封道，便到好友陶侃家借宿。此时陶侃家贫，侃母撤下睡卧的草垫切碎做范逵的马料，又剪下头发换来酒肴招待范逵。范逵知道了，叹道："不是这样的母亲，生不下陶侃这样的儿子！"于是向庐江太守举荐陶侃做了枞阳县令。汉武帝微行（改装出行），夜至柏谷村，村里人怀疑他是盗贼，想抓他。有个老年村妇说："这个来客不是一般人。"于是杀鸡款待以表歉意。媪：aǒ，年老的妇女。谢；道歉。

韩玖英恐贼秽而自投于秽，陈仲妻恐陨德而宁陨于崖。

【注释】唐代韩仲成的女儿玖英遇贼，恐被抓受辱，便跳进粪池中口饮脏水，贼才放过她。唐代陈仲的妻子与两个嫂子路遇盗贼，恐受贼辱失德，便跳崖自尽。陨：坠落。

曹大家续完汉帙，徐惠妃援笔成文。

【注释】东汉班固撰《汉书》，没有完成就死了，汉和帝命班固的妹妹班昭继续撰完，并数次召她入宫，令皇后及贵人以师礼相待，号为”曹大家（班昭嫁曹世叔，早寡。“家”读 gū，通“姑”）“唐代徐孝德（官至果州刺史）有个女儿名惠，四岁读完《论语》、《诗经》，八岁就能写文章，太宗闻而奇之，召为才人。

蔡女咏吟，曾传笳谱；薛姬裁制，雅号针神。

【注释】东汉蔡邕之女蔡琰字文姬，博学能文，通音律，为乱兵所掠，居留匈奴十二年，后被曹操赎回，相传作《胡笳十八拍》。魏文帝曹丕的美姬薛灵芸，精于针工，黑夜不借灯烛，裁制立成，号称“针神”。

蛾眉队里状元，崇嘏文章洒洒；红粉班中博士，兰英才思翩翩。

【注释】蛾（也作“娥”）眉、红粉：借指美女。女状元黄崇嘏（jiǎ，也读 gǔ），前蜀人。洒洒：形容众多（多指文辞）。女博士韩兰英，南齐人。翩翩：形容敏捷飞扬。

城号夫人，牢不可破；军称娘子，锐而莫摧。

【注释】东晋朱序镇守襄阳，秦王苻坚遣将围序，序母韩氏登城观察，认为西北角会先受攻击，便带领女仆及城中妇女百余人加高加固城墙，敌果然攻打西北角，结果溃败，时人称这座城为“夫人城”。唐高宗李渊之女平阳公主嫁柴绍为妻，李渊初起兵，柴绍散发家资招兵，公主率精兵万余，与李世民会合于渭北，号称“娘子军”。莫摧：不可败。

徐贤妃却天子召，露沁新诗；谢道韫解小郎围，风生雄辩。

【注释】唐代徐孝德有个女儿名惠，八岁能文，太宗召为才人，号徐贤妃。一日太宗召而不至，太宗很生气。贤妃进上一诗："朝来临镜台，妆罢独徘徊。千金买一笑，一召岂能来？"太宗读完诗，怒气才消。却：拒绝。东晋王献之曾与宾客谈论，将理屈词穷，他嫂子谢道韫想为他解围，就设青绫帐藏于帐后，帮助献之辩论刚才的话题，宾客辩不过她。小郎：小叔子。

人说骊姬专国色，我云薛女是香珠。

【注释】周厉王的妃子骊姬，美色居全国之首。专：独占。唐代元载之妾薛瑶英，幼时其母以香丸喂她，长大后口笑、说话皆生香气，元载称她"香珠"。云：说。

看舞剑而工书字，必是心灵；听弹琴而辨绝弦，无非性敏。

【注释】晋代魏夫人（魏舒之女，少时好道，一心仰慕神仙）看人舞剑旋转击刺的样子，从中悟出用笔方法，于是工于书法。东汉蔡邕夜里弹琴，突然弦断，他六岁的女儿蔡琰（字文姬）说断的是第二根弦。父又故意弄断一弦，问她，她说是第四根弦。全说对了。

外戚

帝女乃公侯主婚，故有公主之称；帝婿非正驾之车，乃是驸马之职。

【注释】周制：天子嫁女于诸侯，以天子之尊不亲自主婚，使同姓的公侯主持，所以帝女称“公主”。驸：副，与“正”相对，即“非正驾”。原为官名，东晋以后专称皇帝之婿。

郡主、县君，皆宗女之谓；仪宾、国宾，皆宗婿之称。

【注释】天子同姓诸侯之女，由郡县为其主婚，所以称“郡主”、“县君”(也称县主)。宗女：同宗之女。仪宾、国宾：指与天子同姓诸侯的女婿，取其为王府宾客之义。宗婿：帝王宗族的女婿。

旧好曰通家，好亲曰懿戚。

【注释】通家：世代有交情的人家。懿戚：好的姻亲，指皇亲国戚。

冰清玉润，丈人女婿同荣；泰水泰山，岳母岳父两号。

【注释】晋代卫玠（jiè)和妻父乐广都有重名，人们把丈人乐广比喻为“冰清”，把女婿卫玠比喻为“玉润”。泰山有丈人峰，所以称丈人为“泰山”，继而又称丈母为“泰水”。又因泰山古称东岳，所以又称妻父为岳父。

赘婿曰馆甥，贤婿曰快婿。

【注释】赘婿：男到女家成婚为婿。汉贾谊说：“秦人家贫，子壮则出赘。”馆甥：尧把女儿嫁给舜，称舜为甥，后便称住在女方家的女婿为“馆甥”。快婿：称心如意的女婿。

凡属东床，俱称半子。

【注释】东床：女婿。东晋太尉郗鉴使门生到王导家相婿，回报说："王家的少年都好，然而听说是相亲，各都拘谨。只有一人袒露着肚子躺在东床吃胡饼，好像没听到一样。"郗鉴说："这个就是好女婿。"一打听，原来是王羲之，于是把女儿嫁给他。半子：半个儿子。

女子号门楣，唐贵妃有光于父母；外甥称宅相，晋魏舒期报于母家。

【注释】唐玄宗册立杨贵妃，百姓作歌谣："生女勿悲酸，生男勿欢喜，男不封侯女做妃，君（您）看女郎为门楣（荣耀门面）。"晋代魏舒年少丧父，为外公宁氏所抚养。宁氏要建住宅，看风水的说："你家会出一个显贵的外甥。"魏舒自负地说："我一定为外公家成此宅相（住宅的好风水）。"后来果然官至司徒。母家：母亲的娘家，姥姥家。

共叙旧姻，曰原有瓜葛之亲；自谦劣戚，曰忝在葭莩之末。

【注释】瓜葛之亲：辗转相连的亲戚关系。瓜葛：瓜藤。忝：tiǎn，自谦之词，荣幸的意思。葭莩：jiā fú，芦苇茎中的薄膜。比喻关系疏远的亲戚。

大乔小乔，皆姨夫之号；连襟连袂，亦姨夫之称。

【注释】孙策、周瑜攻皖，得二乔，策娶大乔，瑜娶小乔。连襟连袂：姊妹丈夫的互称或合称。宋代李晋卿有二女，他儿子与王乐道、滕元发友善，晋卿临终前对家人说："将长女配给乐道，次女配给元发，得此二婿足矣。"乐道、元发二人于是连襟袂，相继入翰林。

蒹葭依玉树，自谦借戚属之光；茑萝施乔松，自幸得依附之所。

【注释】蒹葭：芦荻一类植物。玉树：神话传说中的仙树，又是槐树的别称。茑萝施乔松：《诗经·小雅·頍（kuǐ）弁》：“茑（niǎo）与女萝（都是寄生草），施（延）于松柏。”乔：高。

卢李之亲，苏程之戚。

【注释】唐代卢纶（官检校户部郎中，大历十才子之一）和李益（诗人，曾任礼部尚书）是内兄弟。宋代大文豪苏轼和程德孺（程之元，字德孺，曾任楚州知州）是表兄弟。

王茂弘呼何充以麈尾，杨沙哥引崔嫂以油幢。

【注释】晋代何充是王导（字茂弘，东晋元帝时为丞相）妻弟之子，曾去拜见已经显贵的王导，王导以麈尾指着坐床叫他共坐，说：“这是你的座位。”后来何充也成为显官（东晋穆帝时为丞相）。麈（zhǔ）尾：古时以驼鹿尾做的拂尘用具。唐代白乐天（白居易）是杨汝士的妹婿，杨汝士出任东川节度使，带上妻子同往，白乐天代妻写诗戏贺，其中两句是：“何似沙哥（杨汝士小名）领崔嫂，碧油幢（车船上的绿色油布帷幕）引向东川。”

林宗贷钱，宁以贫穷为病；彦达分秩，不将富贵自私。

【注释】东汉郭林宗（名泰）年轻时家贫，游学无资，向姐夫借钱五千，到成皋（在今河南省荥阳县）从师受业，并日而食（一天的粮分做两天吃），衣不蔽体。宁：岂。病：弊，耻辱。宋代庾彦达为益州刺史，携带其姐同往，将俸禄的一半分给姐姐做生活费用。秩：俸禄。

直卿果重亲情，相邀会食；潘岳能敦戚谊，每令弹琴。

【注释】宋代黄直卿（名黄干，朱熹的学生、女婿，官至监察御史）每年正月初十召请亲戚兄弟多人会餐，一起聊天娱乐。晋代阮瞻读书不甚研究而默识不忘，善于弹琴，他内兄潘岳（官至给事黄门侍郎）每要他弹琴，从白天弹到夜晚，从不反感违忤。敦戚谊：敦睦亲戚厚谊。

中子执内弟之丧，行冲称外家之宝。

【注释】隋代大学者王通（人称文中子），因有内弟之丧，停止饮酒食肉。唐代元行冲是当时的大儒，他的表弟（舅之子）韦述曾进他书房看书，废寝忘食，行冲非常惊异。试问他前世的事（历史知识），十分详熟，了如指掌。让他写文章，很快就写成。行冲说："乃（是）外家（外公家）之宝也。"

介妇冢妇，不敢并行；先生后生，原为同出。

【注释】介妇是非嫡长子之妻，冢妇是嫡长子之妻，二者身份地位不同，所以不敢并排行走。"同出"指女子同嫁一夫，她们中先生（年长的）称后生（年轻的）为娣，后生称先生为姒。

智能散宝，为侄弃军；兆卜张弧，因姬遣嫁。

【注释】汉代樊哙的妻子因侄子吕禄（也是吕后的侄子，封赵王，为上将军，居北军）不理军务，大怒，把珠宝全都拿出来散在堂上，说："毋为他人守也（不必再为别人保留这些东西了）！"春秋时，晋献公嫁伯姬于秦穆公，路遇不吉之兆，问卜，卜者说两国将交战。张弧：拉开弓，指将有战事发生。

聂政非无贤姊，屈平亦有女媭。

【注释】战国时，大侠聂政刺杀韩相侠累，然后自杀。韩国将他暴尸于市，并悬赏千金让人辨认他是谁。聂政的姐姐闻讯前往，伏尸痛哭，说："这是聂政。我何惧杀身之祸，埋没贤弟之名！"于是跳着呼天喊地，死于聂政尸旁。屈平：屈原名平。女媭：屈原的姐姐。媭：xū，古代楚国人称姐为媭。

莫嫌萧氏之姻，宜学郝家之法。

【注释】唐高宗太后嫌薛颢（yǐ）之妻萧氏不是贵族出身，说："我的女儿哪能与农家女为妯娌呢！"想要薛颢休掉萧氏。有人对她说："萧氏是萧瑀（唐朝重臣）的侄孙，萧瑀是朝廷的老姻亲。"太后才不说什么了。晋代王浑妻钟氏，弟王湛妻郝氏，都有德行，妯娌二人亲爱相处，郝氏不因出身微贱而屈居于钟氏之下，钟氏不因出身高贵而凌驾于郝氏之上，时人都称道"钟夫人之礼，郝夫人之法"。

老幼寿诞

不凡之子，必异其生；大德之人，必得其寿。

【注释】古人认为不平凡的人生下来必有异象。东汉陈蕃年十五，为父送信给薛勤（官功曹），薛勤仔细观察了陈蕃，第二天登门造访，蕃父出来迎接，薛勤说："您有个不平凡的儿子，我特地来与他交谈交谈，不是来看您的。"谈论终日而别。《中庸》："故大德……必得其寿（健康长寿）。"

称人生日，曰初度之辰；贺人逢旬，曰生申令旦。

【注释】初度之辰：出生的年时，即生日。“初度”语出屈原《离骚》。逢旬：逢十，满十。生申令旦：周朝贤臣申伯出生的吉日。《诗经·大雅·嵩高》：“嵩高维岳，峻极于天。维岳降神，生甫及申。”甫指甫侯，申指申伯，都是西周时人。令旦：吉日，好日子。

男生辰曰悬弧令旦，女生辰曰设帨佳辰。

【注释】悬弧：在门左悬挂木弓作为生男的标记。弧：弓。设帨：在门右悬挂佩巾作为生女的标记。帨：shuì，古时的佩巾，像现在的手绢。佳辰：良辰，吉祥日子。

贺人生子，曰嵩岳降神；自谦生女，曰缓急非益。

【注释】嵩岳：中岳嵩山。缓急非益：父母遇到紧急的事女孩子不顶用。

生子曰弄璋，生女曰弄瓦。

【注释】弄璋：璋是古代一种玉器，给男孩玩它是希望他将来有玉一样的品德（或能做佩玉的高官）。弄瓦：古时的纺锤多为陶制，称“瓦”，让女孩玩它是希望她将来能担当起女工（纺织）的事。

梦熊梦罴，男子之兆；梦虺梦蛇，女子之祥。

【注释】熊、罴（pí）属阳物，男子应具阳刚的气概。兆：吉兆。虺（huǐ）、蛇属阴物，女子应具阴柔的品质。祥：吉祥，祥瑞。

晚年得子，谓之老蚌生珠；暮岁登科，正是龙头属老。

【注释】东汉韦元将、韦仲将兄弟二人都有德才，孔融给他们父亲的信中说：“元将是济世之才，仲将是保家之主，没想到双珠竟是出于老蚌。”宋代梁灏八十二岁中状元，他在谢恩诗里写道：“也知少年登科好，不意（没料到）龙头（状元）属老成。”

贺男寿曰南极星辉，贺女寿曰中天婺焕。

【注释】南极星：老人星，在南极。婺：wù，女星，处于天空中间。焕：光明，光亮。

松柏节操，美其寿元之耐久；桑榆晚景，自谦老景之无多。

【注释】东晋大画家顾恺之与文帝同龄而发白，文帝问他是何原因，恺之回答说：“陛下是松柏之姿，经霜犹茂；臣下是蒲柳之姿，望秋先零（凋零）。”寿元：寿命。桑榆晚景：晚年就像将要落山的太阳。桑榆：太阳西落余光照在桑树和榆树上，指太阳西落之处。

矍铄称人康健，聩眊自谦衰颓。

【注释】矍铄：jué shuò，形容老年人很有精神的样子。聩眊：kuì mào，义同“昏聩”，指老年人耳聋眼花。

黄发儿齿，有寿之征；龙钟潦倒，年高之状。

【注释】老人的头发变黄，生出小儿一样的牙齿，是长寿的征兆。龙钟潦倒：年老体衰、行动不便的样子。

日月逾迈，徒自伤悲；春秋几何，问人寿算。

【注释】逾迈：跨过，流逝。春秋：年龄。寿算：寿数，岁数。

称少年曰春秋鼎盛，羡高年曰齿德俱尊。

【注释】春秋鼎盛：正当年富力强的时候。齿德俱尊：年龄和道德都高。

行年五十，当知四十九年之非；在世百年，哪有三万六千日之乐。

【注释】上联是说到了五十岁的时候，应当反省前四十九年有什么过错（或不足）。行年：经历过的年岁。下联是说人生不可能事事顺利天天快乐。李白诗句："百年三万六千日，一日须倾五百杯。"

百岁曰上寿，八十曰中寿，六十曰下寿；八十曰耋，九十曰耄，百岁曰期颐。

【注释】耄、耋：mào dié，一般不分开说，指称年高。期颐：又称人瑞，人生以百年为期，百岁之人生活需人照顾护理。《礼记·曲礼上》："百年曰期颐"。《论语》："期谓百年已周，颐谓当养而已。"

后生固为可畏，高年尤是当尊。

【注释】《论语·子罕》："后生可畏（后辈容易超过前辈，是令人敬畏的），焉（何，怎）知来者（未来的人）之不如今也。"后生：年轻人。固为：固然是。

漫道豫章之小，已具栋梁之观。

【注释】豫章（樟类）这种树木在还小的时候，已具有栋梁之材的气象。比喻将来有大作为的人，从小就显露出不凡的品格。

项橐童牙作师，却知学富；甘罗孱口为相，勿论年雏。

【注释】春秋时，有个才七岁的项橐，所言能为孔子采纳，人们便说他为孔子师。学富：知识丰富。战国时，十二岁的甘罗是秦相吕不韦的属下，秦王嬴政想扩大河间的地盘，派甘罗出使赵国，他成功地说服了赵王割五城给秦国，回国后因功封为上卿。“童牙”、“孱口”、“雏”，都是幼小的意思。

列俎豆而习礼仪，孟子冲年乃尔；执干戈以卫社稷，汪踦小子能然。

【注释】孟母多次迁居，最后迁居于学舍旁边，孟子在此与众小儿玩列俎豆（摆列祭祀、设宴用的礼器），学习礼仪，孟母大喜。冲年：幼年。乃尔：如此。春秋时齐伐鲁，鲁国童子汪踦（yǐ）战死，鲁人问孔子可否以成人之礼葬他，孔子说：“能执干戈以卫社稷，怎么不可以。”小子：小孩子。能然：能够做到这样。

寇公七岁咏山，已卜具瞻气象；司马五龄击瓮，即占拯溺才猷。

【注释】宋代寇准七岁时咏华山诗：“只有天在上，更无山与齐。举头红日近，回首白云低。”他的老师看出他的才能，对他父亲说：“令郎何愁不作宰相！”后来果然做了宰相。具瞻：为众人所瞻仰。宋代司马光五岁时砸缸放水救出栽进水缸里的小伙伴，众人都惊异地说他有异才。卜、占：预示，显示出。才猷：才能和谋略。

步处敏于诗，我道公权过子建；座间言自别，人称谢尚是颜回。

【注释】唐代柳公权十二岁时能三步成诗，唐文宗说：“曹子建（曹植）七步，你才三步，你超过子建多了。”步处：步下，行走中。

晋代谢尚八岁时与众客宴饮，一客人说："这孩子是一座中的颜回（孔子最赏识的学生）。"谢尚回答说："座无尼父（孔子），焉别（怎能识别）颜回？"客人都很惊奇。

荣启期能扩襟怀，行歌乐土；疏太傅乞归骸骨，饮饯都门。

【注释】《列子·天瑞》记载：孔子游泰山，见荣启期鹿裘带索（以鹿皮为裘，以绳索为带），鼓琴而歌。孔子问："先生为什么这么快乐呢？"答道："我的乐事很多。天生万物，人为贵，我得为人，这是一乐；男女之别，男尊女卑，我得为男，这是二乐；有人生下来还没见到日月、还未解脱襁褓就死了，我已超过九十岁了，这是三乐。贫穷是读书人的常态，死亡是人的终结，居守常态以待终了，为什么不快乐呢！"汉代疏广为太傅，他侄子为少傅，一同上表请求退休回乡，老友们在都城门外为他俩饯行。乞归骸骨：乞求使这把老骨头回归故乡。是古时请求退休的谦辞。

猃狁侵周，方叔迈年奏三捷；先零叛汉，充国颓龄请一行。

【注释】猃狁：xiǎn yǔn，我国古代北方一个少数民族。方叔：周宣王的卿士。迈年：年老。三捷：抵抗猃狁入侵，一个月内三传捷报。先零（汉代羌族的一支）背叛汉朝，汉宣帝问丞相丙吉，谁可为将前去平叛，年过七十的老将赵充国自告奋勇请求前往。颓龄：年龄衰老。

李百药才新而齿则宿，卢蒲嫳发短而心甚长。

【注释】唐代李百药（能诗文，历任中书舍人、散骑常侍等职）年已七十，作《帝京赋》，唐太宗读了很高兴地说："齿则宿（年龄倒是老了）而才（才思）甚新也。”卢蒲嫳（piè）（春秋时齐国大夫）对齐侯说：“我的头发如此短少（意思是已经年老），怎么可能为害于国家呢?”子雅对齐侯说：“彼其发短而心甚长（他的头发虽稀少，心计却很多）!”于是将他流放外地。（事见《左传·昭公三年》）成语有“发短心长”。

身体

百体皆血肉之躯，五官有贵贱之别。

【注释】百体：指身体的各种器官。五官：《荀子》里说是耳、目、口、鼻、形，医家说是耳、目、口、鼻、舌。贵贱之别：指它们的重要程度有所区别。

发肤不敢毁伤，曾子常以守身为大；待人须当量大，师德贵于唾面自干。

【注释】《孝经》：“身体发肤，受之父母，不敢毁伤。”唐代娄师德宽厚待人，曾告诫将赴任新职的弟弟说：“如果有人唾你的脸，应当笑着承受，也不要擦拭，唾沫自己会干的。”

谗口中伤，金可铄而骨可销；虐政诛求，敲其肤而吸其髓。

【注释】《史记：张仪列传》：“众口铄金（众口一词能够溶化金属），积毁销骨（毁谤积累得多了可以溶化人的骨头）。”意思是说人言可畏。虐政：暴政。诛求：征取，勒索。

受人牵制曰掣肘，不知羞愧曰厚颜。

【注释】掣肘：拉住胳膊，指受人牵制阻碍。厚颜：脸皮厚，不知耻。《诗经·小雅·巧言》："巧言如簧，颜之厚矣。"五代王仁裕《开元天宝遗事·惭颜厚如甲》记载：唐代有个进士杨光远，经常拜访权豪之家，厚着脸皮向人家索取，谁要是满足不了他，他就诽谤人家，虽然常遭挞辱，也不悔改。时人很鄙视他，说他"颜厚如十重铁甲"。

好生议论，曰摇唇鼓舌；共话衷肠，曰促膝谈心。

【注释】衷肠：衷心，指心里话。促膝：两人膝相促近。

怒发冲冠，蔺相如之英气勃勃；炙手可热，唐崔铉之贵势炎炎。

【注释】秦昭王要以十五城换取赵王的和氏璧，蔺相如捧璧入秦，而秦王却失信不想给城，相如"持璧却立倚柱（退步倚柱而立），怒发上冲冠"，警告秦王说："你若企图白白地得到此璧，我的头将与璧同碎。"于是将和氏璧完好无损地带回赵国。成语"完璧归赵"源此。炙手可热：手一挨近就感觉热得烫手，比喻权势大，气焰盛，使人不敢接近。崔铉：唐武宗时为中书侍郎，唐宣宗时为淮南节度使。贵势：权势。

貌虽瘦而天下肥，唐玄宗之自谓；口有蜜而腹有剑，李林甫之为人。

【注释】唐玄宗一次照镜，心情不乐。他身边的人说："韩休做宰相以来，陛下比以前瘦多了，何不赶走他！"玄宗说："吾貌虽瘦，天下必肥。"李林甫（唐玄宗后期的宰相）表面对人甜言蜜语却暗中害人，人们说他"口有蜜而腹有剑"。成语有"口蜜腹剑"。

来俊臣注醋于囚鼻，法外行凶；严子陵加足于帝腹，忘其尊贵。

【注释】来俊臣：唐代武则天时臭名昭著的酷吏。严子陵（名光）少年时与光武帝刘秀同游太学，刘秀做了皇帝，严光隐而不见，后来被找到，才勉强来到洛阳。一次刘秀亲到严光住处看望，白天相对交谈，夜里睡在一起，入睡后严光的脚不自觉地压在皇帝肚子上。

久不屈兹膝，郭子仪尊居宰相；不为米折腰，陶渊明不拜吏胥。

【注释】唐代宰相（也是最高将领）郭子仪，派使者到魏博节度使田承嗣那里，承嗣西望（向着长安方向）跪拜。拜完之后说："我这膝盖有十余年没对人弯曲过了，今天才为郭公一拜。"兹：此，这。晋代陶渊明（名潜）任彭泽令的时候，"郡遣督邮（官名）至县，吏（彭泽的下级官员）白（说）应束带（意指穿戴整齐）见之，潜叹曰'吾不能为五斗米折腰，拳拳（恳切忠谨的样子）事乡里小儿（对督邮的蔑称）！'义熙二年，解印去县（辞官离开了县衙）"（见《晋书·陶潜传》）。折腰：弯腰。吏胥：地方官府的小吏。

纤指如春笋，媚眼若秋波。

【注释】纤指：纤细白嫩的手指。媚眼：美丽喜人的眼睛。

肩曰玉楼，眼名银海；泪曰玉箸，顶曰珠庭。

【注释】道家称两肩为"玉楼"。道家称眼睛为"银海"。玉箸：玉制的筷子，借指成线的泪水。顶：头顶。珠庭：饱满的天庭（前额的中央），相面者认为是贵人之相。

歇担曰息肩，不服曰强项。

【注释】歇担、息肩：放下肩上的担子，使肩头歇息歇息。强项：硬脖子，不肯低头屈服。

丁谓与人拂须，何其谄也；彭乐截肠决战，不亦勇乎。

【注释】宋代丁谓做了参政，是宰相寇准所推荐，因而对寇准特别感恩，一次在中书省一起吃饭，菜汤沾到寇准胡须上，丁谓起身为他拂拭，寇准笑道："参政是国家的大臣，怎么竟为人拂须啊！"丁谓非常惭愧。何其：多么。北齐彭乐与后魏宇文泰交战，肚皮被刺破，肠子流出肚外，无法全塞进肚里，就截去一段继续战斗。

剜肉医疮，权济目前之急；伤胸扪足，计安众士之心。

【注释】唐代聂夷中诗："二月卖新丝，五月粜新谷，医得眼前疮，剜却心头肉。"权济：权且救济。楚汉相争时，刘邦被项羽埋伏的弓箭手射中胸膛，却摸着脚说："敌人的箭头射中我的脚趾了。"计：考虑（的是）。

尹继伦，契丹称为黑面大王；傅尧俞，宋后称为金玉君子。

【注释】宋太宗时守北边的大将尹继伦大败契丹于徐河（今河北省徐水），契丹兵众惊惧溃散，从此契丹兵卒相互提醒说："当避黑面大王（尹继伦面黑）。"宋代中书侍郎傅尧俞在皇帝面前论事，从不回避隐晦，去世时，太后对大臣们说："傅侍郎金玉君子（像金玉一样光明磊落的人）也。"

土木形骸，不自妆饰；铁石心肠，秉性坚刚。

【注释】土木形骸：形体像土和木一样保持着本色，比喻人的本来面目，不加修饰。铁石心肠：是皮日休所著《梅花赋》序中赞美唐玄宗宰相宋璟的话。

叙会晤曰得挹芝眉，叙契阔曰久违颜范。

【注释】唐代元德秀字紫芝，少年丧父，对母亲特别孝顺，参加进士考试，自己背着母亲赴京师。母亲死后，放浪隐居在山中，遇到饥荒年，有时一天不吃东西，以弹琴自娱。房琯（guǎn。曾隐居山中十年，玄宗时出任宰相）每见到他，叹道："吾见紫芝眉宇，令人名利之心都尽（消失）。"挹：yì，舀取。契阔：远隔的意思，阔别。久违：好久不见。颜范：容颜和风范，指德高望重的人。

请女客曰奉迓金莲，邀亲友曰敢攀玉趾。

【注释】迓：yà，迎。敢：谦辞，有"冒昧"的意思。"金莲"、"玉趾"都是指脚，这里是"移动脚步到来"的意思。

恐惧过甚，曰畏首畏尾；感佩不忘，曰刻骨铭心。

【注释】畏首畏尾：怕这怕那。刻骨铭心：形容牢记别人的恩情。

貌丑曰不扬，貌美曰冠玉。

【注释】不扬：（相貌）不好看。成语有"其貌不扬"。冠玉：冠上的宝玉。

足跛曰蹒跚，耳聋曰重听。

【注释】蹒跚：pán shān，腿脚不灵便，走路缓慢、摇摆的样子。重听：听觉迟钝。

期期艾艾，口讷之称；喋喋便便，言多之状。

【注释】期期：汉高祖想换太子，御史大夫周昌极力劝阻，高祖问他有何说法，昌口吃，很生气地说："臣口不能言，然臣期期知其不可。陛下虽欲废太子，臣期期不奉诏（命）。"高祖欣然而笑，太子就这样确定下来了。艾艾：邓艾口吃，每自称都要重复地说"艾艾"，晋文帝开玩笑说："你说'艾艾'，到底是几'艾'？"对答说："凤兮，凤兮（语出《论语·微子》），故（通"固"，本来）是一凤。"口讷（nè）：说话迟钝不利索，嘴笨。喋喋便便：唠唠叨叨。

可嘉者小心翼翼，可鄙者大言不惭。

【注释】小心翼翼：《诗经·大雅·大明》："维此文王，小心翼翼。"原意是形容恭敬严肃的样子，后来是形容恭敬小心，不敢有丝毫疏忽。大言不惭：说大话不知羞惭。

腰细曰柳腰，身小曰鸡肋。

【注释】柳腰：杨柳细腰，形容女子腰细而柔软。鸡肋：比喻瘦弱的身体。东晋刘伶酒醉后与一粗人发生矛盾，那人挽起袖子举起拳头要打他，刘伶和颜悦色地说："鸡肋哪能经得住你的老拳。"那人便笑而作罢。

笑人齿缺，曰狗窦大开；讥人不决，曰鼠首偾事。

【注释】东晋张玄之（又名张玄，字希祖，历任吏部尚书、吴兴太守、会稽内史等，又称张吴兴。）八岁，齿缺，有一前辈开玩笑说："君（你）口中何为开狗窦（洞）？"玄祖应声回答："正（正好）使君辈（你们）从此中出入。"鼠首：瞻前顾后，犹豫不定，成语有

“首鼠两端”。偾（fèn）事：坏事，误事。

口中雌黄，言事而多改移；皮里春秋，胸中自有褒贬。

【注释】东晋王衍（字夷甫，官至司徒）善谈老庄，义理有所不妥随即更改，人们说他“口中雌黄”。雌黄即鸡冠石，色黄，可做颜料。古时用黄纸写字，写错了就用雌黄涂改。演化为成语“信口雌黄”，是不顾事实随口乱说的意思。东晋褚裒（póu，晋康帝时任都督）年轻时就名声很大，桓彝（官尚书吏部郎、宣城内史）说他“有皮里春秋”。《春秋》是史书，对人对事有褒有贬。“皮里春秋”的意思是表面上对人对事不作评论，而心中自有褒贬。

唇亡齿寒，谓彼此之失依；足上首下，谓尊卑之颠倒。

【注释】春秋时，晋国国君想借道于虞国去攻打虢（guó）国，虞国大夫宫之奇劝阻虞国国君说：“虢是虞的外表，虢若灭亡了，虞必然随之灭亡。谚语说‘辅车相依，唇亡齿寒’，虞和虢就是这种互相依赖的关系。”《左传·哀公八年》：“夫鲁，齐晋之唇，唇亡齿寒，君所知也。”（吴王要攻打鲁国，子洩（xiè，今写作“泄”）认为齐、晋两国必定援救鲁国，劝说吴王不要伐鲁）。汉贾谊《治安策》：“足反居上，首顾（却）居下，倒悬如此，犹谓（还能说）为国（治国）有人乎？”

所为得意，曰吐气扬眉；待人诚心，曰推心置腹。

【注释】所为得意：所作所为称心如意。

心慌曰灵台乱，醉倒曰玉山颓。

【注释】灵台：也作“灵府”，指心。《庄子·庚桑楚》：“万恶……不可纳于灵台”。东晋山涛说：“嵇叔夜（嵇康）之为人也，岩岩若孤松之独立，其醉也，傀（guī）俄（倾颓的样子）如玉山之将崩。”玉山：形容人的仪态容颜之美。颓：崩塌。

睡曰黑甜，卧曰息偃。

【注释】苏东坡《发广州》诗有“三杯软饱（饮酒）后，一枕黑甜（酣睡）余”句。息偃：也作“息宴”，安息。《诗经·小雅·北山》：“或息偃在床（卧床休息），或不已于行（行走不止）。”

口尚乳臭，谓世人年少无知；三折其肱，谓医士老成谙练。

【注释】口尚乳臭：魏王豹不服汉王刘邦，刘邦使韩信击魏，又听说魏的大将是柏直，便说：“是口尚乳臭（此人口里还有奶腥味。轻蔑其幼稚），安（怎）能当（抵挡）韩信！”下联是说经常得病受伤的人，可成良医。肱：gōng，胳臂。谙练：熟练，有经验。

西子捧心，愈见增妍；丑妇效颦，弄巧反拙。

【注释】西子：西施。捧心：两手抱着胸口，表示病态。妍：美。效颦：效仿别人皱着眉头。西施是春秋时越国的美女，一次心口窝疼痛，她手捂着心口，皱着眉头走在街上，一个丑女见她这个样子，觉得非常美，自己也效仿着做，结果显得更丑了，同乡的富人见到她都闭门不出，穷人见到她都领着妻子儿女躲开了。事见《庄子·天运》。成语“东施效颦”源此。

慧眼始知道骨，肉眼不识贤人。

【注释】慧眼：佛教语，指能认识到过去和未来的眼力。《金刚经》说“如来有慧眼”。始：才。肉眼：凡人的眼睛。

婢膝奴颜，谄容可厌；胁肩谄笑，媚态难堪。

【注释】谄容：谄媚的表情。胁肩谄笑：耸起肩膀，装出笑脸。语出《孟子·滕文公下》。媚态：讨好别人的姿态。难堪：（让人）难以忍受。

忠臣披肝，为君之药；妇人长舌，为厉之阶。

【注释】上联是说，忠臣披肝沥胆（竭诚相见，尽所欲言），是君主的良药。《孔子家语》：“良药苦口而利于病，忠言逆耳而利于行。”下联是说，妇人多嘴多舌，好说人闲话，是招致祸患的阶梯。《诗经·大雅·瞻昂》：“妇有长舌，维厉之阶。”厉：通“疠”，祸患。

事遂心曰如愿，事可愧曰汗颜。

【注释】汗颜：因羞愧而脸面出汗。韩愈《祭柳子厚文》有“不善为斫（做木工活），血指汗颜。巧匠旁观，缩手袖间。”句。

人多言，曰饶舌，物堪食，曰可口。

【注释】饶舌：多嘴多舌。堪食：可吃。

唐太宗为臣疗病，亲剪其须；颜杲卿骂贼不辍，贼断其舌。

【注释】唐太宗的得力大将李勣生病，医生说须灰和（调和）药可治，唐太宗亲往探望，剪下自己的胡须烧灰为他调药治疗。并说：“我不仅仅是为你，也是为了国家。”唐代安史之乱时，常山太守颜杲卿被叛军所获，押赴洛阳，安禄山亲自审问，颜杲卿骂不绝口，于是被割断舌头，惨遭杀害。贼：敌寇，此指叛唐的安禄山。

不较横逆，曰置之度外；洞悉虏情，曰已入掌中。

【注释】光武帝刘秀灭王莽，复兴汉朝的大局已定，尚有占据天水的隗嚣和占据蜀地的公孙述没有平定，但考虑到久战疲苦的军士需要休整，光武帝对诸将说："且当置此两子于度外耳（暂且把这两人放在考虑之外吧）。"较：计较。南朝宋武帝刘裕攻打南燕，南燕不出兵应战，刘裕喜形于色，身边的人问他："未见敌而先喜，这是为什么？"刘裕说："敌人已在我的掌握之中了。"虏情：敌情。

求物济用，谓燃眉之急；悔事无成，曰噬脐何及。

【注释】济用：救急之用。燃眉之急：三国时期，辅佐孙权的张昭故意刺激诸葛亮说："久闻先生在隆中的时候，常常把自己比做管仲、乐毅。现在刘玄德（刘备）得到先生做军师，却丢掉了新野，败走于樊城，战败在当阳，逃奔到夏口，有燃眉之急，先生的才略哪有管仲、乐毅的万分之一呢！"噬（shì）脐何及：自己咬自己的肚脐怎能够得着，原是比喻无法做到的事，后来比喻后悔莫及。

情不相关，如秦越人之视肥瘠；事当探本，如善医者只论精神。

【注释】唐代韩愈《诤臣论》："视政之得失，若（如同）越人视秦人之肥瘠（肥瘦），忽（忽视）焉（语助词）不加喜戚（忧）于其心。"（意思是把政事的得失看作与己无关）。良医看病重在察看患者的精神如何，精神是根本。

无功食禄，谓之尸位素餐；谫劣无能，谓之行尸走肉。

【注释】食禄：领取俸禄。尸位：白占着职位而不做事，如同坐在那里受祭祀的尸（代表死后受祭祀的人，后世用木制的神主）一样。素餐：白吃饭。谫（jiǎn）劣：浅陋庸劣。行尸走肉：如死尸在行，如死肉在走。比喻不动脑筋、无所作为、胡混日子的人。

老当益壮，宁知白首之心；穷且益坚，不坠青云之志。

【注释】此联出自唐代王勃《滕王阁序》。益：更加，越发。宁：岂，哪里。白首：白头，指年老的人。穷且益坚：处于困境心志尚且更加坚强。不坠青云之志：不丧失高远的志向。青云：青天，比喻高远。

一息尚存，此志不容少懈；十手所指，此心安可自欺。

【注释】一息：一呼一吸，一口气。少：稍，稍为，稍有。十手所指：一个人的言行总在众人监视之下，如有错误，不能隐瞒。成语有“十目所视，十手所指”。安：怎么，哪里。

高台曰头，广宅曰面。

【注释】佛经里把头叫做“高台”，把面叫做“广宅”。

何平叔面犹傅粉，秦襄公颜若渥丹。

【注释】三国魏何平叔（何晏，曹操的女婿，官至尚书）面色特白，明帝怀疑他搽了粉。夏天的时候特意赐他汤面吃，吃得满头大汗，就随手用朱衣擦拭，结果脸还是白的，明帝才相信他没有搽粉。《诗经·秦风·终南》：“颜如渥丹（面色红润得像渍进厚重的红色），其君（指秦襄公）也哉。”

古尚书头尖如笔，便擅英称；张太仆腹大如瓠，更垂好誉。

【注释】北魏尚书古弼，头形像毛笔头一样尖，皇帝常叫他“笔头”，时人称为“笔公”。便擅英称：意思是得了个专有的美称。汉代张苍为太仆令，获罪当斩，行刑时解开他的衣服一看，肚子大得像个大葫芦，王陵（官右丞相）就请求汉高祖刘邦赦免了他。瓠：hù。垂：流传。

岳公刺背间之字，愈见心忠；英布黥面上之痕，何嫌貌丑。

【注释】宋代岳飞立志恢复丧失的国土，背上刺有“尽（或‘精’）忠报国”四字。英布有罪受黥（qíng）刑（又叫“墨刑”，即以刀刺面再涂上墨），所以又名黥布，秦朝末年率刑徒起事，先从项羽，后归刘邦，辅佐刘邦击败项羽夺得天下。

苏生正直，膝岂容佞士做枕头；林蕴精忠，项不使顽奴为砥石。

【注释】三国魏苏则（时任侍中，文帝嫌他太直，改任地方官。）为人正直，一次同僚董昭（时任侍中，明帝时为司徒）枕在他的膝上，苏则将他推开，说：“苏则膝，非佞人（巧言谄媚的人）之枕！”唐代剑南西川节度使刘辟反，其属下林蕴出于正义批评他，刘辟发怒要杀他，但又爱惜他的正直，暗中嘱咐行刑的人只在他脖颈上磨刀吓他屈服就行了。林蕴叱责说：“杀死就杀死罢了，我的脖颈难道是暴徒的磨刀石吗！”砥石：磨刀石。

张睢阳鼓烈气，握拳透爪；鲁仲连愤义声，嚼齿穿龈。

【注释】安禄山叛唐，真源县令张睢阳（名巡）起兵讨伐，与太守坚守睢阳，粮尽城陷，大骂叛贼，最终被害。鼓烈气：表现出刚烈的气概。鲁仲连，战国时齐国人，有智慧，但清高不仕。好为人排难解纷，却谢绝封赏。针对当时有些诸侯国畏惧强秦，有尊秦为帝的倾向，他极言危害，极力劝阻，宣讲义理时，激愤得咬牙切齿，竟穿破了牙龈。

党进虽然大腹，非多算之人也；李纬徒有好须，不足齿之伧欤。

【注释】宋代大将军党进，吃饱了饭摸着肚皮叹道：“我没有对不起你啊！”身边的人说：“将军没有对不起这肚皮，这肚皮却对不起将军。”意思是肚里没有多少智慧计谋。多算：多计，足智多谋。唐代李纬被任命为尚书，宰相房玄龄说：“这人长着一嘴好胡须。”唐太宗听出言外之意是说李纬没什么才能，就将他改任洛州刺史。不足齿之伧欤：不足挂齿的人啊。伧：类，辈。

衣　服

冠称元服，衣曰身章。

【注释】冠是帽子，戴在头上，头为元首，所以称“元服”。身章：身上的衣服是有花纹的纺织品制作的。远古没有丝麻，以鸟兽的羽皮为衣，据传自羲皇之后才开始制作衣裳。

曰弁曰冔曰冕，皆冠之号；曰履曰舄曰屣，悉鞋之名。

【注释】夏代叫弁（biàn），殷代叫冔（xǔ），周代叫冕。都是古代的官帽。履：上朝时穿的鞋。舄：xì，祭祀时穿的鞋。屣：xǐ，宴会时穿的鞋。悉：都是，全是。

上公命服有九锡，士人初冠有三加。

【注释】上公：泛指朝廷重臣。命服：帝王赐予公卿大夫的官服。九锡："锡"通"赐"，"九锡"是古代帝王赐给朝廷重臣的九种器物，说法不一，但都包括衣服、车马、弓矢、斧钺之类。士人：学子，读书人。初冠：古时男子二十而冠，行冠礼。三加：初加缁布冠，再加皮弁，最后加爵弁。

簪缨缙绅，仕宦之称；章甫缝掖，儒者之服。

【注释】簪缨缙绅：都是官员的佩饰物，借指官员。章甫：殷代的冠，即缁布冠。缝掖：儒者之衣（宽袖单衣），也借指儒生。一说"章甫缝掖"是孔子戴过的冠穿过的衣。孔子对鲁哀公说："丘少居鲁，衣（穿）缝掖之衣，长（成年后）居宋，冠（戴）章甫之冠。"（《礼记·儒行》）

布衣即白丁之谓，青衿乃生员之称。

【注释】布衣：指平民百姓穿的普通衣服，后来也以"布衣"称没有做官的读书人。白丁：古时指没有取得功名的人。谓：称呼。青衿（jīn）：古时读书人穿的一种衣服，借指读书人。乃：是。生员：秀才。

葛屦履霜，诮俭啬之过甚；绿衣黄里，讥贵贱之失伦。

【注释】葛屦履霜：秋冬还穿着夏天穿的葛织的鞋（草鞋），踏着霜雪。诮：qiào，讥笑。绿衣黄里：绿为杂色，黄为正色，以绿色为衣面，以黄色为衣里，比喻贵贱颠倒。失伦：失序，不伦不类。

上服曰衣，下服曰裳；衣前曰襟，衣后曰裾。

【注释】上服：上衣。衣前：上衣的前幅。衣后：上衣的后幅。

敝衣曰褴褛，美服曰华裾。

【注释】敝：破烂。华裾（jū）：华丽的衣服。

襁褓乃小儿之衣，弁髦亦小儿之饰。

【注释】襁褓：包裹婴儿的带子（襁）和被子（褓）。弁髦：古时儿童头发长到垂下来，就要戴弁（缁布冠）。

左衽是夷狄之服，短后是武夫之衣。

【注释】左衽：我国古代少数民族的服装，前襟开在左边，不同于中原一带人的服装前襟开在右边。夷狄：古称东方部族为夷，北方部族为狄。夷狄是泛称周边少数民族。短后：上衣的后幅短，便于骑马。

尊卑失序，如冠履倒置；富贵不归，如衣锦夜行。

【注释】序：次序。冠履：帽和鞋。衣锦夜行：项羽攻取咸阳，烧尽秦的宫殿，掠得财宝妇女，一心想东归故乡，不听韩生留在关中称霸的劝告，说："富贵不归故乡，如衣绣（穿着锦绣美服）夜行，谁知之者！"

狐裘三十年，俭称晏子；锦障四十里，富羡石崇。

【注释】春秋时，齐相晏婴生活俭朴，一件狐皮衣穿了三十年。晋代富豪石崇和王恺，竞相斗富，王恺曾作紫纱步障（遮蔽风尘和视线的帷幕）三十里，石崇就作锦步障四十里，以压倒王恺。

孟尝君珠履三千客，牛僧孺金钗十二行。

【注释】战国时，齐国贵族孟尝君有门客三千，都以珍珠装饰鞋子，称为“珠履客”。唐代宰相牛僧孺妻妾众多。白居易酬答牛僧孺诗：“钟乳三千两（说他名药之贵），金钗十二行（说他宠妾之多）。”金钗：女子的首饰，代指美人宠妾。

千金之裘，非一狐之腋；绮罗之辈，非养蚕之人。

【注释】上联是说价值千金的皮衣，不是一只狐狸的腋皮所能做成的。狐狸腋下的皮毛很珍贵。成语有“集腋成裘”。下联语出宋代张俞《蚕妇诗》：“昨日入（一作“如”）城市，归来泪满巾（一作“襟”），遍身罗绮（一作“绮罗”）者，不是养蚕人。”

贵者重裀叠褥，贫者裋褐不完。

【注释】裀：yīn，通“茵”，坐垫。裋褐：shù hè，粗布衣服。不完：不完整，破旧。

卜子夏甚贫，鹑衣百结；公孙弘甚俭，布被十年。

【注释】卜子夏：名商，字子夏，孔子弟子，贫穷得“徒有四壁，衣若悬鹑。”（屋子只有四面的墙壁，穿的衣服破烂不堪，补丁很多，就像挂在身上的一只只鹑鸟）。公孙弘：汉武帝时为丞相。

南州冠冕，德操称庞统之迈众；三河领袖，崔浩羡裴骏之超群。

【注释】庞统年轻时去见司马徽（字德操，东汉、三国时人，为人清雅，善知人），二人从白天谈论到夜晚，德操感到庞统是个不平凡的年轻人，说："生当为南州士人之冠冕（你定会成为南方地区士人中的领袖人物）。"迈众：出众，超众。后魏太祖拓跋珪对崔浩（时任司徒）说："裴骏（时任中书博士）三河（河内、河东、河南三郡）领袖也。"

唐文宗袖经三浣，晋文公衣不重裘。

【注释】唐文宗曾举起衣袖对柳公权说："这件衣衫已洗过多次了。"身边人都称赞他的俭德，柳公权却说："陛下应该重视大的方面，穿洗过的衣服不过是细枝末节而已。"三：表示多次，不是确数。浣：huàn，洗。晋文公：春秋时晋国国君。重裘：厚的皮衣。

衣履不敝，不肯更为，世称尧帝；衣不经新，何由得故，妇劝桓冲。

【注释】敝：破。更为：再做（新的）。桓冲（东晋时任军政要职）不喜欢穿新衣，他妻子说："衣服不经过新的，从哪儿得来旧的。"故：旧。

绶带轻裘，羊叔子乃斯文主将；葛巾野服，陶渊明真陆地神仙。

【注释】晋武帝司马炎有灭吴的意图，以羊祜（字叔子，累官尚书右仆射）都督荆、襄，统领襄阳军，羊祜务求以恩德怀柔吴人，身不披甲（铠甲），而是穿着轻暖的皮衣束着衣带（即穿着便服），优游于山水之间，帅府侍卫不过十几人，被称为"斯文主将"。晋代陶渊明安于平民生活，常常葛巾（戴葛布头巾）野服（穿农夫衣服），对菊饮酒，忘怀名利得失，人们称他是“陆地神仙”。

服之不衷，身之灾也；缊袍不耻，志独超欤。

【注释】上联：春秋时，出奔到宋国的郑国子臧，喜好戴翠鸟羽毛制作的冠，郑国国君听说了很讨厌他，便使盗贼诱杀了他。君子说：“服之不衷（穿戴不适当，不合身份），身之灾也。《诗》曰‘子臧之服，不称（不相称，不合身份）也夫！’”（事见《左传·僖公二十四年》）。下联：穿着破旧棉麻袍子却不感到可耻，这样的人的志向超乎一般啊。“缊(yùn)袍不耻”语意源自《论语·子罕》孔子议论仲由（字子路，孔子弟子）的话。欤：yú，语气助词，啊。

制豸作法冠，裁荷为隐服。

【注释】豸：獬豸 jiè zhì，古代传说中的异兽，能辨别是非曲直，一角能触邪。獬豸冠是执法官（御史）戴的帽子。隐服：隐士穿的衣服。屈原《离骚》：“制芰荷以为衣兮，集芙蓉以为裳。”

精忠膺主眷，狄仁杰披金字之袍；阴德有天知，裴晋公还纹犀之带。

【注释】膺主眷：荣获君主的宠爱。唐代宰相狄仁杰力劝武则天将皇位传给儿子，恢复李氏唐朝。武则天接受了他的建议，特制十二金字在袍上赐给狄仁杰，以旌表他的忠心。唐代裴度，一次游香山寺，见一女子将一条饰有犀角的花纹带子挂在门楣上，祷告完了遗忘而去，裴度取下追上去还给她。裴度后来因功封为晋国公，人们认为是他积阴德所致。

军中狐帽，沈庆之镇压貔貅；滩上羊裘，严子陵傲睨轩冕。

【注释】南朝宋著名将领沈庆之讨伐沔郧山的蛮民武装，大胜。沈庆之患头风病，戴着狐皮帽，群蛮都怕他，称他“苍头公”。貔貅：pí xīu，传说中的一种猛兽，比喻勇猛的军队，这里指代那些未开化的蛮族。东汉严光不肯做官，隐居富春山，身披羊裘，在水滩上以钓鱼为乐。傲睨：傲视，看不起。轩冕：借指高官。

高人能洁己，飘飘挂神武之冠；乐士共摩肩，济济看马嵬之袜

【注释】南宋陶弘景不肯为官，保持清高的情操，把官帽挂在神武门飘然离去。唐代安史之乱时，杨贵妃跟随唐玄宗流亡途中，被迫缢死于马嵬驿，有老妇拾得她失落的一只袜子，士人争着花钱求得一看。乐士：喜好看热闹的士人。摩肩：肩碰肩，形容人多拥挤。济济：形容人多。

晋怀以青衣行酒，事丑万年；光武以赤帻起兵，名芳千古。

【注释】西晋、十六国时，晋怀帝司马炽成了汉主刘聪的俘虏，一次刘聪举行宴会，让他穿着青衣给众人斟酒，以羞辱他。丑：耻辱。东汉光武帝刘秀初起兵时，军中的弓箭手都穿着紫衣戴着红头巾。帻：zé，古代一种头巾。

有女遗王濛之新帽，何人换季子之敝裘。

【注释】晋代王濛（官职不高，善书画）姿容美丽，年轻时走在街市，一群女子见了都喜爱他，见他帽子破了，都争着送他新帽。遗：wèi，赠送。战国时，苏秦（字季子）以连横的策略游说秦惠王，十次上书，都不被采纳，赵国大臣李兑送他的黑貂皮大衣穿破了，资费也用完了，不得不离秦而归，累累然（憔悴颓丧的样子）如丧家之狗。换：更换。敝：破。

韦绶寝覆缬袍，荣施如此；祭遵贫衣布裤，廉洁可知。

【注释】唐德宗和韦妃来到翰林学士韦绶的院子，正遇韦绶在睡觉，德宗不让人叫醒他，把韦妃的缬（xié，染花的丝织品）袍给他盖上，就离开了。荣施：荣幸的恩施。东汉祭遵跟随光武帝刘秀征战有功，授官征虏将军。在军中时，所得赏赐全都分给士卒，家无私财，平时穿着布衣布裤。光武帝赞叹他是“忧国奉公之臣”。

晋君不忍浣征袍，留彼嵇侍中之血；唐士未须裁道服，重他张孝子之缣。

【注释】晋惠帝永兴年间，河间王颙（yóng）、成都王颖举兵反叛，侍中嵇绍随惠帝战于汤阴（属今河南省安阳市），百官溃散，只有嵇绍以身护卫惠帝，被杀于帝侧，血溅帝衣。事平后，左右请求洗涤血衣，惠帝流着泪说：“这衣上是嵇侍中的血，不要洗掉。”唐代韩思彦（曾任监察御史）为孝子张僧彻作墓志铭，获赠细绢二百匹，思彦只要了一匹，嘱咐他的家人说：“这是孝子的细绢，不要轻易使用。”道服：道袍，居家休闲时穿的袍子。重：珍重，爱惜。缣：jiān，古代一种质地细薄的丝织品。

汉王制竹箨之冠，威仪自别；闵子衣芦花之絮，孝行纯全。

【注释】刘邦微贱时戴着竹笋皮做的帽子。箨：tuò，竹笋上一片一片的皮。别：特别，不同于一般。孔子弟子闵子骞（名损）的后母薄待他，冬天后母给亲生的孩子穿棉絮暖衣，给子骞穿芦花为絮的冬衣。他父亲知道了，要休后母，子骞跪下哭着说：“母在一子寒，母去三子单（母亲在只有我一个儿子受寒，母亲离去三个儿子都要穿单衣）。”后母感悟，对三个孩子一视同仁。衣：动词，穿。

人事

《大学》首重夫明新，小子莫先于应对。

【注释】《大学》本为《礼记》的篇名，后来独立流行，与《论语》《孟子》《中庸》合称“四书”。夫：句中语气助词。明新：《大学》开宗明义就说：“大学之道，在明明德，在新民，在止于至善。”意思是，大学的意义，在于使人懂得并具有美德，成为不断进步的新人，达到最完美的程度。小子莫先于应对：做学生的首先要学会如何应对。《礼记·曲礼》：“侍坐于先生，先生问焉，终则对，请业则起，请益则起。”意思是，侍坐在先生面前，先生提问完了就回答，向先生请教问题要起立。

其容固宜有度，出言尤贵有章。

【注释】容：仪容。固：本来。章：章法，条理。《诗经·小雅·都人士》：“其容不改，出言有章。”

智欲圆而行欲方，胆欲大而心欲小。

【注释】这两句是唐代医学家孙思邈的话。圆：圆通。欲：要。行：行为，做事。方：端正，正派。小：细。

阁下足下，并称人之辞；不佞鲰生，皆自谦之语。

【注释】古时朝廷的三公开阁，郡县也有阁，都称“阁下”。据说介之推隐于绵山不肯出来，晋文公命人用火烧山逼他出来，之推抱树而死，文公用此树做成鞋穿着，每当见鞋就悲痛地说“足下”，后来就尊称对方为“足下”。并：同是。不佞：取意“不才”。鲰（zōu，本为小鱼，形容小）生：孤陋浅薄之人。（用以说自己是自谦，说别人是蔑称）

恕罪曰原宥，惶恐曰主臣。

【注释】原宥（yòu）：宽恕，原谅。惶恐曰主臣：惶恐是描述臣下对主上的心理态度。

大春元，大殿选，大会状，举人之称不一；大秋元，大经元，大三元，士人之誉多殊。

【注释】举人：唐、宋时称有资格应试进士的人，明、清时称乡试中试的人。殊：不同。

大掾史，推美吏员；大柱石，尊称乡宦。

【注释】汉制：曹官为掾，有决曹掾、贼曹掾、公府掾。“掾”是佐助的意思。柱石：栋梁的意思。在这类低级官职前加个“大”有“推美、尊称”之意。

贺入学曰云程发轫，贺新冠曰元服加荣。

【注释】云程：青云之路，比喻远大的前程。发轫：拿掉塞在车轮下的木头，使车前进，比喻事情的开始。新冠：换了新帽，表示又升官了。元服：冠冕，帽子。

贺人荣归，谓之锦旋；作商得财，谓之稛载。

【注释】锦旋：衣锦而归，富贵还乡。稛（kǔn，捆）载：满载。

谦送礼曰献芹，不受馈曰反璧。

【注释】晋代嵇康致山涛的信中说："野人（乡野之人，农夫）有食芹而味美者，欲献之至尊（最尊贵的人，指帝王）。虽有区区之意（微不足道的心意），亦已疏（迂阔，不切实际）矣。"反璧：返璧，谢绝或返还他人馈赠的物品，也叫璧还。

谢人厚礼曰厚贶，自谦礼薄曰菲仪。

【注释】贶：kuàng，赠，赐。菲仪：菲薄的礼物。

送行之礼，谓之赆仪；拜见之赀，名曰贽敬。

【注释】赆（jìn）仪：赠送出行者的财物。赀：同"资"。贽：zhì，初见尊长所送的礼品。

贺寿仪曰祝敬，吊死礼曰奠仪。

【注释】寿仪：寿礼。祝敬：祝寿敬老。奠仪：祭礼，送给丧家用于祭奠死者的财物。

请人远归曰洗尘，携酒送行曰祖饯。

【注释】请人远归：宴请从远方归来的人。洗尘：洗去一路的风尘。也叫"接风"、"濯足"。祖饯：以酒食为人送行。祖：祭祀路神，引申为饯别送行。（唐代训诂学者颜师古解释为，黄帝之子叫累祖，喜好远游，死于途中，后人将他敬为行神，出行者必祭祀，祭祀完毕，送者与行者饮于其侧，叫“祖饯”。）

犒仆夫，谓之旌使；演戏文，谓之俳优。

【注释】犒：犒劳，犒赏。旌（jīng）使：奖赏派来办事的人（即仆夫）。俳（pái）优：艺人，古代指演滑稽戏的艺人。

谢人寄书，曰辱承华翰；谢人致问，曰多蒙寄声。

【注释】书：书信。华翰：华美的文字。致问：表示问候。承、蒙：受。

望人寄信，曰早赐玉音；谢人许物，曰已获金诺。

【注释】许物：答应给物。诺：承诺。玉、金：在这里都表示敬重、宝贵。

具名帖，曰投刺；发书函，曰开缄。

【注释】具：送上。古时将名字刺刻在竹片或木片上（就如同今人的名片），投送给要见的人，叫“投刺”。发书函：打开装书信的匣子。缄：封。

思暮久曰极切瞻韩，想望殷曰久怀慕蔺。

【注释】极切瞻韩：非常殷切地盼望见到韩朝宗。唐韩朝宗为荆州刺史，喜欢举荐贤士，李白曾上书给他说：“生不愿封万户侯，但愿一识韩荆州。”殷：殷切。久怀慕蔺：汉代司马相如少时不好读书，喜欢学击剑，他父亲称之为“犬子”，长大后仰慕战国时赵国的相国蔺相如，自己改名“相如”。

相识未真，曰半面之识；不期而会，曰邂逅之缘。

【注释】相识未真：虽然见过，但没看得真切，意思是交往不深。半面之识：东汉应奉（桓帝时为司隶校尉）二十岁时造访彭城太守袁贺，贺外出，门闭着，有造车匠在里面，打开半扇门露出半张脸看了看应奉，奉即离去。过后多年，应奉在路上遇到车匠，认出来并呼叫他。后以“半面之识”或“半面之交”指见过面而不熟悉的人。不期而会：没有约定而偶然遇见。邂逅：意外相遇。缘：缘分。

登龙门，得参名士；瞻山斗，仰望高贤。

【注释】东汉李膺（桓帝、灵帝时为朝廷官员，敢与宦官斗争，终被宦官所害）名声很大，士人有幸受他接见的，称为“登龙门”。得参：得以参见。唐代韩愈提倡六经古文，死后他的文章大行于世，士人仰望他如泰山北斗。

一日三秋，言思慕之甚切；渴尘万斛，言想望之久殷。

【注释】一日三秋：《诗经·王风·采葛》：“一日不见，如三秋（年）兮。”。渴尘万斛：渴望相见，如同心中积有万斛尘埃，想望清水止渴一样。唐卢仝（善诗，隐居少室山）访友人僖上人几次不遇，留诗一首：“三入寺，僖不来，辘轳无绳井百尺，渴心归去生尘埃。”

暌违教命，乃云鄙吝复萌；来往无凭，则曰萍踪靡定。

【注释】暌（kuí）违教命：因别离不得相见而听不到教诲。东汉黄宪（为人清正，不曾为官）为人宽宏大度，陈蕃（官豫章太守）曾说：“数日不见黄生，鄙吝（庸俗）之念，又复萌于心矣。”来往无凭：来来往往无所凭依。萍踪靡定：水上浮萍，飘移不定。靡：mǐ，无，没有。

虞舜慕唐尧，见尧于羹，见尧于墙；门人学孔圣，孔步亦步，孔趋亦趋。

【注释】上联：唐尧死后，虞舜仰慕三年，吃饭时就好像见到尧在羹中，坐着时就好像见到尧在对面墙上。下联：《庄子·田子方》里说："颜渊问于仲尼曰：'夫子步亦步（慢走），夫子趋亦趋（快走），夫子驰亦驰（跑），夫子奔逸绝尘（脚不沾尘，形容神速），而回（颜回）瞠若夫后矣（在后面干瞪眼，赶不上）。"成语有"亦步亦趋"，原指学生向老师学习，后比喻一味模仿或追随别人（含贬义）。

曾经会晤，曰向获承颜接辞；谢人指教，曰深蒙耳提面命。

【注释】向获承颜接辞：从前曾得到见面交谈的机会。耳提面命：《诗经·大雅·抑》："匪面命之，言提其耳。"意思是不仅面对面指教他，而且还附在他的耳边叮嘱。后来用以形容恳切地教诲。

求人涵容，曰望包荒；求人吹嘘，曰望汲引。

【注释】包荒：包容宽大。吹嘘：美言，说些好话。汲引：提拔荐引。

求人荐引，曰幸为先容；求人改文，曰望赐郢斫。

【注释】先容：事先致意或介绍推荐。郢斫：郢（yǐng，春秋楚国都城）人鼻端有个泥粉点，一个技艺高超的木匠抡起斧头把它削掉了，却丝毫未伤着鼻子。后以"郢斫"表示请人修改文章。典出《庄子》。

借重鼎言，是托人言事；望移玉趾，是浼人亲行。

【注释】鼎言：言重九鼎，有分量的话。《史记·平原君列传》："毛（毛遂）先生一至楚，而使赵重于九鼎大吕（钟名，如黄钟大吕）。毛先生以三寸之舌，强于百万之师。"浼：měi，请托，央求。

多蒙推毂，谢人引荐之辞；望作领袖，托人倡首之说。

【注释】推毂（gǔ）：推车前进，比喻推荐人才。汉代郑庄为大司农，在武帝前常常提到天下的长者，他推荐士人及官属，常说他们比自己强。武帝说："朕闻郑庄行千里不赍（jī，带）粮（意思是推荐的人多，郑庄走到哪里都有人管他饭）"。倡首：领先，带头。

言辞不爽，谓之金石语；乡党公论，谓之月旦评。

【注释】不爽：无差失。金石语：如金石般坚实的话。乡党：乡里。月旦评：每月初一品评人物。东汉许劭有高名，善于评论乡里人物，每月更换品题，所以汝南俗有"月旦评"之说。曹操微贱时曾问许劭："我是怎样的人？"许劭说："您是治世的能臣，乱世的奸雄。"操大喜。

逢人说项斯，表扬善行；名下无虚士，果是贤人。

【注释】项斯是唐代诗人，为人清奇雅正，他曾带上自己的诗作去见国子祭酒杨敬之，杨阅后大加赞赏，逢人便说，四处推荐，由此诗名更著。杨敬之有诗相赠："几度见君诗句好，一观标格（风范，风度）胜于诗。生平不解（知）藏人善（长处，好处），到处逢人说项斯。""说项"就成为替人说好话的代名词。虚士：盗虚名无真才的人。

党恶为非，曰朋奸；尽财赌博，曰孤注。

【注释】党恶：与坏人结党。为非：做坏事。朋奸：朋比为奸。孤注：成语有“孤注一掷”。北宋宰相寇准力主宋真宗亲自督战，大败入侵的契丹军于澶渊，由此真宗更加厚待寇准。王钦若（为参知政事，也是宰相级）为排挤寇准，对真宗说：“把全部钱财拿出来赌博，叫做孤注。先前的澶渊之战，是寇准把陛下做孤注。”于是真宗将寇准贬为陕州知州。

徒了事，曰但求塞责。戒明察，曰不可苛求。

【注释】徒了事：只为应付了事。但：只。塞责：对自己应负的责任敷衍了事。戒明察：莫要对人小过必察（即对人要看大节）。

方命是逆人之言，执拗是执己之性。

【注释】方命：违背他人命令。逆人：不顺从他人。执拗：固执任性。王安石变旧制立新法，宋神宗问司马光：“安石是怎样的人？”光答：“有人说安石奸邪，是毁谤他太过分。他只是不晓事理过于执拗而已。”

曰觊觎，曰睥睨，总是私心之窥望；曰倥偬，曰旁午，皆言人事之纷纭。

【注释】觊觎：希望得到非分的东西。睥睨：斜着眼看。倥偬：（事情）急迫匆忙。旁午：交错，纷繁。

小过必察，谓之吹毛求疵；乘患相攻，谓之落井下石。

【注释】小过必察：细小的过失一定要纠察。患：患难。攻：攻击诬陷。

欲心难厌如溪壑，财物易尽若漏卮。

【注释】欲心难厌如溪壑：贪欲之心难以满足，像填不满的沟壑。厌：满足。卮：zhī，古代盛酒的器皿。

望开茅塞，是求人之教导；多蒙药石，是谢人之箴规。

【注释】茅塞：被茅草所堵塞，比喻人心被物欲所遮蔽，后比喻思路不开或不懂事。《孟子·尽心下》："山径之蹊间，介然（坚持）用之而成路，为闲（闲置）不用，则茅塞之矣。今茅塞子（您）之心矣。"唐太宗召近臣评论时政得失（对错），高冯上书指出五条，唐太宗赐他钟乳（一种贵重药物）一剂，说："你进药石之言，当以药石报之。"箴规：规劝，劝诫。

芳规芳躅，皆善行之可慕；格言至言，悉嘉言之可听。

【注释】芳规芳躅（zhú，足迹）：好的法度，好的行为。至言：正确而有价值的话。悉：全是，都是。嘉言：良言。

无言曰缄默，息怒曰霁威。

【注释】无言：不说话。缄默：封口不言，保持沉默。魏征常常犯颜苦谏，唐太宗有时很恼怒，而魏征神色不变，太宗也为之霁威（收敛怒威，如雨停天晴）。

包拯寡色笑，人比其笑为黄河清；商鞅最凶残，常见论囚而渭水赤。

【注释】包拯性格严肃，少有笑容，偶有一笑，人们比喻为罕见的黄河水清。商鞅为秦相，用法严酷，曾在渭河边一次杀七百余人，渭水全变红了。（事见刘向《新序》）。论囚：判决（处决）囚犯。

仇深曰切齿，人笑曰解颐。

【注释】颐：yí，颊，腮。人笑则两颐张开，所以叫“解颐”。

人微笑曰莞尔，掩口笑曰胡卢。

【注释】莞尔：微笑的样子。《论语·阳货》：“夫子（孔夫子）莞（wǎn）尔而笑”。胡卢：也作卢胡，笑声在喉间。

大笑曰绝倒，众笑曰哄堂。

【注释】绝倒：形容大笑得前仰后合。晋代王澄（字平子，惠帝末任荆州刺史）每听卫玠（精通老庄）谈论玄理，就叹服得绝倒。人们说：“卫玠（jiè）谈道，平子三倒。”哄堂：唐代御史台有御史六人，其中年资最高者主持杂务，叫杂端，平时在公堂一起吃饭，大家都不轻易说笑，但杂端偶尔一笑，大家就都跟着笑，叫做“哄堂”。

留位待贤，谓之虚左；官僚共署，谓之同寅。

【注释】虚左：空出左边的位子等待贤者到来。古时以左边为尊贵。共署：在一个衙署共事。同寅：同僚。

人失信曰爽约，又曰食言；人忘誓曰寒盟，又曰反汗。

【注释】爽约：违背约定，没有履行约定。食言：将已说出的话又吞回去，不兑现诺言。寒盟：违背盟约。反汗：出来的汗水又返回去，比喻发出的誓言不算数。

自惹其灾，谓之解衣抱火；幸离其害，真如脱网就渊。

【注释】脱网就渊：鱼从网里逃脱出来游向深水。

两不相入，谓之枘凿；两不相投，谓之冰炭。

【注释】枘凿：方枘（ruì，榫）圆凿，即榫头是方的而卯眼是圆的，不能相配。《楚辞》宋玉《九辩》："圆凿而方枘兮，吾（我）固（本来）知龃龉（jǔ yǔ，不合）而难入。"

彼此不合曰龃龉，欲进不前曰趑趄。

【注释】龃龉：jǔyǔ，上下牙齿不合，比喻人之间不相合。趑趄：zī jū，想前进又不敢前进。韩愈《送李愿序》："足将进而趑趄，口将言而嗫嚅。"

落落不合之词，区区自谦之语。

【注释】落落：疏阔，疏远。区区：小的样子。

竣者作事已毕之谓，醵者敛财饮酒之名。

【注释】醵：jù，众人凑钱饮酒。

赞襄其事，谓之玉成；分裂难完，谓之瓦解。

【注释】赞襄：帮助。玉成：琢玉成器，比喻助成其事。难完：难以恢复完整，难以复原。

事有低昂曰轩轾，力相上下曰颉颃。

【注释】低昂：低和高。轩轾：《诗经·小雅·六月》：“戎车既安，如轾如轩”，车舆前高后低叫做轩，前低后高叫做轾，引申为轻重高低。颉颃：xié háng，鸟儿上下飞，引申为不相上下。《诗经·邶风·燕燕》：“燕燕于飞，颉之颃之（成双的燕子在天空飞翔，交互上下）。”

凭空起事曰作俑，仍踵前弊曰效尤。

【注释】作俑：制作随葬的木偶人，比喻开创坏事坏风气。仍踵前弊：仍然沿袭从前的弊端。效尤：明知别人的做法是错的却照样学着去做。《左传·庄公二十一年》：“郑伯（春秋时郑国国君）效尤，其亦将有咎（罪错）。”

手口共作曰拮据，不暇修容曰鞅掌。

【注释】拮据：辛勤劳作。（现代的常用义是缺钱，境况困窘）《诗经·豳风·鸱鸮》“予（我）手拮据”。不暇：无暇，没时间。鞅掌：因公事忙碌而容貌不整。《诗经·小雅·北山》“或王事鞅掌”。

手足并行曰匍匐，俯首而思曰低徊。

【注释】匍匐：爬行。《诗经·邶风·谷风》：“凡民有丧，匍匐救之。”低徊：也作低回，回旋起伏。

明珠投暗，大屈才能；入室操戈，自相鱼肉。

【注释】明珠投暗：《史记·鲁仲连邹阳列传》：“明月之珠，夜光之璧，以暗（在黑夜）投人于道路。”比喻怀才不遇。入室操戈：东汉大学者郑玄对何休的著述不赞同，便以何休的方法著书反驳，何休读后叹道："康成（郑玄字）入吾室，操吾矛，以伐我乎！"后来指自家人相斗。也作"同室操戈"。鱼肉：残害。

求教于愚人，是问道于盲；枉道以干主，是炫玉求售。

【注释】问道于盲：向盲人问路。枉道干（求）主：通过曲折的途径求得君主任用。炫玉：夸耀玉美，比喻自夸才能。

智谋之士，所见略同；仁人之言，其利甚溥。

【注释】略同：大致相同。春秋时，齐景公滥用刑罚，国相晏子（晏婴）进谏，景公接受并改正了。时人说："仁人之言，其利溥（广大，普遍）哉！"。仁人：有仁德，有爱心的人。

班门弄斧，不知分量；岑楼齐末，不识高卑。

【注释】班门弄斧：在技艺高超的木匠鲁班门前舞弄斧子，比喻在比自己高明的人面前卖弄本领。岑楼齐末：《孟子·告子下》："不揣（顾，考虑）其本而齐其末（末梢，尖端），方寸之木，可使高于岑楼（尖顶高楼）。"意思是不顾楼的本体，只与高楼的顶端比高低，一块小木头也可高于高楼。形容不知高卑（高低）。

势延莫遏，谓之滋蔓难图；包藏祸心，谓之人心叵测。

【注释】势延莫遏：情势蔓延不能遏制。滋蔓难图：见《左传·隐公元年》："无使滋蔓，蔓难图也"。难图：难以对付。叵（pǒ）测：难以测知。

作舍道旁，议论多而难成；一国三公，权柄分而不一。

【注释】汉章帝想制定礼乐，班固说："书生们大多懂得礼乐，应广招优秀人才来做此事。"章帝说："谚语说：'作舍（建屋）道旁，三年不成。'"三公：三个掌大权的人。不一：指政令不一致。

事有奇缘，曰三生有幸；事皆拂意，曰一事无成。

【注释】三生：佛教语，是说人会托生三次。拂意：违背心意，不如意，不顺心。

酒色是耽，如以双斧伐孤树，力量不胜，如以寸胶澄黄河。

【注释】耽：沉溺。胜：胜任。晋葛洪著《抱朴子》："寸胶（一点点胶。胶可使水清）不能治黄河之浊，尺水（一点点水）不能却（消退）萧丘（南海岛名）之热。"

兼听则明，偏听则暗，此魏征之对太宗；众怒难犯，专欲难成，此子产之讽子孔。

【注释】兼听：听取多方面的意见。《荀子·君道》："兼听齐明，则天下归之。"《新唐书·魏征传》："征曰：'君所以明，兼听也；所以暗（昏，糊涂），偏信也。'"此魏征之对太宗：这是魏征对答唐太宗的话。子产、子孔都是春秋时郑国的当政者。子孔颁发一项政令，遭到大臣们的反对，子孔要杀反对的人，子产说："众怒难犯（冒犯），专欲（独断专行的想法）难成"，劝子孔收回成命，子孔就销毁了这项政令。讽：劝告。

欲逞所长，谓之心烦技痒；绝无情欲，谓之槁本死灰。

【注释】逞：显示，表现。槁木：枯木。死灰：已冷却的灰。

座上有江南，语言须谨；往来无白丁，交接皆贤。

【注释】唐代郑谷《席上贻歌者》诗句："座上亦有江南客，莫向春风唱鹧鸪。"古乐府有"鹧鸪曲"，江南人听了就会思乡欲归。唐代刘禹锡《陋室铭》："谈笑有鸿儒（大儒），往来无白丁（未取得功名的读书人）。"交接：交往接触。

将近好处，曰渐入佳境；无端倨傲，曰旁若无人。

【注释】好处：美好的地方。渐入佳境：东晋画家顾恺之每吃甘蔗，先吃味淡的末梢部分再吃味浓的中后部分，有人奇怪地问他，他说"渐入佳境"。无端：没有来由，无缘无故。倨傲：傲慢。

借事宽役曰告假，将钱嘱托曰夤缘。

【注释】宽役：暂停服役（工作）。告假：请假。将：拿上，带着。夤（yín）缘：攀附（权贵）

事有大利，曰奇货可居；事宜鉴前，曰覆车当戒。

【注释】战国时，吕不韦认为在赵国作人质的秦国王子异人奇货可居（珍奇的宝物值得占有），就帮他逃回秦国，后来异人成了秦惠王，生下嬴政，即后来的秦始皇。鉴前：以前事为镜子，汲取以前的教训。汉代贾谊《治安策》："前车覆（翻倒），后车戒"。

外彼为此，曰左袒；处事两可，曰模棱。

【注释】外彼为此：犹如薄彼厚此。左袒：露出左臂，此指偏袒一方。模棱：遇事态度含糊。唐代宰相苏味道曾对人说："决事不要明白，只模棱持两端就可以了。"成语有"模棱两可"。

敌甚易摧，曰发蒙振落；志在必胜，曰破釜沉舟。

【注释】发蒙振落：拂去蒙在物体上的尘埃，摇落树上的枯叶。比喻极容易。秦末，楚怀王遣宋义、项羽救赵，宋义留兵四十余日不进，项羽斩了宋义，引兵渡河，破釜（砸破饭锅）沉舟，持三日粮，以示士卒必死，无一还心。于是大败秦师数十万。

曲突徙薪无恩泽，不念豫防之力大；焦头烂额为上客，徒知救急之功宏。

【注释】有个客人见主人家锅灶的烟囱直而短，旁边还堆着柴草，建议把烟囱弄弯曲，把柴草移开，以防失火。建议未被采纳。后来果然发生火灾，主人将救火被烧得焦头烂额的人奉为上宾，却忘了当初提预防建议的人。比喻不重视预防的建议。（出自《汉书·霍光传》）

贼人曰梁上君子，强梗曰化外顽民。

【注释】东汉陈寔（shí。桓帝、灵帝时曾做小官，以平正闻名乡里）家进了盗贼，盗贼趴在梁上，陈寔见到了，便叫来子侄教导说："人不可不自勉，不好的人未必本来就坏，是后来学坏的，像这个梁上君子就是这样。"盗贼听了惊吓得掉在地上，陈寔慢慢地对他说："你不像是坏人，不过是因为贫困罢了。"就给了两匹绢让他走了。强梗：强横梗阻，野蛮而不通道理。化外顽民：没有受到教化而顽劣的人。

木屑竹头，皆为有用之物；牛溲马渤，可备药石之资。

【注释】晋代陶侃做荆州刺史时，造船所剩的木屑竹头，都让属下收藏起来，人们不理解他的用意。待到过年时厅前有余雪地湿，就让人用木屑铺地。后来桓温伐蜀，所存的竹头都用来做造船的竹钉。

唐代韩愈《进学解》："牛溲（牛尿）马勃（菌类），败（破）鼓之皮，俱收并蓄，待用无遗者，医师之良也。"资：材料。

五经扫地，祝钦明自亵斯文；一木撑天，晋王敦未可擅动。

【注释】唐睿宗宴请国子监祭酒祝钦明，钦明身体肥丑，自请表演八风舞，据地摇头斜目，丑态百出，睿宗大笑。钦明素以儒学著名，侍郎卢藏用私下说："祝公斯文扫地矣。"亵：亵渎，轻慢。东晋王敦谋反前作了个"将一木撑天"的梦，求解于道士许真君（许逊，字敬之），真君说："此'未'字也，只宜守旧，未可擅动耳。"

岳飞背涅精忠报国，杨震惟以清白传家。

【注释】涅：涂黑，用墨文身。东汉杨震为官清廉，有人劝他置办些产业留给后代，他说："使后世称为清白吏子孙，以此遗之（把这好名声留给子孙），不亦厚（厚重，多）乎！"

下强上弱，曰尾大不掉；上权下夺，曰太阿倒持。

【注释】不掉：难以摆动。太阿：古时良剑名。倒持：倒拿着，意思是把剑柄授予他人。

当今之世，不但君择臣，臣亦择君；受命之主，不独创业难，守成亦不易。

【注释】上联是东汉马援对光武帝刘秀说的话。下联源自唐太宗李世民和群臣的议论，太宗问创业和守成（守住基业）哪个难，房玄龄说创业难，魏征说守成难，太宗说两者都难，但创业已成过去，当今重在守成。受命之主：古人认为君主是受命于天。（"守成亦不易"

有的版本作“守成亦难”）

生平所为皆可对人言，司马光之自信；运用之妙惟存乎一心，岳武穆之论兵。

【注释】司马光曾对人说：“吾无过（超过）人者（的本事），但（只是）生平所为未尝不可对人言耳（罢了）。”岳武穆（岳飞谥武穆）对宗泽（与岳飞同为抗金将领）说：“阵（布阵）而后战，兵法之常（常规），运用之妙，存乎一心（在于动脑谋划）。”兵：军事，作战。

不修边幅，谓人不饰仪容；不立崖岸，谓人天性和乐。

【注释】不立崖岸：不站在山崖、岸边，比喻不高傲，平易近人。

蕞尔幺么，言其甚小；卤莽灭裂，言其不精。

【注释】蕞（zuì）尔：小的样子。幺么：细小。灭裂：草率、马虎。

误处皆缘不学，强作乃成自然。

【注释】误处皆缘不学：有错误的地方都是因为自己不学习。汉高祖生平错误的地方甚多，唐仲友（宋代学者）分析说：“误处皆缘（因）不学，改处皆由（由于）敏悟。”强作乃成自然：勉强自己去作，坚持下去，久而久之就成自然了。魏安釐（xǐ，旧读 xī）王问孔斌（子顺，孔子六世孙）谁是高士，孔斌说是鲁仲连。王说：“鲁仲连强作之者也，非体（本性）自然也。”斌说：“人皆作之，作之不止，乃（就）成君子，作之不变，习与体成，则自然也”。

求事速成曰躐等，过于礼貌曰足恭。

【注释】躐（liè）等：不按照既定次序，跨越而进。《礼记·学记》：“幼者听而弗（不）问，学不躐等也。”足恭：过于恭敬，虚伪的恭敬。《论语·公冶长》：子曰：“巧言、令色、足恭，左丘明（《左传》作者）耻之，丘（孔子名丘）亦耻之。”

假忠厚者谓之乡愿，出人群者谓之巨擘。

【注释】乡愿：伪装忠厚以赚得他人好感的人。《论语·阳货》：“乡愿德之贼（害）也。”巨擘（bò）：大拇指，比喻某一方面居于首位的人物。

孟浪由于轻浮，精详出于暇豫。

【注释】孟浪：鲁莽，冒失。暇豫：从从容容事先有了准备。豫：预先。

为善则流芳百世，为恶则遗臭万年。

【注释】东晋桓温为大司马，拥有兵权，有不甘居臣位的野心，曾叹道：“大丈夫不能流芳百世，亦当遗臭万年。”流芳：流传美名。遗臭：留下臭名。

过多曰稔恶，罪满曰贯盈。

【注释】过：罪过。稔（rěn）恶：积恶太多。贯盈：如同以绳穿满铜钱。《尚书·泰誓》：“商罪贯盈，天命诛（灭）之。”成语有“恶贯满盈”。

尝见冶容诲淫，须知慢藏诲盗。

【注释】《易经·系辞上》："慢藏诲盗，冶容诲淫。"意思是：藏物不慎重，如同教人为盗；过分修饰仪容，如同教人淫乱。"慢"也作"漫"，漫不经心。成语有"诲淫诲盗"。

管中窥豹，所见不多；坐井观天，知识不广。

【注释】管中窥豹：从竹管筒里观察豹子，只能看到豹子身上的一块斑纹。不多：不全。知识：见识。

无势可乘，英雄无用武之地。有道则见，君子有展采之思。

【注释】有道则见：天下有道就现身于世。《论语·泰伯》："天下有道则见（现），无道则隐。"展采：舒展其事业。思：想法，考虑。

求名利达，曰捷足先得；慰士迟滞，曰大器晚成。

【注释】捷足：脚步快捷。《史记·淮阴侯列传》："秦失其鹿，天下共逐之，高才捷足者先得耳。"慰士：安慰士人（读书人）。迟滞：成长得迟缓。

不知通变，曰徒读父书；自作聪明，曰徒执己见。

【注释】战国时秦伐赵，廉颇坚壁不出。秦相范雎使用反间计，声言秦人只怕赵奢之子赵括为将。赵王于是要以赵括替代廉颇。蔺相如说："赵括只能死读父亲的兵书，却不知灵活运用（通变）。"赵王不听，后来果然为秦所败，长平一战，秦坑杀赵兵四十万。徒：白白地。执：固执。

浅见曰肤见，俗言曰俚言。

【注释】肤：皮肤表层，浅薄。俚言：俚语，方言俗语。

识时务者为俊杰，昧先几者非明哲。

【注释】三国时，司马徽对刘备说：“儒生俗士，岂识时务?识时务者在于俊杰。此间有伏龙（指诸葛亮）、凤雏（指庞统）。”昧先几：看不出事物发展变化的先兆。《易经·系辞下》：“几者动之微，吉凶之先见者也。惟明哲者知之，昧（糊涂，不明白）之者则不然也。”

村夫不识一丁，愚者岂无一得。

【注释】一丁：一个“丁”字。唐代张弘靖（曾任河东卢龙节度使）教训军士说：“今天下无事，尔辈（你们）能挽两石弓，不如识一丁字。”韩信破赵，捉获广武君，亲解其缚（绑绳），以师事之。广武君说：“臣（我）闻智者千虑，必有一失；愚者千虑，必有一得。”

拔去一丁，谓除一害；又生一秦，是增一仇。

【注释】宋真宗时丁谓（宰相级高官）擅权，贬寇准（宰相）于雷州，京师流传一顺口溜：“欲得天下宁，拔去眼中丁；欲得天下好，不如召寇老。”秦末，陈胜使武臣（陈胜部下）循抚原赵国地区，武臣却自立为赵王，陈胜想讨伐他，部下房君说：“秦还没有灭亡而讨伐武臣，这等于又造成一个秦国。”仇：仇敌。

戒轻言，曰恐属垣有耳；戒轻敌，曰无谓秦无人。

【注释】属垣有耳：隔墙有耳，墙那边会有人听到。无谓秦无人：春秋时晋国大夫士会逃到秦国，晋国担心秦国重用有才能的士会对己不利，便用计策动士会回国。秦王不听大夫绕朝劝告，放走了士会。

士会临行时绕朝对他说："你不要以为秦国没有能人，只是我的计谋未被采纳罢了。"

同恶相帮，谓之助桀为虐；贪心无厌，谓之得陇望蜀。

【注释】助桀为虐：帮助夏桀做残暴的事情，比喻帮助坏人做坏事。得陇望蜀：陇，今甘肃一带。蜀，今四川一带。光武帝刘秀给大将军岑彭的信中说："两城在陇地，为隗嚣所占据。若下，便可将（率）兵南击蜀虏（蜀地之敌，指公孙述）。人苦不知足，既平陇，复（又）望蜀。"（曹操也对司马懿说过这样的话）成语"得陇望蜀"源此。

当知器满则倾，须知物极必反。

【注释】孔子说："吾闻置座之器（我听说放在座上的器具），虚（空）则欹（qī，歪斜），中（适中）则正，满则覆（翻倒）。"苏安恒（唐代学者）上书劝武则天还位于李氏，说："陛下虽安天位，殊不知（竟没想到）物极必反，器满则倾。"

馋口交加，市中可信有虎；众奸鼓衅，聚蚊可以成雷。

【注释】市中可信有虎：原意是说有三人谎称街市中有虎，听者就会信以为真。比喻多人重复谣言，就能使人相信。战国时韩国大夫庞恭与太子在赵国作人质，庞恭恐赵王听信谗言，就对赵王说："今有一人说市中有虎，王相信吗？"王说："不信。"又问："二人说市中有虎，王相信吗？"王说："我怀疑。"又问："三人说市中有虎，王相信吗？"王说："相信。"庞恭说："街市本来无虎，而三人说有就相信了。今邯郸（赵都）离韩国比街市远多了，而馋臣也超过了三人，希望王要警惕他们的谗言。”鼓衅：挑起事端。汉代中山靖王刘胜入朝，对天子说：“众煦（xǔ）漂（也作飘）山（众口吹气能使山飘动），聚蚊成雷。”意在提醒天子警惕奸臣进谗挑唆。

萋斐成锦，谓谮人之酿祸；含沙射影，言鬼蜮之害人。

【注释】萋斐成锦：比喻谗言毁语。《诗经·小雅·巷伯》：“萋兮斐兮，成是（此）贝锦，彼谮（zèn，诬毁，中伤）人者，亦已太甚。”意思是：花纹交错，织成贝一样的锦，那些说人坏话的人，也太过分了。含沙射影：传说有一种叫蜮的动物，能含沙射向人的影子而使人得病。

针砭所以治病，鸩毒必至杀人。

【注释】砭：治病刺穴的石针。所以：用它来。鸩毒：用鸩鸟羽毛浸泡的毒酒。成语有“饮鸩止渴”。

代人作事，曰代庖；与人设谋，曰借箸。

【注释】代庖（páo，厨师）：代替厨师做饭。成语有“越俎代庖”，语出《庄子》。楚汉相争时，一次刘邦正在吃饭，张良来见，刘邦将郦食其（刘邦打天下时的谋士）“恢复六国后裔为王”的建议告诉他，张良说：“若按此办法去做，大王的事业就失败了。我愿请借前箸（借用您面前的筷子），为大王筹（筹划，用筷子比划比划）之。”与人：给人，为人。

见事极真，曰明若观火；对敌易胜，曰势若摧枯。

【注释】真：真实，清楚。摧枯：摧倒枯树。成语有“摧枯拉朽”。

卧榻之侧岂容他人鼾睡，宋太祖之语；一统之世真是胡越一家，唐太宗之时。

【注释】南唐使者徐铉请求缓伐南唐，宋太祖赵匡胤予以拒绝，说:“卧榻之侧岂容他人鼾睡”。唐太宗在未央宫设宴，唐高祖李渊命突厥颉利可汗起舞，南蛮冯智载咏诗，于是笑着说：“胡越（泛指南北少数民族）一家，自古未有也。”

从来淑慝殊途，惟在后人法戒；斯世清浊异品，全赖吾辈激扬。

【注释】淑：善。慝：tè，恶。殊途；不是一条路，不一样。法戒：以善为法，以恶为戒。斯：此。异品：不是一类事物。激扬：激浊扬清。

暂为寄足，有似鹪鹩一枝；巧于营身，还如狡兔三窟。

【注释】暂为寄足：暂作停留。鹪鹩一枝：《庄子·逍遥游》：“鹪鹩（jiāo liáo）巢于深林，不过一枝。”营身：为自身营造安全措施。狡兔三窟：狡猾的兔子有三个藏身的洞穴。孟尝君门客冯谖对孟尝君说：“狡兔有三窟，仅得免其死耳。君（您）今有一窟，未得（不可）高枕而卧也，请为君复（再）凿二窟。”（见《战国策·齐策》）

放枭囚凤，虐仁纵暴奚为；用蚓投鱼，得重弃轻应尔。

【注释】奚为：何为，这是为什么。应尔：应该如此。

爝火虽无大明之耀，铅刀竟有一割之能。

【注释】爝（jué）火：火把，小火。大明：日，太阳。竟：终。

（“一割之能”有的版本作“一割之用”）

乐羊子功绩未成，谤书满箧；郭林宗声名最重，谒刺盈车。

【注释】战国时，魏将乐羊子攻打中山国，三年才攻下来，魏文侯封赏他，他说：“我攻打中山期间，大王收到毁谤我的信件能装满一箧，但大王不信，所以我才能攻下中山。这不是我的功绩，而是大王的功绩。”东汉郭林宗（郭泰，字林宗）名重京师，士人争着拜访他，求见的名帖常载满一车。谒：yè，拜见。刺：用竹片或木片刺刻的名帖，相当于现在的名片。

人有一天，我有二天，便见大恩之爱戴；河润百里，海润千里，乃为渥泽之沾濡。

【注释】一天：一个天（遮盖）。渥泽：沾润，指恩惠、恩泽。沾濡：浸湿，指恩泽普及。

退我一步行，固云安乐法；道人三个好，尤见喜欢缘。

【注释】宋代苏轼诗句：“退一步行安乐法，说三个好喜欢缘。”退：退让（指我对人退让一步）。固云：本来说的是。道：说。

藉一叶之浓阴，可资覆荫；扩万间之巨庇，尽属帡幪。

【注释】唐代郑太穆为金州刺史时，致信于司空頡（jié）请求帮助，说：“分千树一叶之影，即是浓阴（浓浓的阴影）。”藉：借。可资覆荫：可凭借它覆盖荫庇。庇：遮蔽，此指房屋。杜甫诗：“安（怎，哪）得广厦千万间，大庇天下寒士（贫寒之士）俱欢颜。”帡幪：píng méng，帐幕，引申为覆盖。

挝三折，编三绝，书三灭，好学十分；眼中泪，心中事，意中人，相思一样。

【注释】孔子晚年喜欢读《周易》，铁挝（抓手）三（多次）折（折弯），韦编（编联竹简的牛皮绳）三绝（断），漆书（用漆在竹简上写的字）三灭（磨灭）。宋代张先（字子野）诗中有“眼中泪”、“心中事”、“意中人”之语，自号“张三中”。

饮 食

甘脆肥脓，命曰腐肠之药；羹藜含糗，难语太牢之滋。

【注释】上联语出汉代枚乘《七发》。甘脆肥脓：指肥美的食物。命：取名，给他个名称。羹藜含糗，难语太牢之滋：以野菜干粮为食的人，难以说出肉类是什么滋味。羹藜：以野菜为羹。含糗（qiǔ）：口含干粮（粗粮）。太牢：祭祀用的牛、羊、猪，此指肉类。

御食曰珍馐，白米曰玉粒。

【注释】御食：王者之食。珍馐：珍贵的美食。玉粒：东晋张华撰《博物志》：“归州（今湖北秭归）有米田，屈原耕于此，产白米似玉。”“玉粒”诗词中常见，如杜甫的“红鲜终日有，玉粒未吾悭。”苏轼的“今年玉粒贱如水，青铜欲买囊已空。”

好酒曰青州从事，次酒曰平原督邮。

【注释】青州从事、平原督邮：东晋桓温手下有个主簿分别给好酒和次酒起的“雅号”。（青州有齐郡，齐谐音脐，好酒能下脐。平原有鬲（gé）县，鬲谐音膈，差酒只停滞在膈。）

鲁酒茅柴，皆为薄酒；龙团雀舌，尽是香茗。

【注释】鲁酒：鲁国产的酒。春秋时，楚国大会诸侯，鲁国带去的酒味道不好。茅柴：村酿的酒，有股茅柴烧过的味道。龙团、雀舌：古代名茶。

待人礼衰，曰醴酒不设；款客甚薄，曰脱粟相留。

【注释】礼衰：礼差，礼节不如以前。醴酒：甜酒。脱粟：糙米。

竹叶青，状元红，俱为美酒；葡萄绿，珍珠红，悉是香醪。

【注释】竹叶青、状元红、葡萄绿、珍珠红：都是根据酒的颜色给起的美名。醪：láo，醇酒。

五斗解酲，刘伶独溺于酒；两腋生风，卢仝偏嗜乎茶。

【注释】晋代刘伶嗜酒，常常喝得神志不清，妻子说他喝得过多，有害身体，他说："天生刘伶，以酒为命，一饮一石，五斗解酲（喝五斗酒才能解酒醉）。"酲：chéng，喝醉了神志不清。溺：沉溺。唐代诗人卢仝爱喝茶，曾说：喝过茶，"惟觉两腋习习清风生（意思是感到清爽）。"

太羹玄酒，亦可荐馨；尘饭涂羹，焉能充饥。

【注释】太羹、玄酒：都是祭祀所用。传说尧以肉汁做羹，没有盐等做调料，叫做"太羹"。玄酒：祭祀用的水。远古无酒，以水行礼。亦可荐馨：也可作为香美的饮食敬献。尘饭涂羹：小孩子做游戏，以尘土做饭，以稀泥做羹（汤）。焉：何，怎。

酒系杜康所造，腐乃淮南所为。

【注释】东晋张华撰《博物志》：杜康造酒。腐：豆腐。据说汉代淮南王刘安始磨豆为乳脂，名叫“豆腐”。乃：是。为：作，制作。

僧谓鱼曰水梭花，僧谓鸡曰穿篱菜。

【注释】宋代苏轼《东坡志林》：“僧谓酒为般若汤，谓鱼为水梭花，鸡为钻篱菜，竟（终）无所益，但（只）自欺而已。”鱼游于水中如穿梭，所以叫“水梭花”。鸡养在篱笆里，所以称“钻篱菜”。（“钻篱”、“穿篱”，义同。）

临渊羡鱼，不如退而结网；扬汤止沸，不如去火抽薪。

【注释】上联是西汉董仲舒在《天人策》中引古人的话。临渊羡鱼：站在水边企望得到鱼。下联是东汉董卓《上何进书》中的话。汤：开水。

羔酒自劳，田家之乐；含哺鼓腹，盛世之风。

【注释】羔酒自劳：杀羊造酒，自我犒劳。田家：农家。含哺鼓腹：口含食物，敲着肚皮，表示太平盛世吃得饱饱的，生活无忧无虑。

人贪食曰徒餔啜，食不敬曰嗟来食。

【注释】徒餔（bū）啜：只知道吃喝。语出《孟子·离娄上》：“子之从于子敖来，徒餔啜也”（你跟随子敖来，只是为着吃喝罢了）。《礼记·檀弓下》：齐国大饥，有个叫黔敖的人准备下食物救济饥民，有个饥民走来，黔敖拿着吃的喝的，喊道：“嗟（jiē）！来吃吧！”饥民瞪眼看着黔敖说：“我只因不吃嗟来之食，才饿成这样！”黔敖跟在后面向他道歉，他终不肯吃而饿死。曾子听了，说：“‘嗟来’之言，其为是不敬也。”

多食不厌，谓之饕餮之徒；见食垂涎，谓有欲炙之色。

【注释】厌：满足。饕餮：tāo tiè，贪吃。垂涎：馋得流出口水。欲炙：想吃烤熟的肉。色：表情。

未获同食，曰向隅；谢人赐食，曰饱德。

【注释】同食：一同吃喝。向隅：汉代刘向撰《说苑·贵德》：“今有满堂饮酒者，有一人向隅（面向墙角）而泣，则一堂之人皆不乐也。”“饱德”是答谢别人赏赐食物的客气话。《诗经·大雅·既醉》：“既醉以酒，既饱以德。”

安步可以当车，晚食可以当肉。

【注释】《战国策·齐策》：齐宣王对颜斶（chù，齐国的高尚之士）说：“你同我交游，吃饭必有肉类，外出必有车乘。”颜斶谢绝说：“臣愿得归（回家），晚食以当肉（饿了再吃饭可以抵上吃肉），安步以当车（慢慢行走可以顶得上乘车），无罪以当贵，清静贞正以自虞（通“娱”）。”

饮食贫难，曰半菽不饱；厚恩图报，曰每饭不忘。

【注释】半菽：菽（shū，豆类）米各半做成的饭。《史记·项羽本纪》有“今岁饥民贫，士卒食半菽，军无现粮”的话。

谢扰人曰兵厨之扰，谦待薄曰草具之陈。

【注释】 扰人：打扰别人。兵厨之扰：晋代阮籍嗜酒，听说步兵校尉厨里存酒三百斛（hú，口小底大的方形容器，容量为十斗），就要求做步兵校尉，便于饮酒。草具：粗劣的食物。楚汉相争时，项羽遣使者去汉王刘邦那里，陈平施反间计，先上太牢（牛羊肉）招待，及至见到使者，又假装惊讶地说："我以为是范增（项羽的高级谋士）派来的使者，原来是项王派来的使者！"就撤去太牢，换上草具。陈：陈列，摆上。

白饭青刍，待仆马之厚；炊金爨玉，谢款客之隆。

【注释】 白饭青刍，待仆马之厚：给仆人（派来办事的使者）吃白米饭，给仆所骑的马喂新鲜的青草料。爨：cuàn，烧火做饭。金、玉：形容饭食之美。隆：隆重。

家贫待客，但知抹月披风；冬月邀宾，乃曰敲冰煮茗。

【注释】 但：只。抹月披风：以沐风赏月招待客人。苏东坡有"家贫无以娱客，但知抹月披风。"的诗句。敲冰煮茗：唐代王休居太白山，每到冬季取溪涧的冰块煮茶待客。

君侧元臣，若作酒醴之曲蘖；朝中冢宰，若作和羹之盐梅。

【注释】 此联的意思是，把朝廷大臣的职能（作用）比作做酒的曲，调羹的调料。元臣：大臣。若：如同。曲蘖（niè）：酿酒的曲。冢宰：宰相级的大臣。和羹：调和羹汤。盐梅：古代调料名。

宰肉甚均，陈平见重于父老；戛羹示尽，邱嫂心厌乎汉高。

【注释】刘邦的谋士陈平，当初在家乡的时候，祭祀土地神这天负责屠宰，给乡亲分肉很公平，父老夸他说："陈平善为宰。"见重于父老：受到父老重视。汉高祖刘邦微贱时，一次领着客人到邱嫂家，正在吃羹的嫂子敲打着锅给刘邦听，以示羹已吃完、锅已空了。刘邦做了皇帝后，封邱嫂的儿子为颉（xié）羹（山名）侯，借此表示对嫂子的鄙视。戛：jiá，敲击。厌：厌烦。

毕卓为吏部而盗酒，逸兴太豪；越王爱士卒而投醪，战气百倍。

【注释】晋代毕卓为吏部郎，夜里到邻家偷酒喝，醉倒在酒瓮旁边。越王勾践伐吴，有人送他许多美酒，他倾倒在河的上游，让士卒迎流而饮，人人都能饮到，士卒感激他恩惠均等，无不拼死作战。醪：láo，美酒。战气：战斗勇气，士气。

惩羹吹齑，谓人惩前警后；酒囊饭袋，谓人少学多餐。

【注释】惩羹吹齑：接受喝热汤时烫过嘴的教训，后来吃冷菜时也情不自禁地要吹一吹。齑：jī，腌菜，泛指冷菜。少学多餐：肚里学问少酒食多。

隐逸之士，漱石枕流；沉湎之夫，藉糟枕曲。

【注释】"漱石枕流"源自下面的故事：晋代孙楚年轻时对王武子说自己想做隐士，误将"枕石漱流"说成"枕流漱石"。王说："流可枕石可漱吗？"孙楚灵机一动解释说："之所以枕流是要洗其耳，之所以漱石是要磨其齿。"沉湎：指沉溺于酒。藉糟枕曲：以酒糟为席，卧在上面；以酒曲为枕，枕在上面。藉：垫。

昏庸桀纣，胡为酒池肉林；苦学仲淹，惟有断齑画粥。

【注释】胡为：何为，为什么。酒池肉林：《史记·殷本纪》："以酒为池，悬肉为林，使男女裸相逐其间，为长夜之饮。"形容商纣王穷奢极欲，也用以形容酒肉之多。范仲淹年幼丧父，家贫，母再嫁长山朱氏，他借住长山僧舍读书，每天煮米二升（古时升小）为稠粥，待粥凝结后，用刀划成四块，早晚各吃两块；将腌菜切成几十段分开吃，这样过了三年。齑：jī，酱菜或腌菜。

钟阜山庄赤米，隐士加餐；邯郸旅邸黄粱，仙人入梦。

【注释】南朝齐周颙（yóng），清贫寡欲，隐居钟阜山（钟山，今南京紫金山），王俭（官卫将军）问他在山里吃的什么，周说："赤米（粗糙的米）白盐，绿葵红苋（xiàn，都是蔬菜）。"唐代沈既济《枕中记》：唐代有位卢生在邯郸旅店遇一道士吕公，自言贫困，吕公给他一个枕头，说"枕着它就会富贵"。卢生枕着睡了，果然梦见自己大富大贵，等到醒来，店主人的小米饭还未做熟。卢生抱歉说："原来是先生用这方法遏制我的欲望啊。"成语"黄粱一梦"源此。

易秕以粟，邹侯为民庶之意拳拳；煮豆燃萁，子建悟兄弟之情切切。

【注释】春秋时，邹穆公命以秕（秕糠）做鸭子的饲料，但官仓里只有粟（谷子）没有秕，便求秕于民间，以二石粟换一石秕，说"粟存于仓和存于民有何两样？"民庶：老百姓。曹丕要害弟弟曹植（子建），令他七步成诗以刁难，曹植当即口吟一诗："煮豆燃豆萁，豆在釜中泣，本是同根生，相煎何太急！""拳拳"、"切切"，都是感情真挚深切的样子。

多才之士，谢茶而赠我好歌；好事之徒，载酒而问人奇字。

【注释】唐代孟简（曾任谏议大夫，时任常州刺史）使人赠送诗人卢仝茶叶，卢仝作《谢孟谏议惠茶歌》一首答谢。汉代扬雄嗜酒而家贫，曾经有个人载着酒到他家向他请教少见的奇字（因为扬雄有学问）。

挹东海以为醴，庶畅高怀；折琼枝以为馐，可舒雅志。

【注释】上联与曹植《与季重书》中的“愿举泰山以为肉，倾北海以为酒”语意相同。挹：yì，舀。醴：甜酒。庶：希望。畅：这里指让心情舒畅。屈原《离骚》：“折琼枝以为羞兮”。羞：同“馐”，美食。雅志：高雅的情怀。

烧鹅而恣朵颐，且愿鹅生四掌；炮鳖而充嗜欲，还思鳖著两裙。

【注释】唐五代时僧人谦光，是个酒肉和尚，曾说：“但愿鹅生四掌（鹅掌是美食），鳖留两裙（裙指鳖甲，也是美食）。”恣朵颐：放开嘴大吃。朵颐：鼓动腮颊嚼东西的样子。著：穿着，在此意为长着。

种秫不种粳，陶公若以酒为命；窖粟不窖宝，任氏则以食为天。

【注释】东晋诗人陶渊明，嗜酒，有田三百亩，叫家人全种高粱，以便酿酒。妻子坚决请求种稻子，最后以二百五十亩种高粱，五十亩种稻子。秫：黏性高粱，可酿酒。粳：稻。秦二世败亡，富豪之家争着窖藏金玉宝器，只有任氏储藏粮食，及至楚汉相争，荥阳百姓不得耕种，粮米奇缺，价格飞涨，富家所藏的金玉宝器都用来换取任氏的粮食。天：此指最重要的生存依赖。

宫 室

洪荒之世，野处穴居；有巢以后，上栋下宇。

【注释】洪荒：混沌蒙昧的状态。《易经·系辞》：“上古穴居（住在洞穴里）而野处（处于荒野），后世圣人（指有巢氏）易（改，变）之以宫室，上栋下宇，以待风雨。”栋宇：这里指房屋。

朝廷曰紫宸，禁门曰青琐。

【注释】紫宸：皇宫。汉代有紫宸殿。禁门：宫门。青琐：宫门上镂刻的青色图纹。

宰相职掌丝纶，内居黄阁；百官具陈章疏，敷奏丹墀。

【注释】丝纶：指皇帝的诏书。黄阁：汉代丞相及以后三公官署厅门涂黄色，所以称这些官署为“黄阁”。敷奏：陈述奏报。丹墀：宫殿前的红色台阶，是百官奏报时所站的地方。

木天署学士所居，紫薇省中书所莅。

【注释】木天署：唐代秘书阁穹窿高敞，称为“木天”，后以木天署称翰林学士的官署。唐玄宗时设翰林院，主要掌管朝廷的文字事务。紫薇省：官署名，也称中书省，总管国家政事，其中官职有“中书舍人”。所莅：所临，所在的处所。

金马玉堂，翰林院宇；柏台乌府，御史衙门。

【注释】金马玉堂：汉武帝得大宛马，铸铜像置于宫门，称金马门，学士常聚于此。宋代苏易简为翰林学士，宋太祖书“玉堂之署”给他。所以后来以金马玉堂指翰林院。柏台乌府：汉代朱博为御史时，府中有柏树，树上常有乌鸦栖息，因此御史衙门得名“柏台、乌府”。

布政司称为藩府，按察司系是臬司。

【注释】布政司：明代设布政使司，为一省的行政机构。藩府：藩镇（相当于省级的大行政区）官府。按察司：唐代设按察使，巡察各地。明代设提刑按察使司，按察使为一省的司法长官。臬（niè）司：执法的机关。

潭府是仕宦之家，衡门乃隐逸之宅。

【注释】潭府：形容官员的深宅大院。衡门：以横木护卫门。形容隐士的住宅简陋。

贺人有喜，曰门阑蔼瑞；谢人过访，曰蓬荜生辉。

【注释】门阑蔼瑞：指门庭洋溢祥瑞之气。过访：到访。蓬荜：柴门，简陋的门户。

美奂美轮，礼称屋宇之高华；肯构肯堂，书言父子之同志。

【注释】美奂美轮：形容房屋高大宽敞明亮。语出《礼记·檀弓下》：“美哉轮焉，美哉奂焉”。礼称：敬称，美称。肯构肯堂：见《祖孙父子》篇“肯构肯堂”注。同志：志趣意向相同。

土木方兴，曰经始；创造已毕，曰落成。

【注释】方兴：才动工。经始：开始营建。《诗经·大雅·灵台》："经始灵台（古台名，故址在今陕西西安西北），经之营之。"创造：建造。

楼高可以摘星，屋小仅堪容膝。

【注释】李白《夜宿山寺》："危楼高百尺，手可摘星辰。不敢高声语，恐惊天上人。"陶渊明《归去来辞》有"审容膝之易安（深知住在仅可容膝的狭窄小屋里也易感到舒坦）"句。堪：可，能够。

寇莱公庭除之外，只可栽花；李文靖厅事之前，仅容旋马。

【注释】寇莱公：宋代宰相寇准，封莱国公。庭除：庭前阶下，院内。李文靖：李沆（hàng），宋真宗时为相，谥文靖。厅事：官府办公的厅堂。仅容旋马：只可容得下一匹马转身。（形容两人宅院小）。

恭贺屋成，曰燕贺；自谦屋小，曰蜗庐。

【注释】燕贺：《淮南子》：大厦成而燕雀相贺（燕雀得以筑窝，高兴而贺）。蜗庐：三国魏时隐者焦先在河渚间建一圆形小屋，形如蜗牛壳。

民家名曰闾阎，贵族称为阀阅。

【注释】闾阎：里巷的门，泛指民间（百姓聚居处）。阀阅：本作伐阅，指功绩和资历，后指官僚豪门。

朱门乃富豪之第，白屋是布衣之家。

【注释】朱门：富豪的大门漆成红色。第：住宅。白屋：平民的房屋不涂彩。

客舍曰逆旅，馆驿曰邮亭。

【注释】逆旅：迎接留宿旅客的屋舍，旅店。馆驿：驿站，使者换马休息的处所。

书室曰芸窗，朝廷曰魏阙。

【注释】芸窗：芸香置于书房可驱除书中的蠹虫，因而得名。魏阙：本指宫门外的阙门，后指称朝廷。

成均，辟雍，皆国学之号；黉宫，胶序，乃乡学之称。

【注释】成均、辟雍：本是西周天子为教育贵族子弟而设的大学，后指国家最高学府。黉（hóng）宫、胶序：殷、周时代的学校名。

笑人善忘，曰徙宅忘妻；讥人不谨，曰开门揖盗。

【注释】《孔子家语·贤君》载：鲁哀公对孔子说："人有善忘者，徙宅（搬家）而忘其妻。"谨：谨慎。孙策死，孙权痛哭不止，张昭提醒说："如今奸雄们正竞争天下，您却顾全礼制，这就如同开门揖盗（请盗贼进来）啊！"

何楼所市，皆滥恶之物；垄断独登，讥专利之人。

【注释】宋代京师有个姓何的，他楼下所卖的东西都是伪劣品。市：卖。垄断：独占。《孟子·公孙丑下》："有贱丈夫焉，必求垄断而登之，以左右望而罔市利（有个贪利可鄙之人在那里，一定要找个高高的田埂登上去，左右观望，见到哪里有利就以欺骗的手段取得)。”

荜门圭窦，系贫士之居；瓮牖绳枢，皆窭人之室。

【注释】荜门：竹编的门。圭窦：墙上凿门，上尖下方，形状像圭。西汉贾谊《过秦论》：“然陈涉瓮牖绳枢之子（人）”。瓮牖：以破瓮口做窗户。绳枢：以绳子捆绑住门枢。窭（jù）人：贫穷的人。

宋寇准真是北门锁钥，檀道济不愧万里长城。

【注释】宋真宗免了寇准的宰相职务，贬他主持天雄军（防地在今河北省大名县一带），契丹使者对寇准说：“相公德高望重，怎么不在中书省任职了？”准说：“皇上因朝廷无事，北大门非我来把守不可。”南朝宋檀道济屡建战功，升任司空，威名甚重，文帝担心自己死后继位的新皇帝控制不了他，想除掉他，收捕时，道济脱下头巾摔在地上，说：“竟要毁坏你的万里长城吗！”成语“自坏长城”源此。

晋公堂下植三槐，相臣地位；靖节门前栽五柳，隐士家风。

【注释】宋代王佑有大功于朝廷，却不得为相，对人说：“我不做相，郎（儿子）必做。”就亲手在院子里植槐三株，说：“我的子孙一定有位居三公的。”后来他的次子王旦果然做了宰相。苏东坡为他作《三槐堂记》。陶渊明（世称靖节先生）辞官隐居乡里，门前栽五柳，号五柳先生。

退思岩，是鱼头参政退思时；知妄室，乃半山居士知妄处。

【注释】宋代鲁宗道被人称为“鱼头参政”，建一室叫“退思岩”，每次退朝回来独居其中思考，即使妻子儿女也不许进入。宋代王安石自号“半山居士”，建一室叫“知妄（谬误）”，并自作语录：“知妄为妄，即妄是真；认妄为真，虽真亦妄。”

月榭已成，剩有十分佳景；雪巢既构，应无半点尘埃。

【注释】唐代裴度退休后，在洛阳建宅院，号绿野堂，有凉台、焕馆、风台、月榭之胜（美景）。宋代诗人林景思建庐舍，建成时恰有雪景，就名之为雪巢。

避风台，妃子扬歌；凌烟阁，功臣列像。

【注释】汉成帝宠妃赵飞燕，体轻不禁风，成帝为她建七宝避风台，飞燕在台上唱《归风送远》之曲。唐太宗让画家绘二十四功臣像陈列于凌烟阁。

浣花溪上草堂，最是杜公乐地；至道坊间土窟，更为司马胜居。

【注释】杜甫在成都时，剑南节度使裴冕为他在浣花溪建草堂而居，后称“杜甫草堂”。宋代王拱辰（先后任御史中丞及两个地方的节度使）在洛阳道德坊建起三层高的屋子居住，司马光在洛阳至道坊掘地筑室而居，被当做新鲜事传开，说洛阳有一巢居者，有一穴居者。胜：美。

器　用

一人之所需，百工斯为备。

【注释】百工斯为备：就得上百的工匠为之制备。斯：则，就。

《孟子·滕文公上》：“且一人之身，而百工之所为备。”

管城子，中书君，悉为笔号；石虚中，即墨侯，皆为砚称。

【注释】 笔号：毛笔的雅号。砚称：砚台的别称。

纸曰剡藤，又曰玉版；墨曰陈玄，又曰龙脐。

【注释】 剡藤：浙江剡（shàn）溪的藤造的纸极好。玉版：成都浣花溪造的纸光滑，被誉称“玉版”。陈玄：陈是时间长久，玄是黑色，墨存放的年头越久越黑。龙脐：唐玄宗用的墨叫龙香脐。

共笔砚，同窗之谓；付衣钵，传道之称。

【注释】 共：共用。同窗：同学。付衣钵：衣钵是僧尼的袈裟和乞食的碗，交付给谁，谁就是接班的。此指传道，即传授佛教教义。也泛指传授学问、技艺。

笃志业儒，曰磨穿铁砚；弃文就武，曰安用毛锥。

【注释】 笃志业儒：专心一意读书做学问。磨穿铁砚：五代桑维翰屡次应举，都因主考官嫌他的姓与“丧”同音而落第。有人劝他改业，他就作了一篇《日出扶桑赋》，又铸一铁砚，发誓说：“砚穿则改业”。后来果中进士，官至枢密使。安用毛锥：五代史宏肇（后周太祖郭威麾下将领）说：“安朝廷定祸乱，直（仅，只是）须长枪大剑，若毛锥子（毛笔）安（怎）足用哉！”

剑有干将镆铘之名，扇有仁风便面之号。

【注释】 干将镆铘（也作“莫邪”）：相传吴王阖闾使干将铸剑，干将与妻子镆铘断发剪指投入炉中，于是造成阴阳二剑，阳剑名干将，阴剑名镆铘。仁风：仁德之风。晋代袁宏赴任东阳太守，谢安赠扇送行，宏说：“即当奉扬仁风，慰彼（那些）黎庶（百姓）。”“仁风”就成为扇名。便面：扇子便于遮挡脸面，不使人看见。汉代张敞走马章台街，以便面拊马（以扇拍马，便于遮面，不致使人看见）。

何谓箑，亦扇之名；何谓籁，有声之谓。

【注释】何谓：什么叫做。箑：shà，扇子。籁：指各种声音。风声为天籁，水声为地籁，笙竽声为人籁，风吹万物有声叫做万籁。

小舟名蚱蜢，巨舰曰艨艟。

【注释】蚱蜢：蝗虫类，借为船名，比喻船小。艨艟：méngchōng，战舰。

金根是皇后之车，菱花乃妇人之镜。

【注释】金根：用金品装饰的车。菱花：背面有菱花图案的铜镜。

银凿落原是酒器，玉参差乃是箫名。

【注释】姜白石（姜夔，号白石道人，南宋诗人，音乐家）诗：“剪烛屡呼银凿落，倚窗闲品玉参差（cēn cī）。”唐代称杯为“凿落”。汉代应劭所撰《风俗通》里说，舜作竹箫，其形参差，以象凤翼。

刻舟求剑，固而不通；胶柱鼓瑟，拘而不化。

【注释】刻舟求剑：《吕氏春秋·察今》：“楚人有涉江者，其剑自舟中坠于水，遽契（急刻）其舟曰：‘是（此）吾剑之所从坠。’

舟止，从（根据）其所契者入水求（寻找）之。舟已行矣，而剑不行，求剑若此，不亦惑（糊涂）乎?”固而不通：思想僵化，死心眼。胶柱鼓瑟：柱是瑟上调节声音的短木，若用胶粘住瑟上的柱，柱不能移动，就无法调弦（弹奏）了。比喻固执拘泥，不能变通。

斗筲言其器小，梁栋谓是大材。

【注释】 斗筲：斗和筲（shāo）都是容量很小的量器，用以比喻人的才识短浅，器量狭小。

铅刀无一割之利，强弓有六石之名。

【注释】 铅刀：用铅做的刀，软而钝。利：锋利。六石：比喻力大。南朝梁名将羊侃所用的弓达到二十石，在马上用的是六石弓（用六石的力气才能拉开的弓）。

杖以鸠名，因鸠喉之不噎；钥同鱼样，取鱼目之常醒。

【注释】 古时把手杖的把手做成鸠形，叫做鸠杖，因为鸠吃食不会噎着，以提醒老人进食别噎着。古代的锁形状像鱼，因为鱼总睁着眼，有提醒人们时刻警醒的意思。

兜鍪系是头盔，叵罗乃为酒器。

【注释】 兜鍪（móu）：战士的头盔。叵罗：古时一种饮酒用的敞口浅杯。

短剑名匕首，毡毯曰氍毹。

【注释】 氍毹：qú shū，毛织的地毯。

琴名绿绮焦桐，弓号乌号繁弱。

【注释】绿绮：汉代司马相如善弹琴，他的琴名“绿绮”。焦桐：相传吴地有人烧桐做饭，东汉蔡邕拿过来制成琴，琴尾有烧焦的地方，因而叫它“焦尾琴”，也称“焦桐”。乌号：柘（zhè）树枝长，乌集其上，将起飞时，树枝把乌弹起，乌惊而号叫，误以为树枝是弓。繁弱：地名，出良弓。《荀子·性恶》：“繁弱、钜黍，古之良弓也。”

香炉曰宝鸭，烛台曰烛奴。

【注释】香炉曰宝鸭：形状如鸭的香炉叫“宝鸭”。烛台曰烛奴：雕刻成童仆形状的烛台叫“烛奴”。

龙涎鸡舌，悉是香名；鹢首鸭头，别为船号。

【注释】龙涎：龙涎香，取料于一种鲸的分泌物，最名贵，出产于大食国（阿拉伯帝国）。鸡舌：鸡舌香，即丁香。汉代郎官每天都含鸡舌香，奏事对答时口出芳香。鹢首：船名。鹢（yì）是一种水鸟，古代将鹢首画在船头上做装饰。鸭头：鸭善凫水，古时就将船头做成鸭头形状。别为船号：是船的别号。

桔槔是田家之水车，袯襫是农夫之雨具。

【注释】桔槔：jiégāo，一种汲水灌溉的机械。《庄子·内篇》：子贡经过汉阴，见一老人抱着瓦罐浇菜园，就对他说：“用木料制作汲水机械，一天能浇百畦，这种机械叫桔槔。”老人笑道：“有机械者必有机事，有机事者必有机心，吾（我）不为（做）也。”袯襫：bó shì，蓑衣，草编的雨具。

乌金，炭之美誉；忘归，矢之别名。

【注释】唐代孟郊《答友人赠炭》诗："青山白屋有仁人，赠炭价重双乌金。"忘归：箭的别名，取箭射出即不回归之意。（俗话说开弓没有回头箭）

夜可击，朝可炊，军中刁斗；云汉热，北风寒，刘褒画图。

【注释】刁斗：铜制的军用品，夜间可用以打更，白天可用以烧饭。东汉刘褒画的《云汉图》，看了它的人都感到身上发热，又画一《北风图》，看了它的人都感到身上发冷。

勉人发愤，曰猛著祖鞭；求人宥罪，曰幸开汤网。

【注释】晋代祖逖（tì）、刘琨见石勒攻陷洛阳，一同起兵救晋。刘琨给友人信说："我枕戈待旦，志枭（杀灭）逆贼，尝（常）恐祖生先吾着鞭（快马加鞭，抢先于我）。"宥：yòu，宽恕。汤网：商汤出行，见有猎人捕鸟，四面用网围住，祷告说："都钻进到我的网眼里吧！"汤说："噫！还想把鸟都捕尽啊！"于是叫人撤掉三面的网。诸侯听说此事，赞叹说："汤王真有仁爱之心，恩泽竟及于禽兽，况且对于人呢！"

拔帜立帜，韩信之计甚奇；楚弓楚得，楚王所见未大。

【注释】韩信攻赵，选轻骑二千，使各持一面红旗，交代说："赵见我走，必空壁逐我（虚其堡垒全力追我），若（你们）疾（快速）入赵壁，拔赵帜，立汉赤帜（拔掉赵军阵地的旗，立起我们的红旗）"。结果赵军大乱，汉军夹击，于是破赵。楚共王出猎而遗失其弓，左右请求去寻找。共王说："止！楚人遗弓，楚人得之，又何求焉!”（算了吧！楚人丢失了弓，会被楚人捡到，又何必去寻找它。）孔子听说此事，说：“惜乎其不大也，不曰‘人遗弓人得之’而已，何必楚也!”（“可惜啊，他的见识不广大，不说‘人失弓人得之’，何必单说楚人得之呢。”）

董安于性缓，常佩弦以自急，西门豹性急，常佩韦以自宽。

【注释】董安于：春秋时晋国人。性缓：慢性子。弦：弓弦。自急：自己时时提醒自己性子要急一点。西门豹：战国魏文侯时为邺令。韦：柔韧的熟牛皮。自宽：自己时时提醒自己性子要缓一点。。

汉孟敏尝堕甑不顾，知其无益；宋太祖谓犯法有剑，正欲立威。

【注释】东汉孟敏年轻时，曾扛一甑（zēng，砂锅）坠地破碎，看也不看就走了，郭泰见而问他，他说：“甑已破了，看它又有什么益处。”宋太祖问后唐庄宗一个臣子：“庄宗以英武治天下，在位却不久长，为什么呢?”回答说：“庄宗威令不行，赏赐无节。”太祖拍着大腿叹道：“我今抚养士卒，绝不吝惜爵赏，但若有犯法的，我只有以剑对他而已。”

王衍清谈，常持麈尾；横渠讲易，每拥皋比。

【注释】晋代王衍（官至司徒）常手持玉柄拂尘，终日与人清谈老庄。麈（zhǔ）尾：鹿一类动物尾巴做的拂尘。宋代张载，号横渠，常坐在垫着虎皮的椅子上讲《易经》。皋比：虎皮坐垫。

尾生抱桥而死，固执不通；楚妃守符而亡，贞信可录。

【注释】周朝鲁国有个叫尾生的青年，与女友相约在桥下相会，女友未来，河水突涨，尾生抱着桥柱死等，结果被淹死。春秋时，楚昭王出游，将夫人贞姜留在渐台，约定说："召你时必叫人带上信符来。"结果来接她的使者忘了带信符，夫人不敢随他走。待使者回去取符，水涌台崩，夫人被淹死。

车载斗量之人，不可胜数；南金东箭之品，实是堪奇。

【注释】魏文帝曹丕封孙权为吴王，权使大夫赵咨前去致谢，曹丕问："吴像大夫您这样的有几人？"咨答："聪明特达（出众，特异）者八九十人，像我这样的，车载斗量，不可胜数。"《尔雅·释地》：东南的美物，有会稽的竹箭，西南的美物，有华山的金石。奇：珍奇。

传檄可定，极言敌之易破；迎刃而解，甚言事之易为。

【注释】韩信对入关的汉王刘邦说："今大王举而东（指举兵向东消灭项羽），三秦（今陕西关中一带）可传檄而定也（只传送声讨的文书，不用动武，三秦即可平定）。"为：做成。

以铜为鉴，可整衣冠；以古为鉴，可知兴替。

【注释】唐太宗痛惜魏征死去，说了这番话。后面还有两句："以人为鉴（镜），可知得失"、"今魏征没（死），朕（皇帝自称）失一鉴矣"。以铜为鉴：古时的镜子是用铜铸造的，背面有图案花纹，正面磨光可照形。兴替：兴盛衰落。

砚彩鲜明，公权曾评鸲眼；笔锋劲健，钟繇惯用鼠须。

【注释】广东德庆县端溪的砚石（端砚），有鸲鹆（qú yù，八哥）

眼，黄黑相间，晶莹可爱，柳公权评为砚石中最好的。东汉张芝、三国魏钟繇、东晋王羲之等书法大家都使用鼠须制作的毛笔。

匕首一见惊秦王，蝥弧先登降敌国。

【注释】战国时燕太子丹使荆轲入秦刺秦王，荆轲以献地图为名，打开地图给秦王看，最后里面包着的匕首露出来，秦王大惊失色，立即跑开。见：现，显现。春秋时郑国攻伐许国，郑国颍考叔举着蝥弧（máo hú，旗）率先登城，使许国降服。

蛇矛龙盾，声雄太乙之坛；紫电青霜，质炼昆吾之剑。

【注释】蛇矛：刻画着蛇的矛。龙盾：刻画着龙的盾。声雄太乙之坛：古时出师必列武备祭于太乙之坛，以显军威。紫电、青霜：剑名。昆吾之剑：相传周穆王所用的剑，是由昆吾石冶炼成铁所造，十分锋利，切玉如切泥。

为炊必用土锉，汲井应藉辘轳。

【注释】为炊：做饭。土锉（cuò）：瓦锅。穷人才用的锅。汲井：从井里汲水。藉：借，凭借。

石季龙坐五香席上，李太白卧七宝床中。

【注释】石季龙（后赵皇帝石虎，字季龙）曾制作以锦包裹五种香料的坐席，以延待宾客。李白被召入朝，唐玄宗礼待有加，在金銮殿中放置七宝床，供他坐卧。

庾老据胡床谈咏，诸佐皆欢；孔明执羽扇指挥，三军用命。

【注释】东晋庾亮镇守武昌，中秋夜，佐史殷浩等人乘月登楼吟啸。庾亮到来，大家想散去。亮说：“老子兴亦不浅。”便坐在胡床（交椅）上谈笑到天亮。诸葛亮与司马懿交战于渭水之滨，司马懿身着戎服，使人观察诸葛亮，只见诸葛亮独乘素车，葛巾羽扇，指挥三军。司马懿赞叹道：“诸葛君可谓名士矣！”用命：服从命令，效命。

以圣贤为柱杖，却优于九节苍藤；以仁义作剑锋，绝胜于七星白刃。

【注释】上联的意思是，治天下要以圣贤的思想、言论为依据。汉代陆贾《新语》：“君子（君主）居高处上，则以仁义为巢；乘危（登高）履险，则以圣贤为杖。”九节苍藤：泛指柱杖。下联的意思是，施仁政胜于施暴政。七星白刃：泛指刀剑。

上公膺宠命，已知高坐肩舆；末士少豪雄，可惜倒持手版。

【注释】三国魏太傅钟繇，位列三公，皇上曹丕特加宠遇，使他坐着轿子入朝。上公：此指钟繇。膺：荣获。肩舆：轿子。东晋简文帝司马昱临死时，遗诏令桓温（时为掌兵权的大司马）辅立孝武帝司马曜，桓温大怒，以为是辅政大臣谢安、王坦之出的主意，借此削弱他的兵权。于是设下伏兵，宴请朝臣，想趁此机会杀害谢、王。王坦之吓得汗流沾衣，手版也拿倒了。而谢安则神情自若，从容地说：“天下有道，把兵卒派守四方边境，您今天何须在墙后埋伏兵卒？”桓温见谢安如此镇定，急命撤去伏兵。末士：这是贬称王坦之。

珍 宝

山川之精英，每泄为至宝；乾坤之瑞气，恒结为奇珍。

【注释】精英：指精美之物。泄：泄露，散发。乾坤：天地。恒：常。结：凝结。

故玉足以庇嘉谷，明珠可以御火灾。

【注释】古人把玉和珠视为神奇的宝物，认为它们能造福防灾。庇嘉谷：庇护谷物生长，使它不受水旱之灾。

鱼目岂可混珠，碔砆焉能乱玉。

【注释】据说鲸鱼目似明月珠。碔砆：wǔ fū，同珷玞，像玉的石块。焉：何，怎么。

黄金生于丽水，白银出自朱提。

【注释】丽水：今之金沙江。朱提（shí）：山名，在今四川宜宾市西南，一说在今云南昭通市。

曰孔方，曰家兄，仅为钱号，曰青蚨，曰鹅眼，亦是钱名。

【注释】晋代鲁褒《钱神论》："钱之为体，有乾（外形圆如天）有坤（中孔方如地）"，"亲爱如兄，字曰孔方"。青蚨：一种像蝉的昆虫，用为钱名。鹅眼：宋代沈庆之私铸的钱，质量低劣，被称为鹅眼钱。

可贵者明月夜光之珠，可珍者璠玙琬琰之玉。

【注释】明月珠即夜光珠。璠玙：fán yú，美玉，春秋时鲁国国宝。琬琰：wǎn yǎn，琬圭、琰圭，也泛指美玉。

宋人以燕石为玉，什袭缇巾之中；楚王以璞玉为石，两刖卞和之足。

【注释】春秋时宋国有个愚人，拾到一块燕山之石，当做至宝，用黄色丝巾层层包裹，藏在皮柜里，周地一客商听说了要看一看，宋人斋戒七日，沐浴之后，才打开给看，客商掩口笑说："这是块石头。"宋人很生气，包藏得更加严实。什袭：重重叠叠地包裹。缇：tí，橘黄色。春秋时楚国人卞和游荆山，捡到一块璞玉，献给楚厉王，厉王使玉人鉴定，玉人说是块石头，厉王以为卞和骗他，砍掉他的左脚，又献给武王，武王也以为骗他，又砍掉他的右脚。等到楚文王即位，卞和抱玉哭于荆山下，文王使人剖璞加工，果得宝玉，称之为和氏璧。刖：yuè，古代酷刑之一，砍掉罪人的脚。

惠王之珠，光能照乘；和氏之璧，价重连城。

【注释】战国时，齐威王和魏惠王一起在郊外打猎，魏惠王告诉齐威王说，魏国虽小，尚有许多径寸大的明珠，十二辆车上各装饰十颗，珠光照耀车的前后。秦昭王得知赵惠王得到和氏璧，假言要用连成一片的十五座城换取它。后便以"价值连城"形容物品非常贵重。

贤乃国家之宝，儒为席上之珍。

【注释】战国时秦国要攻打楚国，使人前去观看楚的宝器，楚令尹昭奚恤对秦使者说："您想看楚国的宝器吗？楚国是以贤人为宝。"春秋时鲁哀公（鲁国国君）问儒者是怎样的人？孔子说："儒者就像席上的美味一样珍贵，等待有人聘用。"

王者聘贤，束帛加璧；真儒抱道，怀瑾握瑜。

【注释】汉武帝派使者带上束帛（帛五匹为一束）和玉璧（古代贵重的礼物）迎请申公（文帝时为博士，武帝征召时年已八十余，拜官太中大夫）。抱道：持守道义，坚持真理。怀瑾握瑜：（就像）怀抱瑾手握瑜一样。瑾瑜都是美玉，这里用来比喻道义。

剖腹藏珠，爱财而不爱命；缠头作锦，助舞而更助娇。

【注释】剖腹藏珠：据传西域的商人得到美珠，剖开自己的肚皮存放在肚里。（《资治通鉴》记载唐太宗曾就此事问过大臣。）缠头作锦：以锦缠头做妆饰。助舞：杜甫诗："笑时花近眼，舞罢锦缠头。"唐玄宗折下千叶桃，插在妃子鬓发上，说："此花亦能助娇也。"助舞：使舞姿更美。助娇：使女子更娇娆。

广钱固可以通神，营利乃为鬼所笑。

【注释】唐代张延初任度支使（管财赋的官），处理一个案子，有人愿送他三万钱，要他不要过问此事，张延不予理会。又增加到五万钱，张延更为恼火。最后增加到十万钱，张延害怕了，说："十万钱可以通神，我怕灾祸临头，不得不作罢了。"于是留下笑柄。广：多。南朝宋刘伯龙为官清廉，家境贫穷，一次在家中，召集身边的人商量做点营小利的生意，忽见旁边一鬼拍掌大笑（疑是刘伯龙的幻觉），刘伯龙叹息道："贫穷本是命，今天想赚点小钱，竟然被鬼讥笑。"乃：却，竟然。

以小致大，谓之抛砖引玉；不知所贵，谓之买椟还珠。

【注释】致：引来，换得。《韩非子·外储左上》：楚国人到郑国去卖珍珠，郑国人见装珠的匣子很华美，就把匣子买下，把珍珠退还楚人。比喻没有眼光，取舍不当。成语“买椟（dú）还珠”源此。

贤否罹害，如玉石俱焚；贪得无厌，虽锱铢必算。

【注释】贤否（pǐ）罹害：好人和坏人一同遇害。虽：即使。锱铢：古代的重量单位，极其轻微，这里指极其细小不值钱的东西。算：算计，计较。

崔烈以钱买官，人皆恶其铜臭；秦嫂不敢视叔，自言畏其多金。

【注释】汉灵帝卖官，冀州名士崔烈以五百万钱买得司徒官职，问他儿子：“我位居三公，外面有什么议论？”儿子说：“大人少时有英名，现在虽居高位，但论者嫌其铜臭。”恶：wù，嫌恶，厌恶。战国时，苏秦最初游说秦国，失败而归，妻不下机（织机），嫂不为炊（做饭）。后来游说赵国成功，封武安君，受相印，准备再去游说楚国，路过家乡洛阳，嫂跪在地上，不敢抬头。苏秦问：“嫂前次那样傲慢，现在这样恭敬，是何缘故？”嫂说：“因为你现在位尊而多金。”叔：小叔子。

汉杨震畏四知而辞金，唐太宗因惩贪而赐绢。

【注释】东汉杨震到东莱赴任途径昌邑，县令王密怀揣金子送他，杨震说：“你怎么不了解我的为人呢！”王密说：“夜晚无人知道。”杨震说：“天知，地知，你知，我知，怎么能说无人知道！”王密惭愧地带着金子走了。右骁卫大将军长孙顺德收受别人贿赂的绢帛，事情败露，唐太宗当着大臣们的面又赐他十匹绢，大理少卿胡演不解地问：“不加惩罚，反倒又赏，这是为什么？”太宗说：“他要是有人性，得绢之辱，甚于受刑。”（此两事《资治通鉴》均有记载）

晋鲁褒作钱神论，尝以钱为孔方兄；王夷甫口不言钱，乃谓钱为阿堵物。

【注释】尝：曾。孔方兄：钱的中间是个方孔，以“兄”称，表示亲爱。（详见前面“曰孔方”联的注释）晋代王夷甫（王衍，字夷甫，官至司徒，清谈家领袖人物）不满妻子爱钱，从来口不言钱，妻子悄悄把钱撒在他床前，想以此引他说“钱”。夷甫早晨起来，呼叫女仆：“弄走阿堵物（这个东西）！”终不说“钱”。“阿堵”是当时当地的口语，“这个”的意思。

床头金尽，壮士无颜；囊内钱空，阮郎羞涩。

【注释】唐代张籍《行路难》诗：“君不见床头黄金尽，壮士无颜色（无脸面）。”东晋阮孚（竹林七贤之一的阮咸之子，元帝时曾为安东参军，后升迁为黄门常侍，嗜酒成性，旷达不羁）持一黑布袋游会稽，有人问他袋子里是什么东西，他说只有一钱看守着袋子，恐怕袋子羞涩。成语“囊中羞涩”源此。

斑斑美玉，瑟瑟灵珠。

【注释】斑斑：玉名。瑟瑟：珠名。灵珠：灵蛇珠的省称，传说是灵蛇报答随侯的珠子，所以也称随珠。

魏博铁铸错，犹惜不成；张说记事珠，忽然顿悟。

【注释】唐朝末年，魏博节度使（又称天雄节度使。魏博在今河北省境内）罗绍威部下有牙军（牙中军，亲军及卫队）五千人。这些牙军，世代父子相继，亲朋盘结，骄横恣肆。罗绍威想除之而力不足，便借助朱全忠（朱温）的力量消灭了牙军。事后，罗绍威为朱全忠所挟制，管辖区内的财物几乎都供给了朱全忠的军队。罗绍威后悔地对亲近的属下说：“就是把六州四十三县（他所管辖的州县）的铁都聚集起来也铸不成这个‘错’啊。”“错”语意双关，既指古钱币，也指错误。成语“铸成大错”源此。唐代张说为相，有记事珠，每当忘事，弄一弄这些珠子就顿然想起来。

夏桀乃昏庸主，国有瑶台；郭况是贵戚卿，家多金穴。

【注释】国有瑶台：夏桀生活荒淫奢侈，建有琼宫瑶台。郭况是东汉光武帝皇后郭后之弟，官为大鸿胪，光武多次到他宅第，赏赐黄金甚多，京师的人称他家为“金穴”。

韩嫣一出，儿童觅绿野之金丸；汉祖既还，亚父撞鸿门之玉斗。

【注释】韩嫣（汉武帝时官至上大夫，善骑射）奢侈，用金做成弹丸，有时一天能失落十余粒，长安人作歌谣说：“苦饥寒，逐弹丸。”每当他出来，小孩子就跟随他，寻觅捡拾掉落的弹丸。鸿门宴中，刘邦趁上厕所的机会逃离，留下张良以白璧谢项羽，以玉斗谢范增，范增（项羽尊称他为亚父）气得拔剑撞破玉斗，说：“竖子（骂项羽）不足（值得）与谋，夺项王天下者，必沛公（刘邦）也。”既还：指已经逃归驻地灞上。

刻岷姬之形以玉，好色惟然；铸范蠡之像以金，尊贤乃尔。

【注释】夏桀伐岷山，岷山之君献给夏桀两个女子，一个名琬一个名琰，夏桀把“琬”字刻在苕玉上，把“琰”字刻在华玉上（多种史料记载是刻名不是刻形），以示珍爱。好色惟然：好色如此（后世将其看作好色的典型）。越国打败吴国后，辅佐越王勾践的范蠡不辞而别，不知去向，勾践思念他，以黄金铸像经常礼拜。乃尔：如此。

珊瑚树，塞满齐奴之室；玛瑙盘，捧来行俭之家。

【注释】晋代石崇（小名齐奴）和王恺（晋武帝的舅舅），都是大富豪，武帝曾赐给王恺一枝高二尺多的珊瑚树，王恺拿给石崇看，石崇看完，以铁如意将它砸碎，王恺大怒，石崇说："不值得遗憾，现在赔你一枝。"就让身边的人把自己的珊瑚树全都拿出来，高三四尺的有六七枝，像王恺那样的更多。唐代裴行俭（唐高宗时名将）有一玛瑙盘，宽二尺，军吏端着它快走，跌倒而摔碎，既惶又愧，叩头谢罪，行俭说"你不是故意的"，脸上毫无生气的样子，人们佩服他的雅量。

燕昭王之凉珠，炎蒸无暑；扶余国之火玉，冽沍无寒。

【注释】战国时，外国献给燕昭王一颗黑蚌珍珠，炎热的暑天揣在怀里，极感凉爽，号招凉珠。唐武宗时，扶余国（在今松花江流域）进奉火玉，可以把鼎烘热，放在室内，不必穿丝绵暖衣。冽沍：liè hù，冷冻（天气）。

从吾所好，岂曰富而可求；有命存焉，当以不贪为宝。

【注释】《论语·述而》：孔子说："富而可求也，虽执鞭之士，吾亦为之。如不可求，从吾所好（财富如果可以争取到，即使为人执鞭的差使我也做。如果争取不到，就随我的喜好做点什么）。"《左传·襄公十五年》：宋国有个人得到一块玉，献给大夫子罕，子罕不要。献玉的说："让玉匠看过，他认为是宝。"子罕说："我把不贪作为宝，你把玉当做宝。若把玉给了我，你我都失去了宝。不如各自保有自己的宝。”命：命运。

贫富

命之修短有数，人之富贵在天。

【注释】命：寿命。修短：长短。数：天命，客观的一定规律。天：古人认为天是万物的主宰，所谓“听天由命”是人出于无可奈何的说法。

惟君子安贫，达人知命。

【注释】唐代王勃《滕王阁序》：“所赖君子安贫，达人知命。”(所可依仗的是，道德高尚的人安于贫穷，通达事理的人知道自己的命运。意为有贤德者不与世争)

贯朽粟陈，称羡财多之谓；紫标黄榜，封记钱库之名。

【注释】贯朽：穿钱的绳子年久朽烂了。粟陈：仓里的存粮年久陈旧了。称羡：称赞羡慕。紫标黄榜：南朝梁武帝萧衍本性爱钱，百万一聚（堆积)，以黄榜为封记，千万一库，以紫标为封记。

贪爱钱物，谓之钱愚；好置田宅，谓之地癖。

【注释】晋代太傅和峤富比王侯，但特别吝啬，一文钱都不乱花，杜预把他称作“钱愚”。唐代李恺善于置办产业，田畴弥望（满眼)，人称他是“地癖（癖好，一种病态)”。

守钱虏，讥蓄财而不散；落魄夫，谓失业之无依。

【注释】东汉马援少时家贫，长大后到北地种田放牧，渐有牛马羊成群，谷类数万斛，叹道："凡殖（增多）财货，贵能施赈（施舍赈济他人），否则守钱虏耳（守财奴而已）。"于是尽其所有，分发给兄弟朋友。落魄夫：穷困潦倒的人。汉代郦食其（刘邦的谋士），当年家贫落魄，只得做个里门监（乡里守门人）。

贫者地无立锥，富者田连阡陌。

【注释】战国时，秦孝公用商鞅，坏井田开阡陌（田间道路，南北叫阡，东西叫陌），百姓可以买卖田地，富者田连阡陌，贫者无立锥之地。（《史记》、《汉书》均有记载）

室如悬磬，言其甚窘；家无儋石，谓其极贫。

【注释】春秋时，齐孝公伐鲁，鲁遣使犒劳齐师，齐孝公问："鲁人恐惧吗？"鲁使回答："小人恐惧，君子则否。"齐孝公说："室如悬磬（屋里像悬挂的磬，空无所有），野无青草，何恃（凭什么）而不恐！"磬：qìng，又作罄，古乐器，中空，悬挂在架上敲击。儋（dān）石：容器，可储一石粮。

无米曰在陈，守死曰待毙。

【注释】在陈：孔子到楚国去，途径陈、蔡，受阻不得通过，断粮七天。待毙：春秋时，蔡仲劝郑庄公讨伐其弟叔段，庄公说："多行不义必自毙，子姑待之（您姑且等待着看）。"

富足曰殷实，命蹇曰数奇。

【注释】汉代李广猿臂善射，匈奴畏服，号飞将军，终因数奇

（命运不好），不得封万户侯。蹇：不顺利。

甦涸鲋，乃济人之急；呼庚癸，是乞人之粮。

【注释】甦（sū，今作“苏”）涸鲋：使处于干涸的车辙里的鲫鱼苏醒过来。喻指助人摆脱困境。见《庄子·外物》。春秋时，吴国向鲁国借粮，鲁国大夫说：“若登首山以（而）呼‘庚癸乎’，就可答应。”“庚癸（guǐ）乎”是军中暗语，后称借粮为“呼庚癸”。

鹄形菜色，皆穷民饥饿之形；炊骨爨骸，谓军中乏粮之惨。

【注释】鹄形菜色：体瘦如鹄（hú，天鹅），脸如菜色。炊骨爨（cuàn，烧火煮饭）骸（借指身体）：指杀战马而食。

饿死留君臣之义，伯夷叔齐；资财敌王公之富，陶朱倚顿。

【注释】周武王灭商，伯夷叔齐兄弟二人以食周粟为耻，饿死在首阳山。敌：相当，匹敌。陶朱：范蠡辅佐越王勾践打败吴国后，弃官离开越国，潜居于陶（今山东定陶），经商致富，自号陶朱公。倚顿：原是鲁国的穷人，后在陶朱公指引下经商致富。

石崇杀妓以侑酒，恃富行凶；何曾一食费万钱，奢侈过甚。

【注释】晋代大富豪石崇宴请宾客，令美人行酒，在座的王敦不肯饮酒，石崇迁怒于行酒的美人，当即杀了两个。侑：yòu，劝人（吃喝）。晋代何曾富而奢侈，膳食滋味可比王侯，常以玉屑熬汤，然后把玉屑倒掉。日食万钱，还说无处下筷子（没有什么好吃的）。

贫士之肠习藜苋，富人之口厌膏粱。

【注释】习：习惯。藜：一种草，初生可食。苋：xiàn，菜名。膏：肥肉。粱：美谷。厌：吃腻了。

石崇以蜡代薪，王恺以饴沃釜。

【注释】晋代大富豪石崇曾用蜡代替烧柴。晋代大富豪王恺曾用饴糖擦洗饭锅。

范冉釜中生鱼，破甑生尘；曾子捉襟见肘，纳履决踵。

【注释】东汉范冉，又叫范丹，字史云，曾任莱芜令，后辞官以卖卜为生，所居简陋，有时断粮，有民谣说：甑（陶制的蒸食饮具）中生尘范史云，釜（锅）中生鱼范莱芜。（事载《后汉书·范冉传》）《庄子·让王》："曾子居卫（卫国），三日不举火（做饭），十年不制衣，正冠而缨绝（要正一正帽子时系带断了），捉襟而肘见（露出来），纳履而踵决（穿鞋时鞋后跟扯裂了）。"

饱德之士，不愿膏粱；闻誉之施，奚图文绣？

【注释】饱德之士，不愿膏粱：满腹仁德的人，不企望吃肥美的饭食。闻誉之施，奚图文绣：意思是，美名闻于世的人，何必图衣冠华丽？

公孙牧豕营身，宁思相位；灌婴贩缯为业，岂意封侯。

【注释】公孙：公孙弘，汉武帝时为相。牧豕：牧猪。营身：谋生。宁：岂，何曾。灌婴：辅佐刘邦定天下，封颍阴侯。岂意：哪料到。

郭泰欲为斗筲役，无可奈何；班超更作书写佣，不得已尔。

【注释】东汉郭泰家贫，早年丧父，母亲想让他在县衙谋个小差事，郭泰说："大丈夫宁处斗筲役乎（怎么能干这种微不足道的小差使呢）！"后成为博通经典的大儒。筲：shāo，木制或竹制的水桶。《后汉书·班超传》：东汉班超少有大志，家贫，为人抄写屯田簿册，任劳苦，曾辍（停）笔叹道："大丈夫无他志略，犹当效傅介子（汉明帝时曾出使大宛）、张骞（汉武帝时曾出使西域），立功异域，以取封侯，安（何，怎么）能久事笔砚间乎！"后来投笔从戎，汉明帝时出使西域立了大功，封定远侯。成语"投笔从戎"源此。尔：语气词，相当于"而已"。

苦矣卫青作牧，牛背后受主鞭笞；惜哉栾布为奴，马头前代人奔走。

【注释】汉武帝时大将军卫青，少时孤贫，为人牧牛。汉代栾布穷困，在齐国一酒家做佣工，后被人掠卖到燕国给人做奴仆。汉文帝时官至将军，汉景帝时平定吴楚七国之乱有大功，封鄃（shū）侯。

扬雄《逐贫赋》，人谓其逐之何迟；韩愈《送穷文》，我怪其送之不早。

【注释】西汉扬雄作《逐贫赋》，末句为"今汝（你，指贫）去矣，无复再留。"唐代习俗，于正月下旬举行送穷仪式，韩愈曾作《送穷文》。

异宝充盈，王氏都云富窟；佳肴错杂，郇公尝列珍厨。

【注释】唐代王元宝是京都巨富，金玉充满室中，时号王氏富窟。唐代韦陟，袭封郇国公，性好奢靡，厨中佳肴极为丰富，时人说：

"人欲不饭筋骨舒，夤缘（向上巴结）须入郇公厨。"后以"郇公厨"称人膳食精美。

董卓积宝郿中，压残金坞；邓通布钱天下，铸尽铜山。

【注释】东汉董卓在郿县（在今陕西省）建坞（小型城堡），高比长安城墙，贮存黄金数十万，人们称之为"金坞"。汉文帝将蜀地的铜山赐给邓通（官上大夫，得宠于文帝），使他得以自铸铜钱，于是邓氏钱遍布天下。

象牙床，鱼生太侈；火浣衣，石氏何多。

【注释】南朝梁鱼弘奢侈，以象牙造床，周匝镂金莲花，以琥珀龟垫负床脚。外国进献晋惠帝火浣布，惠帝做成衣衫穿着，以为天下少有。一次穿着火浣布衫到大富豪石崇家，见石崇的仆人也都穿着这种衣衫，惠帝大为惭愧。

妇乳饮豚，畜类翻成人类；儿口承唾，家童充作用壶。

【注释】晋武帝到王武子（王济，字武子，官至侍中）家，武子供馔，蒸的猪肉味道甚美，不同于一般，武帝怪而问之，武子说："这猪是用人乳喂养成的。"武帝很不高兴，没吃完就走了。晋代宴客都用唾壶，只有苻朗（降晋的苻坚堂侄）使家僮跪着张口承接宾客所唾，然后含着吐出去。

牙樯锦缆，隋炀增远渚之奇；玉凤金龙，元宝侈华堂之胜。

【注释】隋炀帝下扬州，所乘的豪华龙舟，长二十余丈，以象牙装饰桅杆，以锦做帆及缆，游戏于湖中，照耀于湖之上下，给湖增添了奇观。渚：水中小块陆地。唐代巨富王元宝，居室窗户雕刻着玉凤衔铃、金龙吐旆（pèi，旌旗）的图形。胜：美。

疾病死丧

福寿康宁，固人之所同欲；死亡疾病，亦人所不能无。

【注释】康宁：健康安宁。固：本来。

智者能调，达人自玉。

【注释】智者能调：聪明的人能调养身心。达人自玉：通达的人善于自我珍重。

问人病曰贵体违和，自谓疾曰偶沾微恙。

【注释】违和：失调，不适。微恙：小病。

病不可疗，曰膏肓；平安无事，曰无恙。

【注释】膏肓：我国古代医学把心尖脂肪叫膏，把心脏和隔膜之间叫肓，都是药力达不到的部位。成语“病入膏肓”指病到了无法医治的地步，也比喻事情严重到了不可挽救的程度。无恙：无病无灾。

采薪之忧，谦言抱病；河鱼之患，系是腹疾。

【注释】采薪之忧：因有病连柴草也不能背。《礼记·曲礼》：“君使士射，不能，则辞（谢绝）以疾，言曰‘某有负薪之忧’。”河鱼之患：指腹泻。鱼类腐烂自腹内始，所以把腹疾叫“河鱼之患”。

可以勿药，喜其病安；厥疾勿瘳，言其病笃。

【注释】勿药：不必用药。病安：病愈。厥：他的，那个。瘳：chōu，病愈。病笃：病重。

疟不病君子，病君子正为疟耳；卜所以决疑，既不疑复何卜哉。

【注释】《世说新语·言语》：晋代有个小儿，父亲有病，外出向人求药，主人问他患的什么病，儿说“患虐”，主人说：“你父亲是有德行的君子，怎么会患了虐呢？”儿答：“正因它来让君子得病，所以才叫虐呀。”长孙无忌及尉迟敬德等人劝李世民杀掉李建成、李元吉，李世民让人占卜是吉是凶，幕僚张公瑾看到了，拿过占卜的龟甲扔在地上，说：“卜（占卜）以决疑，事在不疑，尚何（还何必）卜哉！”所以：是用它来。复：又。

将属纩，将易箦，皆言人之将死；作古人，登鬼录，皆言人之已亡。

【注释】属纩（kuàng）：人将死，把绵置于鼻下来检验还有没有气。易箦（zé）：调换寝席。鬼录：死亡名册。

亲死则丁忧，居丧则读礼。

【注释】丁忧：遭遇父母之丧而忧伤。《礼记·曲礼》：“居丧（在直系亲长丧期之中，守孝）未葬，读丧礼。既（已）葬，读祭礼。”

在床谓之尸，在棺谓之柩。

【注释】在床：死者还在床上。柩：灵柩，尸体入棺。

报丧书曰讣，慰孝子曰唁。

【注释】讣：报丧的文告。唁：慰问死者家属。

往吊曰匍匐，庐墓曰倚庐。

【注释】匍匐：爬行。倚庐：古时在父母墓旁搭建的守墓的小屋。

寝苫枕块，哀父母之在土；节哀顺变，劝孝子之惜身。

【注释】寝苫枕块：父母死后一周年内，不住在寝室里，而睡在草席上，枕着土块，以示悲伤，不敢自安。节哀顺变：节制哀伤，顺应变故。

男子死曰寿终正寝，女人死曰寿终内寝。

【注释】古时男子将要死时，就移到家中正厅躺卧，以待气绝。女人将要死时，仍然躺在内室。后来凡年老自然死亡都叫“寿终正寝”，也比喻事物自然消亡。

天子死曰崩，诸侯死曰薨，大夫死曰卒，士人死曰不禄，庶人死曰死，童子死曰殇。

【注释】崩：如山崩塌。薨：本是象声词，填土声。卒：终。不禄：意为不再享俸禄。庶人：平民百姓。

自谦父死曰孤子，母死曰哀子，父母俱死曰孤哀子；自言父死曰失怙，母死曰失恃，父母俱死曰失怙恃。

【注释】怙：hù，依靠。恃：依赖。（失怙、失恃系指未成年时父死、母死）

父死何谓考，考者成也，已成事业也；母死何谓妣，妣者媲也，克媲父美也。

【注释】妣：bǐ。克媲父美也：能与父媲美。克：能。美：善。

百日内曰泣血，百日外曰稽颡。

【注释】泣血：眼里哭出血来，极言悲痛。稽颡（sǎng）：叩头。

期年曰小祥，两期曰大祥。

【注释】期年：父或母死满一周年。两期：两周年。小祥、大祥：都是祭礼的名称。

死者之器曰明器，待以神明之道；孝子之杖曰哀杖，为扶哀痛之躯。

【注释】明器：冥器，陪葬的器物。《礼记·檀弓下》："其曰明器，神明之也。涂车、刍灵（都是陪葬物），自古有之，明器之道也。"哀杖：孝子手中拿的木棍，俗称哭丧棒。

父之节在外，故杖取乎竹；母之节在内，故杖取乎桐。

【注释】父之节在外，故杖取乎竹：父亲的节操表现在外面，所以哀杖取用竹竿（即用竹竿做哀杖，因竹外有节）。乎：于。

以财物助丧家谓之赙，以车马助丧家谓之赗。

【注释】赙：fù，赙金，赙仪，赙赠。赗：fèng。

以衣殓死者之身谓之禭，以玉实死者之口谓之琀。

【注释】禭：suì，给死者穿的衣、盖的被。实：充实，填充。琀：

hán，死者口中含的玉。

送丧曰执绋，出柩曰驾輀。

【注释】执绋：持拉着牵引灵柩的绳索。輀：ér，丧车。

吉地曰牛眠地，筑坟曰马鬣封。

【注释】牛眠地：风水好的地方。据传晋代陶侃父亲死后将葬，牛忽然不见了，一老人说："牛睡在前面山间的污泥中，若将死者葬在那里，后代会出将军。"陶侃后来果然成了将军。马鬣封：坟墓。孔子安葬母亲所筑的坟墓形状像马脖子上的鬣毛。

墓前石人，原名翁仲；柩前功布，今曰铭旌。

【注释】翁仲：秦始皇时有个身高勇武的大力士阮翁仲，威震匈奴，死后秦始皇铸铜像纪念他，匈奴来人见到，都下拜。后来将墓前石人叫做"翁仲"。功布：出丧引柩所用的布。铭旌：以绛色帛做的，用以铭记其德，旌表其功。

挽歌始于田横，墓志创于傅奕。

【注释】汉高祖即位，从前齐王的弟弟田横据守海岛不肯归附而自杀，跟随他的部属捧着他的头颅入朝，不敢哭泣，以唱歌的方式表示哀悼。唐初学者傅奕（唐高祖时为太史令），一次酒醉卧倒床上，突然起身，说："我将要死了。"于是自作墓志："傅奕，青山白云人也。因酒醉死，呜呼哀哉！"

生坟曰寿藏，死墓曰佳城。

【注释】生圹：给活人预修的坟墓。

已葬曰瘗玉，致祭曰束刍。

【注释】瘗：yì，埋葬。晋代庾亮（官至征西将军）将葬，何充（官至宰相）叹曰：“埋玉树于土中，使人情何能已（使人悲伤之情怎能止住）！”致祭：表示祭奠。束刍：将一束青草放在灵前或墓前。

饮杯棬而抱痛，母之口泽如存；读父书以增伤，父之手泽未泯。

【注释】上联：用母亲用过的杯子饮水而心中不免悲痛，母亲口中的气息好像还留存杯中。棬：quān，饮器。下联：读父亲读过的书，父亲留在书页上的手汗似乎还没消失。

子羔悲亲而泣血，子夏哭子而丧明。

【注释】子羔：高柴，字子羔，春秋时齐国人。子夏：卜商，字子夏，春秋时晋国人，系“孔门十哲”之一，孔子之后系统传授儒家经典第一人。

王裒哀父之死，门人因废《蓼莪》诗；王修哭母之亡，邻里遂停桑柘社。

【注释】晋代王裒（póu）每读《诗经·小雅·蓼莪》“哀哀父母，生我劬（qú）劳”，就悲痛流涕，他的学生因此就放弃读这首诗。三国魏王修（曾被曹操礼任为司空掾）七岁时，母亲在社日（祭祀土地神这天）去世，第二年的这一天，邻里照常举行社日活动，听说王修感念母亲而悲痛至极，就停止了活动。遂：就。桑柘（zhè）社：即春社，其习俗是，四邻会聚，为屋（搭棚）于树下，先祭神，然后以祭祀所用的酒肉宴饮。唐代王驾《春社》诗句："桑柘影斜春社散，家家扶得醉人归。"

树欲静而风不息，子欲养而亲不在，皋鱼增感；与其椎牛而祭墓，不如鸡豚之逮存，曾子兴思。

【注释】孔子到齐国，路遇皋鱼哭于道旁，孔子下车问他为什么哭，皋鱼说："树欲静而风不息，子欲养而亲（父母）不在。往（过去了）而不可追者年（年龄）也，近而不可追者亲也。"曾子读丧礼，泣下沾襟，说："往而不可还（回）者亲也，子欲养而亲不在，所以杀牛而祭祀于墓前，不如趁父母健在时以鸡豚奉养他们。"逮存：趁其还存在。

箧中存稿，相如上封禅之书；牖下停棺，史鱼表陈尸之谏。

【注释】汉代司马相如病重，天子派使者到他家取他的藏书，使者到达，相如已死。他妻子说："相如死前，写书一卷存在箧中。"使者取回进上，原来书中说的是关于封禅的事。封禅（shàn）：帝王到泰山祭祀天地。春秋时，卫国大夫史鱼将死，对儿子说："我多次进言，蘧（qú）伯玉贤而不被进用，弥子瑕不肖而不能辞退。作为臣子，不能进贤退不肖，我死后不停尸正堂，停尸卧室举行葬仪就行了。"卫灵公听说了，就进用蘧伯玉辞退弥子瑕，并殡史鱼于正堂。牖：窗户。

梁鸿葬要离冢侧，死后芳邻；郑泉殡陶宅舍旁，生前宿愿。

【注释】汉代清高之士梁鸿病死，皋伯通（吴郡大户，品行贤良，梁鸿寄住他家）将他葬于要离（汉代英烈之士）墓旁，人们都说：

“要离是英烈之士，而梁鸿是清高之士，可让他们死后相邻。”芳邻：好邻居。郑泉（三国时吴人）性嗜酒，临死时嘱咐说：“一定要把我葬在制陶器的人家屋旁，百年之后我化成泥土，希望被用来做酒壶，这是我的心愿。”

顾雍失爱子，掐掌而流血堪矜；奉倩殒佳人，搁泪而伤神可惜。

【注释】三国吴豫章太守顾邵死，他父亲顾雍收到讣告，悲痛至极，以指掐手掌，血流沾襟。堪矜：可怜，值得同情。三国魏荀粲，字奉倩，娶曹洪之女，有姿色，妻子死去，荀粲悲痛伤神却无泪，拍着胸脯叹道：“佳人难再得！”过了一年多也忧伤地死去了。搁泪：无泪，悲伤过度而无泪。

酹之絮酒，实为佳士高风；殉以刍灵，乃是先人朴典。

【注释】东汉徐穉（字孺子，不肯做官，时称南州高士。穉，zhì，今作稚），每当谁家有丧事，就烧一只鸡，以棉絮沾上酒，带上直至灵堂祭奠，奠毕而去，也不见主人。酹：lèi，把酒浇在地上，表示祭奠。殉以刍灵：以茅草扎的人和马做殉葬物。朴典：古朴的祭礼。

陈寔之徽猷足录，行吊礼者三万人；郗超之素行可嘉，作诔文者四十辈。

【注释】东汉陈寔（shí），以平正闻名乡里，家乡人有种说法：“宁为刑罚所加，不为陈君所短（指责）。”他死时，各地三万余人前往吊丧。徽猷：高明的谋略。足录：值得铭记。东晋郗超死，士大夫中四十人作诔（lěi）文（悼念文章）。素行：品行纯洁。辈：人。

牲牢酒醴，用昭报本之虔；稿秸鸾刀，还备宁亲之具。

【注释】牲牢酒醴：祭祀用的牺牲（牛羊之类）和甜酒。用昭报本之虔：用来昭明报答父母恩情的虔诚。稿秸：郊祭用的粗席。鸾刀：祭祀时割牲用的带铃的刀。宁亲：使父母安宁。具：器具。

值既降既濡之候，礼毋缺于春秋；呈则存则著之形，情必由于爱悫。

【注释】上联的意思是，正值秋已降霜、春已落雨的季节，不要忘记对已故亲人进行春祭、秋祭。下联的意思是，对亲人的感情来自真诚的爱心，亲人的形象才会时时呈现在自己眼前（活在自己的心中）。悫：què，真诚。

文 事

多才之士，才储八斗；博学之儒，学富五车。

【注释】南朝谢灵运说："天下才共一石，曹子建（曹植，字子建）独得八斗，我得一斗，自古及今共用一斗。"五车：五车书，形容读书很多，学识渊博。《庄子·天下》："惠施多方（惠施这个人很有学问道术），其学五车。"古诗："要通古今事，须读五车书。"

《三坟》《五典》，乃三皇五帝之书；《八索》《九丘》，是八泽九州之志。

【注释】《三坟》《五典》《八索》《九丘》：相传为古书名。见于《左传·昭公十二年》。《三坟》：伏羲、神农、黄帝之书。《五典》：少昊、颛顼、高辛、唐尧、虞舜之书。《八索》：一说为八卦之说。《九丘》：九州之志。

《书经》载上古唐虞三代之事，故曰《尚书》；《易经》乃姬周文王周公所系，故曰《周易》。

【注释】唐虞：唐尧、虞舜。三代：夏、商、周。姬：周文王姓姬。周公：名旦，周文王之子。系：jì，继，连接，编。

二戴曾删《礼记》，故曰《戴礼》；二毛曾注《诗经》，故曰《毛诗》。

【注释】《礼记》为孔子门人合撰，共一百余篇，西汉戴德删为八十五篇，称《大戴礼记》，戴圣又从中选四十九篇，称《小戴礼记》。《诗经》本三千余篇，孔子删为三百一十一篇，秦始皇焚书坑儒，剩三百零五篇，传至汉代，多人为其作注，毛亨、毛苌叔侄所注，称为《毛诗》。

荣于华衮，乃《春秋》一字之褒；严于斧钺，乃《春秋》一字之贬。

【注释】《春秋》是史书，其中有一字的褒扬，比赠予华衮（华丽的礼服）还荣光，有一字的贬低，比受斧钺之刑还严酷。

缣缃黄卷，总谓经书；雁帛鸾笺，通称简札。

【注释】缣缃：浅黄色细绢做的书封。黄卷：夹在书中防蠹的黄纸。雁帛：汉昭帝曾伪称从一只大雁身上得到苏武寄回的帛书，据此要匈奴交回苏武。鸾笺：印有鸾凤的信笺。简札：书信。

锦心绣口，李太白之文章；铁画银钩，王羲之之字法。

【注释】李白说：“我的心肝五脏，都是锦绣，不然，怎能开口成文。”唐代欧阳询《用笔论》：“刚则铁画，媚若银钩。”形容书法刚健而秀丽。

雕虫小技，自谦文学之卑；倚马可待，羡人作文之速。

【注释】雕虫小技：比喻微不足道的一点技艺（多指文化方面）。《北史·李浑传》：“雕虫小技，我不如卿（你，指魏收）；国典朝章，卿不如我（指李浑）。”雕虫：在文字上用功夫（虫：鸟虫书，古代的一种字体）。卑：水平低下。倚马可待：晋代桓温北征，叫来袁宏倚靠在马身上作露布文（文告），袁宏手不停笔，一会儿作成七纸。

称人近来进德，曰士别三日，当刮目相看；羡人学业精通，曰面壁九年，始有此神悟。

【注释】三国吴将吕蒙，听从孙权劝告，勤奋读书，大有长进，鲁肃见到他惊奇地说：“你现在的学识才略，不再像当年吴下那个阿蒙了。”吕蒙说：“士别三日，即更（再）刮目（擦亮眼睛）相待，大兄何见事之晚也！”进德：德才有长进。传说达摩在少林寺面壁默坐九年，修行而成。神悟：心领神会。

五凤楼手，称文字之精奇；七步奇才，羡天才之敏捷。

【注释】五凤楼手：宋代韩淯（jì）文章写得好，自比为修五凤楼的高手。七步奇才：指曹植七步成诗。

誉才高，曰今之班马；羡诗工，曰压倒元白。

【注释】班马：指《汉书》作者班固、《史记》作者司马迁（一说“马”指马融）工：精妙。压倒元白：唐代杨汝士和元稹、白居易一同参加一个宴会，宾客都即席作诗，大家认为杨的诗最好，杨事后对人说：“今日压倒元白了。”

汉晁错多智，景帝号为智囊；高仁裕多诗，时人谓之诗窖。

【注释】晁错：汉文帝时教导太子刘启，被刘启尊为“智囊”，刘启称帝（景帝）后任御史大夫。高仁裕：唐代诗人，诗作达万首。

骚客即是诗人，誉髦乃称美士。

【注释】骚客：骚人墨客的简缩。屈原作《离骚》，后世诗人多仿效，所以称诗人为“骚人”。誉髦：美好英俊。

自古诗称李杜，至今字仰钟王。

【注释】李杜：李白、杜甫。钟王：钟繇、王羲之。仰：敬慕。

白雪阳春，是难和难赓之韵；青钱万选，乃屡试屡中之文。

【注释】战国楚宋玉《对楚王问》：“客有歌于郢（楚都）中者，其始曰《下里巴人》，国中属而和（随着唱）者数千人；其为《阳阿》、《薤露》，国中属而和者数百人。其为《阳春》、《白雪》，国中属而和者不过数十人而已……是其曲弥（越）高，其和弥寡。”成语“下里巴人”、“阳春白雪”、“曲高和寡”源此。赓：继续，连续。唐代张鷟（zhuó）每次考试成绩都高，人称他的文章就像青铜钱，万选万中，时号为“青铜学士”。

惊神泣鬼，皆言词赋之雄豪；遏云绕梁，原是歌音之嘹亮。

【注释】惊神泣鬼：使神惊使鬼泣。遏云：《列子·汤问》：薛谭向秦青学唱歌，自以为学成了，便要辞别回家，秦青在郊外路边送行，打着拍子唱起悲壮的歌，声振林木，响遏行云，薛谭悔悟，要求留下继续学习。绕梁：相传周时有个韩娥，东到齐国，走到雍门干粮吃完了，就卖歌乞食，离去后，余音绕梁，三日不绝。

涉猎不精，是多学之弊；咿唔占毕，皆读书之声。

【注释】黄山谷（北宋诗人黄庭坚，号山谷道人）指出："大率学者喜博，而常病不精。泛滥百书，不若精于一也。有余力，然后及诸书，则涉猎诸篇亦得其精。"咿唔：读书声。黄庭坚《考试局与孙元忠博士竹间对窗戏作竹枝歌三章和之》："南窗读书声吾伊（即咿唔），北窗见月歌《竹枝》。"占毕：读书吟诵，语出《礼记·学记》。

连篇累牍，总说多文；寸楮尺素，通称简札。

【注释】多文：文字过多。"楮"（chǔ）是纸，"素"是绢帛，古代无纸，用绢帛写信。"简"是竹片，"札"是木片。因为古代无纸，在竹片木片上写信，所以也用"简札"代指书信。

以物求文，谓之润笔之资；因文得钱，乃曰稽古之力。

【注释】物：财物。稽古：研习古事。东汉桓荣为太子少傅，光武帝召集各位博士讨论学问，桓荣辩明经义，光武帝赐以车马，桓荣说："今日蒙上（受皇上）所赐，稽古之力也。"

文章全美，曰文不加点；文章奇异，曰机杼一家。

【注释】文不加点：文章一气呵成，不须修改（“点”是涂改的意思）。东汉江夏太守黄祖大宴宾客，有人献给一只鹦鹉，黄祖举着酒杯到祢衡（祢衡有文才，但气刚傲物，后被黄祖所杀）跟前说，希望先生以鹦鹉为题写篇文章，祢衡拿起笔立即写就，文不加点。机杼一家：自成一家。东汉祖莹（官至车骑大将军）曾对人说：“文章须自出机杼（须自己独创），成一家风骨，何能共人同生活（意为不能模仿他人）。”

应试无文，谓之曳白；书成绣梓，谓之杀青。

【注释】曳白：考试交白卷。唐天宝年间选进士，御史中丞张倚因得幸于唐玄宗，主考官将他儿子张奭判高等，落第者不服，上诉。玄宗亲临复试，张奭一个字也写不出，时人称为“曳白”。书成绣梓：书稿完成拿去刻版。杀青：书稿完成。无纸的古代，以火烤干竹简的水分（汗），褪去新竹的青色，然后在上面写（刻）字。所以简叫汗简，史叫青史。“汗青”又引申为“书册”，文天祥诗句：“人生自古谁无死，留取丹心照汗青。”

袜线之才，自谦才短；记问之学，自愧学肤。

【注释】五代前蜀韩昭，官至大学士，琴、棋、书、算、射全都涉猎而不精，朝士李台瑕讥讽说，韩昭的才艺，如同拆下的袜线，没有一根有寸长。（宋代孙光宪《北梦琐言》：“韩昭，琴弈书射皆涉猎，朝士李台瑕曰：‘韩八座之艺，如拆袜线，无有寸长。’”）记问：死记硬背一些诗书以备人问。指读书而无真知，缺乏心得。《礼记·学记》：“记问之学不足以为人师。”肤：肤浅。

裁诗曰推敲，旷学曰作辍。

【注释】裁：改。推敲：唐代贾岛，初为僧，一次外出，骑在驴上想出两句诗：“鸟宿池边树，僧敲月下门。”初想用“推”字，后又想改为“敲”字，一时决定不下，在驴背上做推敲的姿势，正遇上韩愈车骑出来，贾岛请教韩愈，韩愈说“敲”字好。旷：废。作辍：辍学，停止学习。

文章浮薄，何殊月露风云；典籍储藏，皆在兰台石室。

【注释】浮薄：浮华浅薄。殊：异。月露风云：隋代李谔评论南朝齐梁时期的文风说：“连篇累牍，不出月露之形；积案盈箱，唯是风云之状。”兰台：汉代宫廷藏书处。石室：国家藏书处。汉高祖与功臣剖符作誓、丹书铁券就藏在石室。“兰台石室”也泛指广有藏书的地方。

秦始皇无道，焚书坑儒；唐太宗好文，开科取士。

【注释】好文：喜欢有文才的人。开科取士：开科举选拔人才。

花样不同，乃谓文章之异；潦草塞责，不求辞语之精。

【注释】花样：本指织锦的花纹。乃谓：是说。潦草：比喻轻易可以完成而不求精。

邪说曰异端，又曰左道；读书曰肄业，又曰藏修。

【注释】异端：不合圣人之道的学说。左道：手足以右为便，以左为僻，所以不正之术叫左道。肄：学习。藏修：藏身修学，专心学习。《礼记·学记》：“君子之于学也，藏焉，修焉，息焉，游焉。”

作文曰染翰操觚，从师曰执经问难。

【注释】翰：原指长而硬的羽毛，后来借指毛笔。觚：gū，书写用的竹简木板。执经问难：手持经书请教疑难问题。

求作文，曰乞挥如椽笔；羡高文，曰才是大方家。

【注释】如椽笔：笔大如椽（chuán），比喻大手笔。大方家：大方之家，方家，本指深明大道的人，后来多指精通某种学问、技艺的人。

竞尚佳章，曰洛阳纸贵；不嫌问难，曰明镜不疲。

【注释】竞尚佳章：竞相崇尚好文章。洛阳纸贵：晋代左思作《三都赋》，皇甫谧大加赞赏并作序，于是富豪之家竞相传抄，洛阳因此而纸贵。晋代谢安、谢石讲习孝经，车胤对袁羊说："不问疑难就会失去教益，多问疑难就会加重二谢的辛劳。"袁羊说："学不嫌问，何尝见明镜疲于屡照（屡次照人），清流惮（怕）于惠风（和风）。"

称人书架曰邺架，称人嗜学曰书淫。

【注释】邺架：唐代李泌被封为邺侯，他藏书很多，后人便把书架叫做"邺架"。书淫：旧时称嗜书成癖，好学不倦的人。

开卷有益，宋太宗之要语；不学无术，汉霍光之为人。

【注释】宋太宗好读书，每天读很长时间，宰相宋琪劝他不要太劳累，他说："开卷有益，不为劳也。"要语：精要之言。《汉书》作者班固肯定霍光有"拥昭立宣（拥立昭帝、宣帝）"之功，同时指出他"不学无术，暗（不明）于大理"的缺点。

江淹梦笔生花，文思大进；扬雄梦吐白凤，词赋愈奇。

【注释】江淹是南朝文学家，据传一天夜里梦见一人授他一支闪着五彩的笔，从此文思大进。又，五代王仁裕《开元天宝遗事·梦笔头生花》：“李太白少时，梦所用之笔头上生花。”清代纪昀（纪晓岚）《梦溪笔谈卷五》：“李太白梦笔生花，特（只是）梦乡幻景耳。”《西京杂记·卷二》：汉代扬雄“著《太玄经》，梦吐凤凰，集（落）《玄》之上，顷（顷刻）而灭。”又，《汉书》里说，扬雄口吃而好沉思，作《甘泉赋》，才思豪迈，赋成，梦吐白凤。

李守素通姓氏之学，敬宗名为人物志；虞世南晰古今之理，太宗号为行秘书。

【注释】唐代李守素为仓曹（主管仓谷事务的官），通晓姓氏谱牒之学，时号“肉谱”，许敬宗（唐高宗时任礼部尚书）称他为“人物志”。虞世南（时任秘书监）跟随唐太宗出行，有关官员建议载上些书籍，太宗说：“世南就是行走的秘书（藏书阁），不用载。”晰：明白，通晓。

茹古含今，皆言学博；咀英嚼华，总曰文新。

【注释】“茹古含（涵）今”、“咀英嚼华”语出皇甫湜（shí）所撰《韩文公（韩愈）墓铭》。茹古含今：通晓古今，博学多闻。总：都。文新：文章新奇。

文望尊隆，韩退之若泰山北斗；涵养纯粹，程明道如良玉精金。

【注释】文望尊隆：文章好、声望高。韩退之：韩愈。程明道：程颢，宋代理学家，文彦博（历事四帝，为将相前后五十年）题其墓碑称他为“明道先生”。

李白才高，咳唾随风生珠玉；孙绰词丽，诗赋掷地作金声。

【注释】李白《乐府·妾薄命》诗句：“咳唾落九天，随风生珠玉。”晋代孙绰作《天台赋》，甚佳，友人范荣期看了，说：“卿（你）试掷地，当作（发出）金石（钟磬一类乐器）声也。”成语有“掷地有声”。

萤辉竹素，蠹走芸编。

【注释】竹素：竹帛，多指书籍。蠹走芸编：一种叫芸的香草能避蛀书的蠹鱼，所以称书为“芸编”。走：（熏）跑。

东观蓬莱，尽藏简编之所；石渠天禄，悉贮史籍之场。

【注释】东观在洛阳南宫，东汉明帝时，班固在东观撰《汉书》，后来东观成为藏书的地方。蓬莱是道家书籍的藏室。西汉未央宫中有石渠阁和天禄阁，是藏书的场所。

长蛇生马之文，最难措手；硬弩枯藤之字，未易挥毫。

【注释】长蛇生马之文：指文章好。唐代孙樵（官至上柱国）《与王霖秀才书》中说：“玉川子（卢仝）《月蚀诗》、韩吏部（韩愈）《进学解》，莫不拔地倚天，句句欲活，读之如赤手捕长蛇，不施控骑生马（未经驯服的马）。”最难措手：（一般人）最难着手（指写作难度大）。硬弩枯藤之字：指书法好。钟繇弟子宋翼读钟繇《笔势论》，书法大有长进，每画一波三折笔，作一戈（斜钩）如百钧硬弩，作一点如高峰堕石，作一直如百岁枯藤，作一纵（指草书）如惊蛇投水。未易挥毫：(一般人）不易挥笔书写。

借还书籍用双瓻，收贮文章分四库。

【注释】古人借书还书都要送书主人酒一瓻（chī，陶制的酒壶)。唐玄宗在长安、洛阳各藏书四库，经、史、子、集以甲、乙、丙、丁编为号次。

豪吟如郑綮，还从驴背成诗；富学如薛收，偏向马头草檄。

【注释】有人问郑綮（qǐ，唐昭宗时为相，善诗）怎样构思诗篇，他说：“在灞桥风雪中驴子背上。”薛收在秦王（李世民）府（幕府)，曾在马头前草拟檄文（声讨敌人的文书)，如同早就构思好的一样快速。

八行书言言委曲，三尺法字字森严。

【注释】八行书：指书信。东汉马融给窦尚书（窦章）的信中说：“书虽两纸，纸八行，行七字，七八五十六字，百一十二言耳。”后为书信的通称。委曲：婉转。三尺法：指法律。古时将法律条文刻写在三尺竹简上。

咳唾成篇，阵马风樯敏捷；精神满腹，雪车冰柱清高。

【注释】咳唾成篇：李白有“咳唾落九天，随风生珠玉”诗句。阵马风樯敏捷：如上阵的马顺风的船一样快速，比喻文思敏捷。唐代刘乂（yì）作《冰柱》、《雪车》二诗，送请韩愈看，韩愈说水平在孟郊、卢仝之上。

擅美誉于词场，禹锡诗豪，山谷诗伯；称耆英于艺圃，伯英草圣，子玉草贤。

【注释】擅：专，独占。唐代刘禹锡人称“诗豪”。宋代黄庭坚号山谷道人，人称“诗伯”。耆英：年高的英才。艺圃：艺苑，此指书法界。伯英：东汉张芝，字伯英，善草书，人称“草圣”（后称“草圣”为唐代张旭）。唐代崔瑗，字子玉，善草书，人称“草贤”。

谢安石之碎金，悉为异物；陆士衡之积玉，总属奇珍。

【注释】晋代谢安石为简文皇帝作谥议（议定谥号之文），桓玄（晋臣，后逼安帝禅位自立，刘裕等讨伐，被杀）阅后大加赞赏，掷与座上诸客，说：“此安石之碎金也！”晋代陆机（字士衡）善文，张华（惠帝时为光禄大夫）赞道：“机之文，如玄圃（相传昆仑山的玉楼名）中积玉，无非夜光。”总：都。

少室山集句最佳，片笺片玉；福先寺碑文可诵，一字一缣。

【注释】唐代李峤善文，作《少室山集句》，文辞华美，被人赞为“片笺（jiān）片玉”。唐代裴度为相，修建福先寺，想请白居易作碑文，时为判官的皇甫湜（shí）说，何必舍近求远，我就能写。写成后说：“碑文三千字，一字一缣（jiān，质地细薄的丝织品），不能再少。”

陈琳作檄愈头风，定当神针法灸；子美吟诗除疟鬼，何须妙剂金丹。

【注释】曹操要陈琳起草檄文，陈琳写好呈送曹操过目，曹操正患头风，躺着看完，起身说：“陈琳的檄文治好了我的头风病。”有个人患了疟疾，杜甫说：“我的诗可以治疗此病。”问是何诗，杜甫告诉他："子章髑髅血模糊，手提掷还崔大夫。"（《戏作花卿歌》中的两句）此人诵读后果然病愈。疟鬼：古传说疟疾是疟鬼害人所致。

真老艺林英，朱夫子且退避三舍；苏仙文苑隽，欧阳公尚放出一头。

【注释】真老：真德秀（宋代翰林学士，著作很多）。英：英才。朱夫子：朱熹（宋代哲学家、教育家）。朱熹见到真德秀为自己书斋所题的对联："坐看吴越两山秀，默契羲文（伏羲、文王）千古心。"说："吾且当避此老三舍（表示钦敬，自感不如。舍：行军三十里为一舍）"。苏仙：指苏轼。欧阳修《与梅圣俞（梅尧臣）书》中说："读轼书，不觉汗出。快哉快哉！老夫当避路，放他出一头地也。"（意为自己当避开此人，让其高出众人一头之地）。隽：同"俊"，俊才。

科　第

士人入学曰游泮，又曰采芹；士人登科曰释褐，又曰得隽。

【注释】游泮：西周诸侯的学舍叫泮宫，游泮即游学泮宫。明清时，学子经考试入府、州、县学为生员，叫"游泮"。采芹：采泮宫的水菜，意为入学求知。《诗经·鲁颂·泮水》："思乐泮水，薄采其芹。"释褐：脱掉平民所穿的粗布衣服，意为身份变了。登科：科举考试及第。隽：俊秀。

宾兴即大比之年，贤书乃试录之号。

【注释】宾兴：以宾礼选拔贤能人才。大比：乡试，明清时期每三年举行一次，考中的为举人。贤书、试录：登录中举者姓名、籍贯、名次等情况的簿册。

鹿鸣宴，款文榜之贤；鹰扬宴，待武科之士。

【注释】设宴款待文科中榜者叫“鹿鸣宴”。《诗经·小雅》宴宾客的诗篇名《鹿鸣》。鹰扬：语出《诗经·大雅·大明》：“维师尚父，时维鹰扬”，是赞扬吕尚（姜太公）威猛的气概如鹰飞扬。

文章入式，有朱衣以点头；经术既明，取青紫如拾芥。

【注释】入式：入格，合格。据传，欧阳修主持贡举（选拔人才），每阅卷，觉得旁边有朱衣老人点头，便入选，因此吟道：“文章自古无凭据（标准），惟愿朱衣暗点头。”夏侯胜（汉代学者，曾任太子太傅）说：“读书人的毛病出在没把经术弄明白，只要弄明白了，要穿上士大夫青紫官服，如同俯身拾取草芥一样容易。”

其家初中，谓之破天荒；士人超拔，谓之出头地。

【注释】初中：初次中举。出头地：原是欧阳修赞赏苏轼文章的话，意为他将超过自己，这里指超出众人。

中状元，曰独占鳌头；中解元，曰名魁虎榜。

【注释】独占鳌头：皇帝接见进士，状元靠前，正好站在宫殿门前玉石台阶巨鳌浮雕的地方，所以叫“独占鳌头”，后指居于首位，获得第一。解元：也称解首，乡试（科举时代的省级考试）第一名。魁：为首的。（说明：“龙虎榜”是进士榜，简称“虎榜”，“中解元”不应该不可能“名魁虎榜”。“名魁虎榜”的是状元。）

琼林赐宴，宋太宗之伊始；临轩问策，宋神宗之开端。

【注释】北宋太平兴国八年，宋庠等及第，宋太宗赐宴琼林苑，此后成为定例。问策：指廷试时皇帝亲自向应试者提问治国之策，要求逐条对答。

同榜之人，皆是同年；取中之官，谓之座主。

【注释】取中之官：主考官。座主：进士对主考官的称呼。

应试见遗，谓之龙门点额；进士及第，谓之雁塔题名。

【注释】见遗：指被淘汰，落第。河津一名龙门，据说桃花浪起，鲤鱼都跳跃而上，跃过者为龙，跃不过者点额（头）而退。后把科举落第叫做“龙门点额”。唐代韦肇（官至吏部侍郎）进士及第，偶在慈恩寺雁塔题名，后成惯例。

贺登科，曰荣膺鹗荐；入贡院，曰鏖战棘闱。

【注释】登科：唐制，举子及第，再经吏部复试，被选中叫“登科”。鹗荐：东汉孔融曾向皇帝推荐祢衡，称他为鹗鸟（即鱼鹰，性凶猛）。贡院：唐玄宗时始设贡院，是考贡士的机构。棘闱：古时考试，有时用棘木将考场围起来，所以称考场为棘闱。

金殿唱名曰传胪，乡会放榜曰撤棘。

【注释】传胪：皇帝在殿上圈点名次，宰相拆封唱名字，一道道传呼到在殿外等候的应试者。乡会：即乡试。撤棘：考完了，撤去围考场的棘木。

攀仙桂，步青云，皆言荣发；孙山外，红勒帛，总是无名。

【注释】攀仙桂：攀折月宫桂枝，比喻考试中榜。成语“蟾宫折桂”即此意。孙山外：宋代孙山应举，名列榜末，同乡人向他打听自己儿子是否榜上有名，孙山说：“解名（榜上名单）尽处是孙山，贤郎更在孙山外。”成语“名落孙山”源此。红勒帛：本指红帛做的腰带。宋代刘几作文好用惊人之语，欧阳修看了很不喜欢，常以朱笔画一长杠涂抹，人称“红勒帛”。

英雄入吾彀，唐太宗喜得佳士；桃李属春官，刘禹锡贺得门生。

【注释】唐太宗走到端门，见新进士们相随而出，高兴地说：“天下英雄尽入吾彀中矣！（意为全都归属于我，为我所用）”彀（gòu）中：箭能射及的范围，圈内。刘禹锡《寄王侍郎放榜》诗：“礼闱（礼部考试进士之所）新榜动（惊动）长安，九陌人人走马看。一日声名遍天下，满城桃李属春官（礼部）。”

薪，采也，槱，积也，美文王作人之诗，故考士谓之薪槱之典；汇，类也，征，进也，是连类同进之象，故进贤谓之汇征之途。

【注释】美：赞美。诗：指《诗经》。《诗经·大雅·棫朴》：“芃芃（péng）棫（yù）朴（茂盛的棫树朴树），薪（采）之槱（积）（yǒu）之。济济辟（君）王，左右趣（趋）之。（是赞美周文王有德而广得人才辅佐）”

赚了英雄，慰人下第；傍人门户，怜士无依。

【注释】赚了英雄：取得了“英雄”的名声，是安慰落第士人的话。唐代诗人赵嘏诗句：“太宗皇帝真长策，赚（骗）得英雄尽白头

(意为不甘心屡试不第，一直考到白了头发)。”慰人下第：安慰屡试不第的人。傍人门户：类似“寄人篱下”的意思。

有志者事竟成，伫看荣华之日；成丹者火候到，何惜烹炼之功。

【注释】竟：终究。伫：长时间站立，耐心等候。成丹：道家炼石成丹。

班名玉笥，饼是红绫。

【注释】唐代李宗闵主持贡举，门生多清秀俊茂，时号为“玉笥班”。唐昭宗命御厨给二十八个新进士每人一枚红绫肉饼（以红绫包裹的肉饼，是当时珍贵的食物）。

江东之罗隐何多，淮右之温岐不少。

【注释】唐代罗隐，原名横，十次应试都落榜，便改名为“隐”，自号江东生。温岐即温庭筠，唐代诗人，与李商隐齐名。因恃才傲物，屡试进士不第。后客居江淮。（全联的意思是落第的士人各地都不少）

不欺之语，直可书绅；忠孝之求，真难副上。

【注释】宋代贾黯考中状元后回家乡邓州，前去拜见邓州太守范仲淹，说：“晚生偶然考中，愿受指教。”范仲淹说：“您不愁不显贵，只是‘不欺’二字当终身践行。”贾黯拜受其言，终身不忘。书绅：把需要记住的话写在绅带（衣服上的大带）上，因常佩在身，不会忘记。后来称记住别人的话为书绅。宋神宗选士很慎重，皇祐五年廷试（即殿试，皇帝主持的考试）进士，考定的前一天取首选卷焚香祷告说“愿得忠孝状元”。等到展开卷子念到名字，是郑獬（xiè）。事后郑獬说：“何以副上心，忠孝之求是也（怎样才能符合皇上心愿？只有做到既忠又孝才是）。”

孙宋则兄弟俱贵，梁张则乔梓皆荣。

【注释】孙何、孙仅是兄弟，宋郊（后名庠）、宋祁是兄弟，梁灏、梁固是父子，张去华、张思德是父子，他们都是宋代的状元。乔梓：父子。上下联两个“则”：乃，是，则是。

遍历名园，孰作探花之使；同观竞渡，谁为夺锦之人。

【注释】唐代时，进士杏园初会，叫作探花宴。以两少年新进士为探花使，遍游名园。孰：谁。唐代卢肇、黄颇同去应试进士，郡守只为黄颇饯行。次年，卢肇中状元归来，郡守会同卢肇观看竞渡（赛船），卢肇即席赋诗：“报道是龙君（您）不信，果然夺得锦标归。”郡守非常惭愧。

此日羽毛，伫看振翮；昔年辛苦，莫负初心。

【注释】上联意思是，现在羽毛未丰，等着看他将来振翮（hé，翅膀）高飞。伫：站立，等待。初心：指进士及第的初衷。

莫存温饱之志，还辞贵戚之婚。

【注释】宋代王曾中状元，翰林学士刘子仪说：“你一生吃穿不尽了。”王曾严肃地说：“曾平生之志，不在温饱。”宋代冯京自乡试至廷试都是第一，外戚张尧佐想把女儿嫁他，冯京不肯，极力拒绝。

邹子为书，明月空遭按剑；高公未第，秋江自怨芙蓉。

【注释】汉代邹阳（以文著名。受诬陷下狱，出狱后，梁王待为上客）《狱中上梁王（刘武）书》："臣闻明月之珠，夜光之壁，以暗投人于道路，人无不按剑相眄者，何则？无因而至前也。（臣我听说明月珠、夜光璧，暗中投在路上给人，人们没有不警惕地按着剑柄斜看的。为什么？因为它无缘无故地来到面前啊！）"成语有"明珠暗投"。唐代高蟾（官至御史中丞）考进士未中时，做过一首诗说："天上碧桃和露种，日边红杏倚云栽；芙蓉生在秋江上，不向东风怨未开。"（后两句以芙蓉生得不是地方（秋江），不是时候（东风），暗寓自己生不逢时的慨叹）

青衫则岁岁堪怜，金线则年年自笑。

【注释】青衫：书生的衣衫，借指书生。堪怜：可怜，因屡试不第而可怜。金线：金丝线。唐代秦韬玉《贫女》诗："苦恨年年压金线，为他人作嫁衣裳。"宋代石漫卿《下第偶成》诗："年去年来来去忙，为他人作嫁衣裳。仰天大笑出门去，独对东风舞一场。"

制 作

上古结绳记事，苍颉制字代绳。

【注释】传说燧人氏始作结绳以记事，大事大结，小事小结。传说苍颉（仓颉）为轩辕氏（黄帝）史官，始创文字。

历日是神农所为，甲子乃大挠所作。

【注释】历日：节气。初始分为八节。所为：所定。相传黄帝命大挠制定甲子，即以十天干配十二地支的方法，用以记时。

算数作于隶首，律吕造自伶伦。

【注释】相传黄帝命大臣隶首始作算数，才有了权、度、量、衡。律吕：中国古代对音律的统称。相传黄帝命大臣伶伦以竹管制成乐器，以听凤凰之鸣，其雄鸣为六律，其雌鸣为六吕，合称十二律吕。

甲胄舟车，系轩辕之创始；权量衡度，亦轩辕之立规。

【注释】传说黄帝（即轩辕）制作甲胄以防身，大战于涿鹿之野而杀了蚩尤。《淮南子》（汉代淮南王刘安等撰）：黄帝见窍木能漂浮于水面而知造舟，见鸾飞尾转而知造舵，见飞蓬转动而知造车。

伏羲氏造网罟，教佃渔以赡民用；唐太宗造册籍，编里甲以税田粮。

【注释】《易经·系辞下》："作结绳而为罔罟，以佃以渔，盖取诸离（离卦）。"罟：gǔ，网。相传伏羲氏看到蜘蛛结网受到启发而知织网。"马融注："取兽曰佃，取鱼曰渔。"佃（tián）渔：打猎捕鱼。赡：满足。唐朝把农民编为"里甲"的基层组织，户、人、田都登记造册，实行"租庸调"制度，"租"即按田数纳粮，"庸"即按人头无偿服役，"调"即按户缴纳布缕。

兴贸易，制耒耜，皆由炎帝；造琴瑟，教嫁娶，乃是伏羲。

【注释】耒耜：lěi sì，上古时的翻土农具，即原始的犁。

冠冕衣裳，至黄帝而始备；桑麻蚕绩，自元妃而始兴。

【注释】绩：纺线。元妃：嫘祖，黄帝之妃，相传是最早的养蚕人。

神农尝百草，医药有方；后稷播百谷，粒食攸赖。

【注释】后稷：周的先祖姬氏，名弃，号后稷，为舜的农官。攸赖：所依赖。

燧人氏钻木取火，烹饪初兴；有巢氏构木为巢，宫室始创。

【注释】燧人氏发明人工取火，变茹毛饮血为熟食。有巢氏架木为巢，变穴居为巢居。

夏禹欲通神祇，因铸镛钟于郊庙；汉明尊崇佛教，始立寺观于中朝。

【注释】神：天神。祇：qí，地神。因：于是。镛：大钟。东汉明帝派使者到天竺（印度）取经，佛教始传入中国，首先在洛阳建造白马寺（以白马驮回经书而得名）。中朝：中国。

周公作指南车，罗盘是其遗制；钱乐作浑天仪，历家始有所宗。

【注释】周公：姓姬名旦，周文王第四子，因封于周（今陕西岐山北），所以称周公，是西周杰出的政治家、军事家和思想家。指南车一般认为是黄帝始造。说“周公作”也有根据。罗盘是后来才有的，所以说“遗制”。浑天仪：古代观测天体位置的仪器。（《后汉书》载张衡作浑天仪，此处说“钱乐作”可能是另有所据）历家：制定历法的专家。宗：本，依据。

育王得疾，因造无量宝塔；秦政防胡，特筑万里长城。

【注释】育王：古印度国王阿育王。因：于是，就。秦政：秦始皇名嬴政。胡：北方少数民族，一般指匈奴。

叔孙通制立朝仪，魏曹丕秩序官品。

【注释】叔孙通曾为秦朝博士，后从项羽，又归刘邦。刘邦称帝后，叔孙通采择古礼，结合秦制，制定较完善的朝廷礼仪。魏文帝曹丕即位后，尚书陈群认为现有任用人才的办法有不足之处，就制定了九品官阶的新办法。

周公独制礼乐，萧何造立律条。

【注释】周成王年幼，周公摄政，制礼作乐，在明堂接受诸侯朝觐。汉代初建，为巩固政权，维护社会稳定，相国萧何制定了较完备的法律。

尧帝作围棋，以教丹朱；武王作象棋，以象战斗。

【注释】丹朱是尧的儿子，品行很坏，尧便制作围棋让他玩，以改变他的恶习，陶冶他的性情。象战斗：模拟战斗的场面。

文章取士，兴于赵宋；应制以诗，起于李唐。

【注释】唐代以诗赋取士，宋神宗接受王安石建议改试文章。赵宋：宋代皇帝姓赵，所以称宋代为“赵宋”。应制：应皇帝之命而作的诗，多为歌功颂德之作。李唐：唐代皇帝姓李，所以称唐代为“李唐”。

梨园子弟乃唐明皇作始，《资治通鉴》乃司马光所编。

【注释】唐明皇（唐玄宗）选乐士、宫女数百人，在梨园亲自教他们乐曲，所以称为“梨园子弟”。

笔乃蒙恬所造，纸乃蔡伦所为。

【注释】蒙恬：秦朝大臣，奉命率众三十万修筑长城，传说毛笔是他发明制造的。蔡伦：东汉和帝时的宦官，担任主管御用器物的尚方令，他在西汉发明麻质纤维造纸的基础上，研究出用树皮、麻头、破布、破渔网造纸的新方法。

飞舲是轻车别号，纨箑乃素扇佳名。

【注释】汉代枚乘《七发》：“将为太子驯麒麟之马，驾飞舲之舆（车）。”纨箑（shà）：细绢做的扇子。

翠华旗光摇汉苑，白玉管响彻唐宫。

【注释】汉代司马相如《上林赋》：“天子建翠华之旗”。汉苑：汉代皇家园林（上林苑）。安禄山献给唐玄宗白玉管箫数百支。

米家书画船，足怡素志；齐子班兰物，可壮生平。

【注释】米家书画船：宋代书画家米芾（fú），主管淮阳军时，乘船外出时在船上悬一旗子，上书“米家书画船”。怡：愉悦。齐子班兰物：《南史·张敬儿传》：南齐车骑将军张敬儿，“既得开府（将军府），又望班剑。语人曰：‘我车边犹（还）少斑斓物。’”斑斓（班兰）物：班剑，饰有花纹的木剑，此指佩班剑的仪仗。

乌金熟炭厚贻，翠羽编帘异制。

【注释】乌金：木炭的别称。贻：赠送。汉武帝建招灵阁，以翠羽麟毛编帘。异制：特殊制作方法。

笭箵收于渔夫，卷去夕阳；袯襫荷于农人，披来朝雨。

【注释】上联：夕阳西下，渔夫收拾鱼筐回返。笭箵：líng xīng，盛鱼的竹器。下联：早晨有雨，农人披上蓑衣下地。袯襫：bó shì，蓑衣，用一种草编制的雨具。

技 艺

医士业岐轩之术，称曰国手；地师习青乌之书，号曰堪舆。

【注释】轩辕（黄帝）与岐伯（黄帝的医官）讨论医学，作《内经》，后人以歧轩指医生，岐轩之术称医术。业：以……为业，从事。地师：相地看风水的人。汉代方术之士青乌子著有相地书《青乌子》（又叫《葬经》），后世相地看风水的都据此学习堪舆之术。堪是天道，舆是地道，所以称相地看风水的为堪舆家，民间称为风水先生。

卢医扁鹊，古之名医；郑虔崔白，古之名画。

【注释】卢医扁鹊：战国时名医扁鹊，家居卢国，所以又名卢医。郑虔：唐代名画家，善画山水。崔白：宋代名画家，善画花竹翎毛。

善卜者，是君平詹尹之流；善相者，即唐举子卿之亚。

【注释】卜：占卜。君平：汉代严君平，以占卜为业，每天只接待几个人，得百钱可够自养，就闭门读《道德经》。詹尹：战国时楚国太卜郑詹尹。屈原被流放，心烦意乱，不知所从，便去请郑詹尹为自己占卜，郑詹尹听了屈原的诉说后，笑着谢绝说："用君（您）之心行君之事，龟荚（占卜用的龟甲和蓍草）诚（实在）不能知此事。"唐举：战国时善相面者，曾为赵国丞相李兑相过面。子卿：春秋时善相面者，在郑国见到孔子，仔细端详，说孔子"累累然（憔悴颓丧的样子）若丧家之狗"。亚：次一等，后一辈。

推命之人即星士，绘画之士曰丹青。

【注释】推命：算命。星士：古人将人的命运与星宿的运行相联系，所以把算命的人叫"星士"。

大风鉴，相士之称；大工师，木匠之誉。

【注释】风鉴：以风貌品人，后称相面为"风鉴"。

若王良，若造父，皆善御之人；东方朔，淳于髡，系滑稽之辈。

【注释】若：如，像。王良：战国时善驾者，曾为赵简子驾车。造父：周朝的善驾者。御：驾驭车马。东方朔：为人滑稽，谈笑诙谐。一次，汉武帝对群臣说："相书上说，鼻下人中长一寸者，可活百岁。"东方朔说："彭祖八百岁，果如陛下所说，那么他的人中就是八寸长，以此推算，彭祖的脸面就有一丈多长了。"武帝听了大笑。淳于髡（kūn）：滑稽多辩之士。楚国加兵于齐国，齐威王要淳于髡带上金子到赵国求救兵，淳于髡仰天大笑。齐威王问："您是嫌少吗？"髡说："哪敢。"又问："那你为什么大笑？"髡说："我见到有人拿着一只猪蹄一碗酒祈祷大丰收，我笑他所持祭品太少，所要求的过多。"于是威王就命多带金玉车马至赵，楚人听说了，连夜引兵而退。

称善卜卦者，曰今之鬼谷；称善记怪者，曰古之董狐。

【注释】鬼谷子是战国时期纵横家之祖，传说是苏秦、张仪的老师。隐居鬼谷源，便以“鬼谷”为号，善卜筮（shì，古时用蓍草占卜）和兵法。晋代干宝作《搜神记》，请刘真长（刘惔tán，字真长。）为序，序罢，刘说：“卿（你）可谓鬼之董狐（董狐是春秋时晋国史官，孔子称他为古之良史）也。”

称诹日之人曰太史，称书算之人曰掌文。

【注释】诹（zōu）日：选择黄道吉日。书算之人：类似现在的会计。

掷骰者，喝雉呼卢；善射者，穿杨贯虱。

【注释】掷骰：掷骰（tóu）子，俗称掷色（shǎi）子，一种赌博游戏。雉、卢：骰子上的红点、黑点。穿杨：战国时楚国的养由基善射，能在百步之外射中杨柳叶。成语“百发百中”、“百步穿杨”，源此。贯虱：《列子·汤问》记载：纪昌向飞卫学射箭，飞卫告他：“必学视而后可，视小如大，视微如著。”纪昌就把一个虱子用线吊在窗户上，天天瞄视，三年之后，虱子在他眼里有车轮那么大，用箭射虱，贯穿虱的心脏，而吊线不断。

樗蒲之戏，乃云双陆；橘中之乐，是说围棋。

【注释】樗蒱（shū pú）、双陆：都是赌博游戏，前者相当于现在的掷色（shǎi）子，后者是棋盘游戏。橘中之乐：相传古时一人家中有两个大橘子，剖开一看，每个橘子里有两个老人相对下围棋，谈笑自若。

陈平作傀儡，解汉高白登之围；孔明造木牛，辅刘备运粮之计。

【注释】傀儡：木偶。刘邦被冒顿（匈奴之单于）围在白登城（在今山西大同县东），冒顿妻阏氏（yān zhī，汉代匈奴称君主的正妻为阏氏）为人嫉妒，陈平制作傀儡美人舞于城上，阏氏疑为活人，担心攻下城后冒顿娶她，便劝冒顿退兵。诸葛亮六出祁山，造木牛流马运送军粮。

公输子削木鸢，飞天至三日而不下；张僧繇画壁龙，点睛则雷电而飞腾。

【注释】公输子：鲁班。木鸢（yuān）：传说古代一种木制的飞行器，形状像鸢。一说是墨子所作。清代郑观应《盛世危言·西学》："公输子削木人为御（驾车人），墨翟刻木鸢而飞，武侯作木牛流马。"张僧繇是南朝梁武帝（萧衍）时的名画家，在金陵安乐寺墙壁上画了四条龙，却没画眼睛。有人问他为什么不画眼睛，他说："眼睛是龙的精髓，画上眼睛，龙就飞走了。"人们不信，请他画上试试看。他就给二龙点睛，忽然雷电大作，这两条龙真的飞走了，未点睛的二龙还都在。成语"画龙点睛"源此。

然奇技似无益于人，而百艺则有济于用。

【注释】百艺则有济于用：各种技艺则有助于实用。

陆宣公既活国又活人，范文正等为医于为相。

【注释】唐代陆贽死后谥号宣。唐德宗时，平定朱泚之乱有大功，晚年居家，特别留心于医，闻有秘方，必自抄录，说："这也是救人的一种技术啊。"宋代范仲淹，死后谥号文正，年轻时曾说："我不能做良相，一定做良医，因为医可救人。”等……于……：把……看得与……相同。

一支铁笔分休咎，三个金钱定吉凶。

【注释】铁笔：算命先生手中的笔。休咎：善恶。金钱：此指占卜用的钱币。

动静方圆，还符四象；纵横阖辟，止争一先。

【注释】唐代李泌七岁时被召见，玄宗与宰相张说正在观棋，玄宗让张说试一下李泌的才智，张说说：“方若棋局，圆若棋子，动若棋生（活），静若棋死。”李泌说：“方若行义（正义），圆若用智，动若逞（表现，显示）才，静若得意。”玄宗大悦。符四象：与四种征象相符合。纵横阖辟：也作纵横辟阖、纵横捭（bǎi）阖，指运用各种手段分化瓦解对方，即斗智。

飞两奁之黑白，争一纸之雌雄。

【注释】宋代陆游《初夏闲居即事》诗句：“对弈两奁飞黑白（意思是下棋时各从自己的奁中取出黑或白棋子摆列棋局）”。奁：盛棋子的匣子。黑白：围棋子。宋代苏轼《东坡志林》：“张怀民与张昌言围棋，赌仆（自谦称，我）书字一纸，胜者得此，负者出钱五百足作饭会以饭仆（足够聚餐一次请我吃饭）。”雌雄：高下，胜负。

讼 狱

世人惟不平则鸣，圣人以无讼为贵。

【注释】惟：只有。不平则鸣：韩愈《送孟东野序》：“大凡物不得其平则鸣（发出响声）”，“人之于言也（句中助词）亦然。”《论语·颜渊》：“子曰：听讼，吾犹人也，必也使无讼乎（孔子说：“审理争讼，我也像他人一样，一定要使人们没有争讼为好啊”）！”。

上有恤刑之主，桁杨雨润；下无冤枉之民，肺石风清。

【注释】恤刑：慎用刑罚。主：君主。桁（héng）杨：刑具。雨润：即使用刑也像雨露一样滋润人心，即达到教化人的目的。肺石：形状像肺的赤色石块，设于官府门外，有冤情者可以击石鸣冤。风清：（无人鸣冤说明）风气清明纯正。

虽囹圄便是福堂，而画地亦可为狱。

【注释】囹圄便是福堂：意思是人在狱中受苦就会考虑改恶向善，所以智者把囹圄当做福堂。画地亦可为狱：上古民情淳朴，所以可以画地为狱囚禁犯人。成语有“画地为牢”。

与人构讼，曰鼠牙雀角之争；罪人诉冤，有抢地吁天之惨。

【注释】构讼：结怨争讼。鼠牙雀角：《诗经·召南·行露》：“谁谓雀无角？何以穿我屋？……谁谓鼠无牙？何以穿我墉（墙）？”抢地吁天：头撞地口呼天（诉说冤枉）。

狴犴猛大而能守，故狱门画狴犴之形；棘木外刺而里直，故听讼在棘木之下。

【注释】狴犴：bì àn，传说北方少数民族地区的一种野兽，善于看守。听讼：受理诉讼，审理官司。

乡亭之系有岸，朝廷之系有狱，谁敢作奸犯科；死者不可复生，刑者不可复赎，上当原情定罪。

【注释】乡亭：汉朝设置乡村组织形式为十里一亭，十亭一乡。系：拘押。岸：通“犴”（àn），牢狱。汉宣帝即位，时为低级官吏的路温舒上书建言宜尚德缓刑，说：“大狱者天下之大命也，死者不可复生，刑者不可复赎（受过肉刑的不可能再求得解除刑罚）。”上：指帝王。原情：弄清事实。

囹圄是周狱，羑里是商牢。

【注释】羑（yǒu）里：商纣王囚禁周文王的地方，在今河南汤阴附近。

桎梏之设，乃拘罪人之具；缧绁之中，岂无贤者之冤。

【注释】桎梏：今称脚镣手铐，系商纣王所作。缧绁：léi xiè，捆绑犯人的绳索，借指牢狱。

两争不放，谓之鹬蚌相持；无辜牵连，谓之池鱼受害。

【注释】鹬蚌相持：《战国策·燕策》有鹬蚌相争的故事，说蚌张开壳晒太阳，鹬去啄它的肉，被蚌夹住了嘴，双方相持不下，最后都被渔人捉住。成语有“城门失火，殃及池鱼”，一种解释：有个姓池名仲鱼的，他的住宅靠近城门，城门失火，延及他家，仲鱼被烧死。另一解释：城门失火，人们从护城河汲水救火，连累护城河里的鱼也遭受灾祸。

请公入瓮，周兴自作其孽；下车泣罪，夏禹深痛其民。

【注释】周兴和来俊臣都是唐朝的酷吏。有人告发周兴有参与谋反的嫌疑，武则天命来俊臣审理。来俊臣先问周兴用什么办法能使犯人认罪，周兴说把犯人置于烧热的大瓮中，不怕他不认罪。来俊臣就照周兴所说烧热了一口大瓮，然后说，我奉命审讯你，请兄入瓮。周兴惶恐服罪。泣罪：见罪人而哭泣。相传大禹出行见到一个犯了罪的人，下车问明情况，痛心地哭了。跟随的人问他为什么要哭，禹说："因我德薄，不能化民，致民犯罪，因此而泣。"

好讼曰健讼，挂告曰株连。

【注释】株连：一人被认为有罪而牵连多人，如同树根树本被砍，枝叶也随之凋落。

为人解讼，谓之释纷；被人栽冤，谓之嫁祸。

【注释】解讼：调解争讼。释纷：消除纷争。

徒配曰城旦，遣戍是问军。

【注释】徒配：被发配的刑徒。城旦：秦时发配到边地修筑长城的犯人。遣戍：因罪充军戍边。问军：从军。

三尺乃朝廷之法，三木是罪人之刑。

【注释】三尺：书于三尺竹简上的律法。唐初有人犯法，高祖想杀掉，时任监察御史的李素立认为罪不当死，说："三尺法王者与天下共也，陛下甫（始）创洪基，奈何弃（废弃）法。"三木：古代加在犯人颈、手、足部的三种刑具，因为是木制的，总称"三木"。

古之五刑，墨，劓，剕，宫，大辟；今之律例，笞，杖，死罪，徒，流。

【注释】五刑始于唐虞时代。墨：用刀在脸上刺刻再涂上墨。劓：yì，割掉鼻子。剕：fèi，砍掉脚。宫：男去势，女幽闭。大辟：死刑。笞：用竹板或荆条击打。杖：晋以前用鞭隋唐改用棍棒击打。死罪：斩或绞。徒：服劳役。流：流放。

上古时削木为吏，今日之淳风安在；唐太宗纵囚归狱，古人之诚信可嘉。

【注释】上古时刻木为狱吏，放在犯罪人家中，让犯人抱着“木吏”自己到公庭受审。（此处削木为吏的意思与传统理解颇不同。司马迁《报任少卿书》：“削木为吏，议不可对。”意为不能受狱吏的侮辱，即使是木刻的假狱吏，也不能与他面对。极言狱吏的可怕可恨）淳风安在：淳厚的风气何在。唐太宗亲自视察死囚，怜悯他们，全放回家，约定来年秋自己主动回来受刑，众囚都如期返回，太宗嘉其守信，全都免于死刑。

花落讼庭间，草生囹圄静，歌何易治民之简；吏从冰上立，人在镜中行，颂卢奂折狱之清。

【注释】唐代何易为益昌令，理政方法特异，百姓都停息争讼，犯罪入狱的人也很少了，当地有“花落讼庭间，草生囹圄静”的民谣流传。囹圄：监牢。唐代虞奂为南郡太守，公正廉明，官风大变，百姓歌颂说：“吏从冰上立，人在镜中行（意为审理案件公正透明）。”折狱：断狱，判案。

治乱之药石，刑罚为重；兴平之粱肉，德教为先。

【注释】汉代崔实把治理国家比做调养身体，说：刑罚是治理世道混乱的药物，德教是使世道兴盛太平的粱肉（美食）。（即刑罚与德教并用）

乌台定律，象魏悬书。

【注释】乌台：主管司法的御史台的别号。定律：制定法律。“象魏”是宫门外的一对高大建筑物，朝廷颁行政令就悬挂在象魏上，使万民周知。

惟忠信慈惠之师，有折狱致刑之实。

【注释】《左传·昭公六年》：“犹求圣哲之上（帝王），明察之官，忠信之长，慈惠之师（法官），民于是乎可任使（听任驱使）也，而不生祸乱。”折狱致刑：断案判刑。实：实际行为。

失入宁失出，须当念切于无辜；过义宁过仁，务必心存其不忍。

【注释】失入：不该判刑入狱而判刑入狱。失出：不该宽宥释放而宽宥释放。《书·大禹谟》：“与其杀不辜，宁失不经（与其错杀无辜，宁可失之于违背常规而加宽宥）。”苏轼《刑赏忠厚之至论》：“可以赏可以无赏，赏之过乎（于）仁；可以罚可以无罚，罚之过乎义。过乎仁，不失为君子；过乎义，则流而入于忍人（就成为残忍的人）。故仁可过也，义不可过也。”

察五声而审克，应尔精详；讯三刺以简孚，宜乎谨慎。

【注释】《周礼·秋官·小司寇》：“以五声听（审理）狱讼，求民情：一曰辞听，二曰色听，三曰气听，四曰耳听，五曰目听。”审克：审讯核实。应尔：应该如此。《周礼·秋官·小司寇》：“以三刺（审理诉讼，经三讯而后判决）断庶民狱讼之中，一曰讯群臣，二曰讯群吏，三曰讯万民。”简孚：核实可信。宜：应。乎：句中语气助词。

蒿满圜扉之宅，人怀天保初年；鹊巢大理之庭，世誉玄宗即位。

【注释】北齐天保元年大赦，郡无一囚，狱内长满蓬蒿，圜扉（狱门）虚寂，无人诉讼。唐玄宗即位二十年间，号称治平，衣食富足，罕有犯法者，大理寺（司法机构）不再是杀气腾腾的地方，庭院里有鹊敢来筑巢于树上。

赭衣满道，何其酷烈难堪；玄钺罗门，未免摧戕太甚。

【注释】这是描述秦朝的暴政。赭衣：囚服，此指穿囚服的人。何其：多么。玄钺：铁制的刀斧兵器。罗门：（持刀斧的人）罗列于官府门周围。摧戕：摧残戕害。

门有沸汤之势，抚念不安；巢无完卵之存，扪心何忍。

【注释】门：指狱门。沸汤：形容人出人进连续不断，势如沸汤。巢无完卵之存：鸟巢倾覆，其卵皆不得全，指株连九族的酷刑。

虽辟以止辟，还刑期无刑。

【注释】辟以止辟：实行死刑是为了防止犯死罪的案件再发生。刑期无刑：使用刑罚是期望不再多用刑罚。

周礼有三宥之词，千秋可法；虞廷有肆赦之典，万古常称。

【注释】三宥（宽恕）：一宥曰不识（无知），二宥曰过失，三宥曰遗忘。是说对不识、过失、遗忘者要宽大处理。法：效法。虞廷：虞舜朝廷。肆赦：指缓刑、赦免。对幼弱、老耄、蠢愚者要缓刑或赦免。典：法。称：称赞，称颂。

无赦而刑必平，文中之论夫岂全诬？多赦则民不敬，管子之言亦非尽谬。

【注释】文中：隋代王通，辞去官职，以讲学著书为业，死后其弟子议谥“文中子”。他曾说：“无赦之国，其刑必平（用不着赦免犯罪的国家，其刑罚一定是公平的）。”夫：句中语气助词。诬：不实，错。多赦则民不敬：赦免过多过滥百姓就没有敬畏之心了。管子（管仲，春秋时齐相）认为不应随便宽宥罪过，不应滥施恩惠，他说：“赦出则民不敬（敬畏），惠行则过（过失）日益（增多）。”

孔明治蜀，所以不行；吴汉临终，于焉致嘱。

【注释】诸葛亮治蜀二十余年，不随便实行赦免。东汉吴汉（屡建战功，官至大司马）病危，光武帝亲自看望并问他有什么要说的，他回答说：“臣愚无所知识，但愿陛下谨无赦（赦免罪犯要慎重）而已。”于焉致嘱：拿这个表达一番叮嘱的话。

释道鬼神

如来释迦即是牟尼，原系成佛之祖；老聃李耳即是道君，乃为道教之宗。

【注释】如来：佛的别名，如实道来而成正觉之意，本觉为如，今觉为来。佛姓释迦，号牟尼。佛是觉的意思，将使众生觉悟。老聃李耳：老子姓李名耳，字伯阳，谥曰聃，道教的始祖。

鹫岭祗园，皆属佛国；交梨火枣，尽是仙丹。

【注释】鹫岭：印度灵鹫山，佛常居此。祗园：即祗（zhī）陀太子园，也称祗园精舍，是须达多长者为佛相中的住所。交梨火枣：道教所说的仙界的水果。

沙门称释，始于晋道安；中国有佛，始于汉明帝。

【注释】道安：东晋时的高僧，受业于佛图澄。他之前僧人出家或保留俗姓或随师姓，道安认为师莫过于佛，所以他受戒时以释为姓。道安主张“本无（本性空寂）”之说。东汉明帝听说“西域有神，其名曰佛”，便遣郎中蔡愔（yīn）到天竺（印度）求道，蔡愔以白马驮回佛经，在洛阳建寺（称白马寺）贮藏。

波罗犹云彼岸，紫府即是仙宫。

【注释】波罗犹云彼岸：梵语波罗蜜多是登彼岸的意思，即成佛后达到的境地。紫府即是仙宫：道教称仙人所居为紫府。

曰上方，曰梵刹，总是佛场；曰真宇，曰蕊珠，皆称仙境。

【注释】上方：僧房叫方丈，“上方”是上人的方丈。梵刹：挂经幡的柱子。真宇：道观。蕊珠：道教说的仙宫。

伊蒲馔可以斋僧，青精饭亦堪供佛。

【注释】伊蒲馔：用伊兰、菖蒲做的饭，即僧人吃的斋饭，素食。

青精饭：采南烛叶（一种药材）榨汁浸米做成的呈青碧色的饭。堪：可。

飞锡挂锡，谓僧人之行止；导引胎息，谓道士之修持。

【注释】“锡”是锡杖，锡杖是僧人所用的法器。僧人出行要持锡杖，行走叫“飞锡”，止息叫“挂锡”（上有环，可挂起）。导引胎息：道士养生修炼的一种方法，据说能够不用口鼻呼吸，像在胎里一样。息：呼吸。

和尚拜礼曰和南，道家拜礼曰稽首。

【注释】和南：僧人合掌拜礼。稽首：拱手叩头至地。

曰圆寂，曰荼毗，皆言和尚之死；曰羽化，曰尸解，悉言道士之亡。

【注释】圆寂：梵语的意译，原意为诸德圆满、诸恶寂灭，达到了修行的最终目的，后称僧尼死为圆寂。荼毗：tú pí，也作荼毗，梵语的音译，焚烧，火葬。羽化：若生羽翼而化登仙境。尸解：道教认为道士死后从肉身解脱成仙而去。

女道曰巫，男道曰觋，自古攸分；男僧曰僧，女僧曰尼，从来有别。

【注释】巫：巫师。觋：xí，男巫，男道士。攸：就。尼：梵语称女僧为比丘尼，简称尼，俗称尼姑。东晋有个叫阿藩的妇女学佛教，中国始有尼姑。

羽客黄冠，皆称道士；上人比丘，并美僧人。

【注释】羽客：南唐道士谭紫霄受宠于唐王，常出入金门，赐号“金门羽客”。黄冠：隋代李播，因隋政乱，弃官做了道士，号“黄冠子”。上人：内有美德、外有善行的僧人被看做在人之上。比丘：全受戒的僧人。

檀越檀那，僧家称施主；烧丹炼汞，道士学神仙。

【注释】檀越、檀那：梵语陀那钵底的音译，布施，施主。施主：和尚或道士称施舍财物给佛寺或道观的人。烧丹炼汞：道士用朱砂、水银炼药。

和尚自谦，谓之空桑子；道士诵经，谓之步虚声。

【注释】空桑子：来自空桑中的孩子。《列子》载：有莘氏女采药，在空桑中得一婴儿，献给国君，国君命人养起来。后来僧人自谦“空桑子”，取无父母之意。步虚声：道士仿效所谓神仙诵经。《异苑》记载，曹植游山，忽闻空中有诵经的声音，清远嘹亮。解音者认为是神仙的诵经声，于是道士仿效之。

菩者普也，萨者济也，尊称神衹，故有菩萨之誉；水行龙力大，陆行象力大，负荷佛法，故有龙象之称。

【注释】菩萨：梵语菩提萨埵（duǒ）的简化。神衹（zhǐ）：应为神祇（qí），天为神，地为祇。龙象：比喻修行勇猛力大者。

儒家谓之世，释家谓之劫，道家谓之尘，俱谓俗缘之未脱；儒家曰精一，释家曰三昧，道家曰贞一，总言奥义之无穷。

【注释】世：世俗。劫：劫难，灾难。尘：尘俗，凡尘。精一：

精心一意。三昧：梵语音译的佛教语，意为排除一切杂念，使心神平静。贞一：心意专守不移。俱谓、总言：都是说。奥义：深奥的道理。

《无鬼论》作于晋之阮瞻，《搜神记》撰于晋之干宝。

【注释】阮瞻：晋代阮咸（竹林七贤之一）之子，曾任太子舍人，一向认为世间无鬼，作《无鬼论》。干宝：少时勤学，博览群书，召为著作郎，著作颇多。好阴阳术数，搜集怪诞故事撰成《搜神记》一书。

土谷之神曰社稷，干旱之鬼曰旱魃。

【注释】社稷：社是土神，稷是谷神。旱魃（bá）：传说中引起旱灾的怪物。《诗经·大雅·云汉》：“旱魃为虐，如惔（tán，火烧）如焚。”

魑魅魍魉，山川之祟；神荼郁垒，啖鬼之神。

【注释】魑魅魍魉：传说中的鬼怪，后指各种坏人。祟：鬼怪。后借指坏的行为，如“作祟”。神荼郁垒：传说中监管众鬼的两位神，后来作为门神。啖：dàn，吃。

仕途偃蹇，鬼神亦为之揶揄；心地光明，吉神自为之呵护。

【注释】偃蹇：不顺利。揶揄：嘲笑。东晋罗友博学能文，为桓温的僚属，一次桓温为一个升任郡守的人饯行，罗友来迟了，解释说：“途中逢见一鬼，鬼嘲笑我说：只见你为别人送行，不见别人为你送行。”桓温听出言外之意，于是推荐他做了襄阳太守。自：自然。

菩提无树，明镜非台。

【注释】佛教禅宗以唐代弘忍大师为五祖，五祖要选定法嗣（继承衣钵的弟子），令寺僧各作一偈（jì，佛经中的颂词，梵语“偈陀”的省略），弟子神秀写道：“身是菩提树，心如明镜台，时时勤拂拭，不使有尘埃。”另一弟子慧能在他的偈旁写道：“菩提本无树，明镜亦非台，本来无一物，何处惹尘埃。”五祖看了，就选定慧能为法嗣，称六祖。（慧能、神秀后来分创南北二宗，慧能主顿悟，神秀主渐进。）

白足清癯，谁个未知禅味；赤髭碧眼，何人不是梵宗。

【注释】白足、清癯：两高僧（一个足白，一个清瘦）的代称。禅味：佛理。赤髭、碧眼：两梵宗（一个髭赤，一个眼碧）的代称。梵宗：佛祖。

法善为妻，智度为母，无烦询骨肉是谁；慈悲作室，通慧作门，不须问宅居何在。

【注释】都是佛教超脱尘俗的观点、说法。佛教以方便（教人领悟佛的真义叫“方便”）为父，以智度为母，以法善为妻，以慈悲为子，所以“无烦询骨肉是谁”。如来佛以慈悲作室，以通慧作门，所以“不须问宅居何在”。

岩下清风，黑虎卖董仙丹杏；山间明月，彩鸾栖张叟绿筠。

【注释】三国时名医董奉居庐山，为人治病不要报酬，要求重病好了的种杏五株，轻病好了的种杏一株，渐成一片杏林，杏子熟了，想买杏的，可用一石稻谷换一石杏，有谁多取杏，就有一只黑虎（可能是守林的狗名）吼叫追赶他。相传张虚靖天师（宋代道教大师）隐居龙虎山，结庐而居，有彩鸾栖于绿筠（绿竹）鸣叫，于是作诗道："结（构筑）庐高处无人到，夜半彩鸾栖绿筠"。

鸟兽

麟为毛虫之长，虎乃兽中之王。

【注释】麟：麒麟。毛虫：兽类。长：为首的。

麟凤龟龙，谓之四灵；犬豕与鸡，谓之三物。

【注释】麟凤龟龙，谓之四灵：语出《礼记·礼运》，其中的麟、凤、龙只是传说中的鸟兽。灵：灵物，神灵。犬、豕（shǐ，猪）、鸡是古人用来歃血盟誓的三种动物。

騄駬骅骝，良马之号；太牢大武，乃牛之称。

【注释】騄：lù。駬：ěr。太牢：原指宴会或祭祀用的牛、羊、豕三牲，后专指牛为太牢，羊为少牢。大武：一元大武，祭祀用的牛。

羊曰柔毛，又曰长髯主簿；豕名刚鬣，又曰乌喙将军。

【注释】长髯：羊生有长长的胡子。主簿：古代掌管文书、簿籍、印鉴的官员。羊毛柔软，所以给它个文官的雅号。刚鬣（liè）：鬃毛坚硬。猪鬃坚硬，所以给它个武将的雅称。乌喙（huì）：黑嘴。

鹅名舒雁，鸭号家凫。

【注释】舒雁：鹅行走缓慢，因得此名。凫：fú，野鸭，家凫是家养的鸭。

鸡有五德，故称之曰德禽；雁性随阳，因名之曰阳鸟。

【注释】《韩诗外传》说鸡有文、武、勇、仁、信五德，头戴冠为文，足有距（爪后有小爪）为武，对敌敢斗为勇，见食而相呼为仁，守夜不失（不误时）为信。雁是候鸟，喜暖怕寒，冬天从寒冷的北方飞向温暖的南方，故说“随阳”。

家狸乌圆，乃猫之誉；韩卢楚犷，皆犬之名。

【注释】狸：猫的一种，豹猫。乌圆：因猫眼到了晚上特圆而得名。韩卢、楚犷：韩国一种良犬名卢，楚国一种良犬名犷（guǎng）。

无肠公子，螃蟹之名；绿衣使者，鹦鹉之号。

【注释】无肠公子：螃蟹没有肠子，所以得此雅号。故事传说，唐代长安富豪杨崇义妻刘氏与邻居李弇（yǎn）私通，谋杀崇义埋尸枯井中。县官到崇义家调查，架上鹦鹉鸣叫“杀主者李弇也”。唐玄宗听说此事，封鹦鹉为“绿衣使者”。

狐假虎威，谓借势而为恶；养虎贻患，谓留祸之在身。

【注释】狐假虎威：《战国策·楚策》有一则寓言：老虎要吃狐狸，狐狸说：“你不能吃我，天帝要我做百兽之长。你若不信，跟在我身后走，就会看到各种兽类见到我都要怕得逃开。”果然如此，老虎便信以为真，却不知兽们是怕自己。成语“狐假（借）虎威”源此。养虎贻患：楚汉相争时，张良对刘邦说：“如今汉有大半个天下，项羽的士卒又饥又疲，若不趁此进击而放过他们，就是养虎而给自己留下祸患啊。”贻：遗，留下。身：自身。

犹豫多疑，喻人之不决；狼狈相倚，比人之颠连。

【注释】犹豫多疑：犹是一种兽，性多疑，听到人声，就豫（预）先爬上树，好久才下来，过一会儿又爬上去。狼狈相倚：据说，狼前腿长后退短，狈则相反；狼无狈不立，狈无狼不行，若相分离就都进退不得，所以说“狼狈相倚”。颠连：困苦。

胜负未分，不知鹿死谁手；基业易主，正如燕入他家。

【注释】徐光对后赵石勒说：“陛下神武谋略超过汉高祖（刘邦）。”石勒笑道：“我若遇上汉高祖，当北面（面朝北）而事之；若遇上光武帝（刘秀），当并（一同）驱于中原，未知鹿死谁手。”易主：变换了主人。燕入他家：唐代刘禹锡《乌衣巷》诗句：“旧时王谢堂前燕，飞入寻常百姓家（意思是，从前东晋王、谢两大家族的宅第，如今已变为寻常百姓的宅院了）。”

刻鹄类鹜，为学初成；画虎类犬，弄巧反拙。

【注释】东汉马援写信告诫兄子（侄子）严、敦做人该注意些什么，信中有这样两句：“刻鹄（hú，天鹅）不成尚类（似）鹜（wù，鸭子）”、“画虎不成反类狗”。

美恶不称，谓之狗尾续貂；贪图不足，谓之蛇欲吞象。

【注释】称：相称。晋代赵王伦篡位，同谋者都成了卿相，奴仆、士卒、杂役都加封爵位，每朝会，冠饰貂尾的高官满座，有谚语说：

“貂不足，狗尾续。”本义是讽刺封官加爵太滥，后比喻用不好的东西接续到好的东西后面，也比喻事物的好坏前后不相称。

祸去祸又至，曰前门拒虎，后门进狼；除凶不畏凶，曰不入虎穴，焉得虎子。

【注释】东汉班超出使西域，起初深受礼敬，后被疏远冷落，心知情况有变，对带去的士卒说：“不入虎穴，焉（何，怎）得虎子。”当夜以火攻敌营，杀了北方民族派来进行挑拨离间的使者。

鄙众趋利，曰群蚁附膻；谦己爱儿，曰老牛舐犊。

【注释】鄙众：鄙视众人。附膻：趋附腥膻。舐：舔。

无中生有，曰画蛇添足；进退两难，曰羝羊触藩。

【注释】羝羊：公羊。触藩：羊角触到藩篱（篱笆）上。

杯中蛇影，自起猜疑；塞翁失马，难分祸福。

【注释】隋代河南尹乐广请客喝酒，墙壁上挂的弓倒映在杯中，客人疑心是蛇，喝后患了病。乐广于是再次请他喝酒，酒杯仍放在上次的地方，告他杯中是弓的影子，客才释疑，病也好了。《淮南子》：边塞一老翁的马走失了，有人安慰他，他说：“安知非福（怎知不是好事）！”果然数月后走失的马带着一匹骏马回来了。有人向他道贺，他说：“安知非祸！”果然他儿子骑骏马摔断了胳臂。又有人安慰他，他说：“安知非福！”后来抽壮丁出征，他儿子因断臂得免，而出征的壮丁大多战死。

龙驹凤雏，晋闵鸿夸吴中陆士龙之异；伏龙凤雏，司马徽称孔明庞士元之奇。

【注释】晋代陆云，字士龙，他年少时，尚书闵鸿见他聪明，夸奖说："此儿若非龙驹（小马为驹），当是凤雏（幼鸟为雏）。"吴中：今江苏吴县。刘备向襄阳司马徽访求人才，徽说："这里有伏龙凤雏。"刘备问是谁，徽说："是诸葛孔明、庞士元（庞统）。"

吕后断戚夫人手足，号曰人彘；胡人腌契丹王尸骸，谓之帝羓。

【注释】汉高祖宠爱戚夫人，戚夫人想立其子而废惠帝（刘盈）。高祖死后，怀恨在心的吕后，砍断戚夫人的手足，挖眼灼耳，饮以药（致哑的药），然后把她放在厕中，称为"人彘（zhì，猪）"。契丹王耶律德光率兵南侵，返回途中死去，其部下剖开他的肚子，塞进咸盐以防腐，载而北归，号称"帝羓（bā，干肉）"。

王猛见桓温，扪虱而谈当世之务；宁戚遇齐桓，扣角而取卿相之荣。

【注释】晋代王猛，博学好兵书，倜傥有大志，隐居华山，听说桓温入关伐前秦，披着粗布衣去见桓温，一边摸身上的虱子，一边谈论当下的时势，旁若无人。春秋时，宁戚家贫，为人牵牛拉车，一次到达齐国都城，夜里在车下喂牛，敲打着牛角歌唱，感叹自己怀才不遇，最后两句是"从昏（天黑）饭牛至夜半，长夜漫漫何时旦（天明）"。齐桓公听说了，觉得此人非同一般，就拜他为上卿。

越王轼怒蛙，以昆虫之敢死；丙吉问牛喘，恐阴阳之失时。

【注释】相传越王勾践将伐吴，路见一蛙怒气冲冲，便起身扶轼

（车前扶手的横木）表示敬意。随从的人问他为什么这样做，他说："蛙见敌而有怒气，故为之轼。"以此激励士卒勇敢杀敌。以：因。汉宣帝丞相丙吉到郊外，途见有人被打死横躺在那里，不加过问，认为这是地方官该管的事；遇到牛喘，便想到天不大热而牛喘吐舌，恐是阴阳失调，必会影响收成，这是宰相所当忧虑的。

以十人而制千虎，比言事之难胜；驰韩卢而搏蹇兔，喻言敌之易摧。

【注释】制：制服。驰（有的本子作"走"）韩卢而搏蹇兔：《战国策·秦策》记载秦相范雎对秦昭王说："以秦卒之勇，车骑之多，以当（抵挡）诸侯，譬若驰韩卢（韩国的良犬名卢）而逐蹇兔（跛腿的兔）也。"

有势莫能为，曰虽鞭之长，不及马腹；制小不用大，曰割鸡之小，焉用牛刀。

【注释】有势莫能为：有力量而做不到。不及：达不到，够不着。制：制服。焉：何，哪里。成语"割鸡焉用牛刀"，语出《论语·阳货》。

鸟食母者曰枭，兽食父者曰獍。

【注释】古书上说，枭是恶鸟，生而食母；獍（jìng）是恶兽，生而食父。

苛政猛于虎，壮士气如虹。

【注释】苛政猛于虎：《礼记·檀弓》记载，孔子到齐国，经过泰山旁，有妇人哭于墓前，孔子让子路过去问问，妇人说从前我的公公、丈夫都死于虎口，今天儿子又死于虎口。子路问：“为什么不离开这里？”妇人说：“因为这里没有苛政。”子路将妇人的话报告孔子，孔子说：“小子识之（弟子们记住这事），苛政猛于虎也！”壮士气如虹：壮士豪气如长虹贯日。

腰缠十万贯，骑鹤上扬州，谓仙人而兼富贵；盲人骑瞎马，夜半临深池，是险语之逼人闻。

【注释】南朝梁殷芸《殷芸小说》：从前有几个人在一起各言其志，有的愿做扬州刺史，有的愿多有资财，有的愿骑鹤升天。其中一人想三者兼得，说：“腰缠十万贯，骑鹤上扬州。”《世说新语·排调》：东晋桓玄、顾恺之、殷仲堪在一起闲聊，各出险语（惊人之语），殷仲堪的一个参军也在座，说出一句“盲人骑瞎马，夜半临深池。”殷仲堪一眼瞎，听了吃惊地说：“此语咄咄逼人！”于是停止了说险语。

黔驴之技，技止此耳；鼯鼠之技，技亦穷乎。

【注释】唐代柳宗元《三戒·黔之驴》：有人带了一头驴到黔地，放牧山下，老虎见它是个庞然大物，以为是神。驴一叫，虎很害怕，以为要吃自己。但仔细观察，觉得驴并无多大的本领，就试着靠近它，挑逗它，驴大怒，用蹄子踢虎。虎看出驴的技能只不过这两下子（“技止此耳”），很高兴，就把驴咬死了。成语“黔驴技穷”源此。《荀子·劝学篇》：“鼯鼠（形似松鼠，俗称飞鼠）五技而穷（有五种技能却常陷于困窘境地）”。五技是：能飞却不能飞过屋顶，能爬树却不能爬到树顶，能游却不能渡过河谷，能做穴却不能掩蔽全身，能跑却不能超越人。

强兼并者曰鲸吞，为小贼者曰狗盗。

【注释】鲸吞：像鲸鱼一样张开大口吞噬。狗盗：像狗一样钻进去偷盗。战国时，齐国的孟尝君要逃脱秦昭王加害，向秦昭王的宠妃求救，宠妃想得到孟尝君的狐白裘，而仅有的狐白裘早已献给秦王。孟尝君的门客中有个能为狗盗的，钻进库房将那件狐白裘盗出送给了宠妃，宠妃便劝说秦王放走了孟尝君。

养恶人如养虎，当饱其肉，不饱则噬；养恶人如养鹰，饥之则附，饱之则飏。

【注释】三国时，吕布通过陈登向曹操求徐州牧一职未成，吕布发怒，要斩陈登，陈登就编造假话蒙骗吕布说："我见到曹公，对他说，待吕将军譬如养虎，当以肉喂饱他，不饱就要咬人的。曹公说，不然，待吕将军譬如养鹰，使他饥饿就会归附，把他喂饱就会飞去。"吕布听了怒气顿消。恶人：坏人。噬：shì，咬（人）。飏：飞去。

随珠弹雀，谓得少而失多；投鼠忌器，因恐甲而害乙。

【注释】随珠弹雀：源自《庄子·让王》："今且（将）有人于此，以随侯（周代随国国君）之珠（夜明珠），弹千仞（高空中）之雀，世（世人）必笑之。是何也（这是为什么呢）？则其所用者重，而所要者轻也。"投鼠忌器：要打老鼠，又怕打坏了老鼠旁边的器物。语出《汉书·贾谊传》。投：投击。忌：顾忌。

事多曰猬集，利小曰蝇头。

【注释】猬集：像刺猬身上的刺一样密集。蝇头：苏东坡《满庭芳》词："蜗角虚名，蝇头微利。（像蜗牛角那么点微不足道的名声，像蝇头那么小的一点利）"成语有"蝇头小利"。

心惑似狐疑，人喜如雀跃。

【注释】心惑似狐疑：内心疑惑像狐狸一样多疑。如雀跃：像雀儿一样欢蹦跳跃。

爱屋及乌，谓因此而惜彼；轻鸡爱鹜，谓舍此而图他。

【注释】爱屋及乌：《尚书大传·大战》："爱人者，兼其屋上之乌。"及：涉及，连及。轻鸡爱鹜：晋代庾翼善书法，与王羲之齐名，但年轻人都愿跟王羲之学习书法，庾翼内心不平，说："儿辈轻家鸡爱野鹜（wù，鸭子）"。他：别的，另外的。

唆恶为非，曰教猱升木；受恩不报，曰得鱼忘筌。

【注释】上联的意思是，坏人本来就做坏事，再教唆他，更要做坏事了；如同猱本来就会爬树，再教它更要爬树了。"教猱升木"出自《诗经·小雅·角弓》比喻教唆坏人干坏事。猱：náo，古书上说的一种猴。筌：quán，捕鱼的竹器。

倚势害人，真似城狐社鼠；空存无用，何殊陶犬瓦鸡。

【注释】城狐社鼠：城墙下的狐狸，土地庙里的老鼠，都有所依凭。东晋大将军王敦想作乱，对谢鲲（王敦属下的长史）说："刘隗（晋元帝倚重的大臣）奸邪，我想除掉君主身边的坏人。"谢鲲说："城狐社鼠，未易去（除去）也。"空存无用：白保存着些无用的东西。殊：异。陶犬瓦鸡：陶制的犬不能守夜，瓦做的鸡不能司晨，不能生蛋，都是无用的摆设。

势弱难敌，谓之螳臂当辕；人生易死，乃曰蜉蝣在世。

【注释】难敌：难以对抗（强者）。当：挡。辕：车辕，指车。蜉蝣：浮于水面生命很短的一种昆虫。

小难制大，如越鸡难伏鹄卵；贱反轻贵，似鸴鸠反笑大鹏。

【注释】越鸡：小鸡，一说产于越地的鸡。伏：孵。贱反轻贵：地位微贱的反而轻视地位高贵的。鸴鸠笑大鹏：语出《庄子·逍遥游》。鸴（xué）鸠：斑鸠。

小人不知君子之心，曰燕雀安知鸿鹄志；君子不受小人之侮，曰虎豹岂受犬羊欺。

【注释】上联的"小人"指平庸的人，"君子"指有大志的人；下联的"小人"指地位低下的人，"君子"指有权势的人。燕雀安知鸿鹄志：陈胜年轻时给人当长工，一天怅然说："将来有一天，咱们富贵了，谁也别忘记谁。"听到的人笑道："你一个当长工的，哪来的富贵！"陈胜叹道："嗟乎，燕雀安（怎）知鸿鹄之志哉！"

跖犬吠尧，吠非其主；鸠居鹊巢，安享其成。

【注释】跖犬吠尧：《战国策·齐策》："跖（zhí）之狗吠尧（见尧而吠叫），非贵跖而贱尧也，狗固吠非其主也（狗本来就是要对不是它的主人的人吠叫）。"又作"桀犬吠尧"。鸠居鹊巢：《诗经·召南·鹊巢》："维鹊有巢，维鸠居之。"本是比喻准备好了居所，等待新娘嫁到。后来也称女子出嫁，住在夫家。这里是比喻强占别人的住处或职位。

缘木求鱼，极言难得；按图索骥，甚言失真。

【注释】缘木求鱼：爬到树上找鱼。比喻方向或方法不对，一定达不到目的。语出《孟子·梁惠王上》。按图索骥：按照画的图像去寻找良马。该成语的故事来源说法不一：一说是，齐景公喜欢良马，命画工画出马的图像，再叫人按图像到处寻找，一年也没找到。一说是伯乐的儿子按照伯乐的《相马经》去寻找良马。

恶人借势，曰如虎负嵎；穷人无归，曰如鱼失水。

【注释】如虎负嵎：《孟子·尽心下》："有众逐虎，虎负嵎，莫之敢撄。"负嵎：同"负隅"，倚靠着险要的地势。撄：yīng，靠近，接触。无归：无所归宿。

九尾狐，讥陈彭年素性谄而又奸；独眼龙，夸李克用一目眇而有勇。

【注释】陈彭年：官至兵部侍郎，博闻强记，为宋真宗所重，但谄媚奸险，人们称他"九尾狐"。李克用：唐僖宗时，黄巢造反，被李克用击败，时人因他一目眇（miǎo，瞎）而有勇，称他为"独眼龙"。

卞庄勇能擒两虎，高骈一矢贯双雕。

【注释】春秋时，鲁国的卞庄子和馆竖子遇见两只虎，大力士卞庄子想上前刺虎，馆竖子阻止说："两虎正想吃一头牛，牛肉好吃，两虎必争，争则必斗，斗的结果一定是大的伤，小的亡。这时趁着大的受伤而刺之，必获两虎。”卞庄子听从了他的话，果获两虎。晚唐名将高骈（字千里），曾见双雕并飞，一箭射穿双雕。

司马懿畏蜀如虎，诸葛亮辅汉如龙。

【注释】诸葛亮伐魏，见司马懿收兵依险，坚闭不出，就送一妇女头巾羞辱刺激他，司马懿仍然不肯出兵应战。贾诩（魏文帝时为太尉）说：“公（尊称对方）畏蜀如虎，奈天下笑何？”

鹪鹩巢林，不过一枝；鼹鼠饮河，不过满腹。

【注释】全联语出《庄子·逍遥游》。鹪鹩：jiāo liáo，一种小鸟。鼹（yǎn）鼠：田鼠。

弃人甚易，曰孤雏腐鼠；文名共仰，曰起凤腾蛟。

【注释】窦宪（东汉章帝皇后之兄）夺公主田园，事情败露，章帝大怒，把他叫来严厉斥责说：“久思令人惊怖。国家弃汝（抛弃你），如孤雏腐鼠耳！”共仰：受到众人仰慕。起凤腾蛟：形容有文才。《西京杂记》（一说是汉代刘歆撰，一说是晋代葛洪撰）：“（扬）雄著《太玄经》，梦吐凤凰集《玄》之上”，“董仲舒梦蛟龙入怀乃作《春秋繁露》词”。王勃《滕王阁序》：“腾蛟起凤，孟学士之词宗。”

为公乎，为私乎，惠帝问虾蟆；欲左左，欲右右，汤德及禽兽。

【注释】晋惠帝司马衷在华林园听到虾蟆鸣叫，问身边的人：“这个鸣叫的东西，是为公而鸣叫呢，还是为私而鸣叫？”商汤出游，见打猎的四面张网，祷告说："都入我网。"汤叫人拆掉三面的网，让鸟兽尽量逃走，说："欲左则左（想从左面逃掉就从左面逃掉），欲右则右。"诸侯说："汤德至宏，泽于（恩泽及于）禽兽，况于人乎！"

鱼游于釜中，虽生不久；燕巢于幕上，栖身不安。

【注释】上联：鱼在锅里游，即使还活着也长久不了。东汉安帝时，张婴聚众作乱于徐扬之间，广陵太守张纲单车到张婴营垒劝降，张婴哭着说："相聚偷生，如同鱼游釜（锅）中，知道活不长久。今天听了您的一席话，就是我再生之时。我明日就率所部万余人归降。"下联：燕子把巢筑在帷幕上，在这上面筑巢栖身是不安全的。

妄自称奇，谓之辽东豕；其见甚小，譬如井底蛙。

【注释】刘秀起兵讨王莽时，渔阳太守彭宠曾为刘秀运粮，等到天下太平，彭宠认为自己有功而未得到相应的报偿，流露出不满的意思。幽州牧朱浮对他说："从前有人饲养辽东豕（猪），自古都是黑的，生一猪仔头是白的，觉得很特别，要献给朝廷，行至河东，见到那里的猪全都是白的，惭愧而返。若把您的这点功劳拿到朝廷评一评，这也和辽东之豕一样，算不得什么。"《庄子·秋水》："井蛙不可语于海者（的原因），拘于虚也（空间）；夏虫不可以语于冰者，笃于时（时令，季节）也；曲士（乡曲之士，孤陋寡闻的人）不可以语于道者，束于教（教育，教养）也。"拘、笃、束：都是"局限"的意思。

父恶子贤，谓是犁牛之子；父谦子拙，谓是豚犬之儿。

【注释】犁牛之子：《论语·雍也》：子谓仲弓曰：“犁牛之子骍（xīng）且角（犁牛毛色斑杂，但生出的牛犊却是赤色，且牛角很美）。”父谦子拙：父亲自谦儿子笨拙无能。

出人群而独异，如鹤立鸡群；非配偶以相从，如雉求牡匹。

【注释】独异：特异。相从：相随。雉求牡匹：雌雉（野鸡）求牡兽为配偶。《诗经·邶风·匏有苦叶》：“雉鸣求其牡”。飞禽类称雌雄，走兽类称牡牝，“雉求牡匹”比喻人之乱伦。

天上石麟，夸小儿之迈众；人中骐骥，比君子之超凡。

【注释】南朝陈徐陵（官至散骑常侍）在孩提时，高僧宝志摩他头顶说：“天上石麟也”。迈众：超众。南朝梁徐勉（官至中书令）少有异才，徐孝嗣（南齐时官至尚书令）见到他叹道：“此子所谓人中麒麟，必能远至千里。”君子：此指有才能的人。

怡堂燕雀，不知后灾；瓮里醯鸡，安有广见。

【注释】上联：燕雀筑窝于堂上，高兴得以为有了安全处所，却不知锅灶的烟囱起火，屋子将被焚烧，灾祸将会及于自身。怡：乐，高兴。下联：孔子见到老子，说：“丘之道，犹醯（xī，醋）鸡欤！微夫子发吾覆也，吾不知天地之大全也。（我孔丘那点学问，犹如醋瓮里的醋虫啊！如果没有你老夫子揭开覆盖着我的瓮盖，我是不知天地的大而全的。）”安：怎，哪。

马牛襟裾，骂人不识礼义；沐猴而冠，笑人见不恢宏。

【注释】马牛襟裾：韩愈作诗教导儿子说：“人不通古今，马牛而襟裾（泛指衣服）。行身陷不义，况望名誉多。”意思是人没有知识如同穿着衣服的马牛。不识礼义：不知礼达理。沐猴而冠：猕猴戴帽子。是韩生背后讥讽项羽无头脑、无大志的话。见：识见。恢宏：宽阔，广大。

羊质虎皮，讥其有文无实；守株待兔，言其守拙无能。

【注释】羊质虎皮：披着虎皮的羊，本质上还是羊。汉代扬雄《法言》：“羊质而虎皮，见草而说（悦），见豺而战（战栗），忘其皮之虎也（忘记它身上披着的是张虎皮了）。”守株待兔：《韩非子·五蠹》里说，宋国有个农夫田边有棵树，一只兔子奔跑撞死在树上，他就放弃耕种，守在树旁，希望再得到撞死的兔子。现在是比喻死守狭隘经验、抱有侥幸心理。

恶人如虎生翼，势必择人而食；志士如鹰在笼，自是凌霄有志。

【注释】恶人：坏人。凌霄：凌云，冲上云霄。

鲋鱼困涸辙，难待西江水，比人之甚窘；蛟龙得云雨，终非池中物，比人有大为。

【注释】鲋鱼困涸辙：鲫鱼困在干涸的车辙中。《庄子·外物》：庄周家贫，向监河侯借米，监河侯说：“可以，我就要得到县里拨给的金子，到时借给你三百金。”庄周忿然作色说：“我昨天见到干涸的车辙里有条鲋鱼，要求我以斗升之水救活它。我说可以，我将南游吴越，等我引西江之水来迎接你。鲋鱼生气地说，要是这样，我早就成了鱼铺里的鱼干了！”《三国志·周瑜传》：孙权委任刘备为荆州牧，周瑜上疏说：刘备“必非久屈为人用者……恐蛟龙得云雨，终非池中物也。”

执牛耳，为人主盟；附骥尾，望人引带。

【注释】古代诸侯订盟，参与者都要尝一点牲血，主盟者亲手割牛耳取血，所以用“执牛耳”指盟主。后指某方面的领导者。汉代王褒《四子讲德论》：“附骥尾则涉千里，攀鸿翮则翔四海。”东汉光武帝写给隗嚣的信中说：“苍蝇之飞，不过数步，若附骥尾，可至千里耳。”骥：千里马。

鸿雁哀鸣，比小民之失所；狡兔三窟，诮贪人之巧营。

【注释】失所：失去安身的处所。狡兔三窟：狡猾的兔子有三个窝。典出《战国策·齐策》，孟尝君的门客冯谖为孟尝君做长远打算，要为他营造“三窟”。诮：qiào，讥讽。

风马牛势不相及，常山蛇首尾相应。

【注释】《左传·僖公四年》记载：齐国侵蔡，蔡国溃败，于是趁势伐楚，楚王派使者对齐国国君说：“君（您）处北海，寡人（我）处南海，唯是风马牛不相及也。”一种解释说：牛马见风就跑，牛喜顺风，马喜逆风，所以说各“不相及”。一种解释说：“风”与“放”通，齐楚相距很远，即使牛或马放逸，也无从相及。比喻两者互不相干。《孙子·九地篇》：“故善用兵，譬如率然（蛇名）；率然者，常山之蛇也。击其首则尾至（接应），击其尾则首至，击其中则首尾俱至。”比喻一种战阵法。

百足之虫死而不僵，以其扶之者众；千岁之龟死而留甲，因其卜

之则灵。

【注释】僵：倒。以：因。众：多。卜：占卜。古时用龟甲占卜。灵：灵验。

大丈夫宁为鸡口，毋为牛后；士君子岂甘雌伏，定要雄飞。

【注释】战国时，苏秦游说韩惠王不要臣事秦国，引用谚语“宁为鸡口，毋为牛后”。鸡口虽小，却能进食；牛后虽大，只可出粪。所以“大丈夫宁为鸡口，毋为牛后。”汉赵温为京兆郡丞，叹道：“大丈夫当雄飞，焉能雌伏（怎能像雌禽伏在窝里）。”于是辞官回家，后拜（授予官职）司徒。士君子：指有才学有大志的人。

毋局促如辕下驹，毋委靡如牛马走。

【注释】汉武帝责备郑当时（时为大司农）说：“你多次说窦婴（时为丞相）、田蚡（时为太尉）的长短，今日当廷面对面辩论，你怎么局促得像辕下之驹（意思是不敢大胆地说）！”司马迁《报任少卿书》：“太史公，牛马走。”是自谦之词，意思是，我这个太史公，就如同为皇帝奔走的牛马。

猩猩能言，不离走兽；鹦鹉能言，不离飞鸟。

【注释】《礼记·曲礼》：“鹦鹉能言，不离飞鸟；猩猩能言，不离走兽。”不离：仍属于的意思。

人惟有礼，庶可免相鼠之刺；若徒能言，夫何异禽兽之心。

【注释】上联：人只有懂得礼仪，才可能免遭《诗经》中有关相鼠的讥刺。《诗经·鄘风·相鼠》：“相鼠有体（看那老鼠都有肢体），人而（却）无礼。人而无礼，胡不遄（chuán）死（何不快死）！”庶：表示可能或期望。下联：人若仅仅能说话，跟禽兽有什么两样。《礼记·曲礼》：“人而无礼，虽能言，不亦禽兽之心乎？”徒：只是。

百鸟鹞称悍，众禽鹤独胎。

【注释】悍：强悍。胎：胎生，古人认为鹤是胎生的。

提壶提壶，定是村中有酒；脱袴脱袴，必然身上无寒。

【注释】提壶：鸟名，鹈鹕。脱袴（kù，同“裤”）：布谷鸟的别名。无寒：不冷。

瓮中鸲鹆巧于人，江上白鸥闲似我。

【注释】这是宋代黄庭坚的两句诗。晋代桓豁家养有鸲鹆（qúyù，八哥），善于效仿人语，有一人鼻瓮，鸲鹆学不来他的话语，把头钻入瓮中就学得很像。闲似我：像我一样悠闲自得。

鹘入鸦群，雄威岂敌；鸭去鸡队，气类不侔。

【注释】北齐王思孝善骑射，跟随文宣帝高洋南征北战，高洋夸他说：“尔击贼似鹘入鸦群。”尔：你。鹘：hú，又叫隼，猛禽。《列子》：鸡孵出鸭雏，等到长大，鸭浮水离去，鸡在岸上呼叫它，鸭连头也不回，因为它们不是同类。去：离开。气类：气质种类。侔：móu，相等，相同。

彪著羊，彪雄而羊败；罴敌犬，罴寡而犬强。

【注释】唐代杨思元主持吏部，因选拔人才不公，被夏侯彪所讼，御史郎余庆奏报免职。许敬宗（时任礼部尚书）说：“我料定杨吏部要败，一彪一狼（郎），共著（对付）一羊（杨），怎能不败！”传说，晋代有人以五犬追逐一罴（pí，棕熊），罴被犬咬死，不是罴不敌犬，而是寡不敌众。

李愬设谋平蔡，藉声于鸭队鹅群；卢公觅句迁官，得力于猫儿狗子。

【注释】唐宪宗时，淮西节度使吴元济反，据守蔡州（今河南汝南），邓州节度使李愬奉命领兵讨伐，雪夜至城下，见城旁边都是鹅鸭池塘，心生一计，命士卒击打池塘，趁着鹅鸭的一片乱叫声顺利登城，活捉了吴元济。藉：借助。五代卢延让喜欢将猫狗之类写进诗里，前蜀主王建因喜欢读他的诗，就给了他一个给事的官职，卢说：“平生投谒（投名帖求见）公卿，不意（没料想）得力于猫儿狗子！”觅句：搜寻（构思）诗句。迁：升迁。

辕门传号令，李将军椎飨士之牛；邑士起讴歌，时令尹留去官之犊。

【注释】西汉李广镇守雁门，亲自杀牛犒劳士卒，深得军心，士卒无不勇于效命，战无不胜，边塞称他“飞将军”。椎：捶杀。飨：款待，犒劳。东汉的时苗为官清廉，赴任寿春县令时，以母牛驾车，后来母牛生下一犊，离任时时苗说：“这牛犊是在这里产下的，就留在这里吧。”当地吏民称之为“时公犊”。邑士：当地人士。

花　木

植物非一，故有万卉之名；谷种甚多，故有百谷之号。

【注释】非一：不止一种。卉：各种草的总称。种：种类。

如茨如梁，谓禾稼之蕃；惟夭惟乔，谓草木之茂。

【注释】如茨如梁：像屋茨（cí，用茅草、芦苇苫盖的屋顶）像车梁。语出《诗经·小雅·甫田》“曾孙之稼，如茨如梁”。蕃：茂盛。惟夭惟乔：草茂盛，树高大。《书·禹贡》：“厥（其，那）草惟夭，厥木惟乔。”

莲乃花中君子，海棠花内神仙。

【注释】宋代周敦颐《爱莲说》：“莲，花之君子者也。”唐代贾躭《百花谱》：“海棠为花中神仙，色甚丽。”

国色天香，乃牡丹之富贵；冰肌玉骨，乃梅萼之清奇。

【注释】唐代李正封《咏牡丹》：“国色朝酣酒，天香夜染衣。”宋代周敦颐《爱莲说》：“牡丹，花之富贵者也。”冰肌玉骨：形容梅花的傲寒斗艳。唐代袁丰之评梅花“冰肌玉骨，物外佳人，但（只）恨无倾城之色耳。”萼：è，花的最外面一圈叶状薄片，此指花。

兰为王者之香，菊同隐逸之士。

【注释】孔子从卫国返回鲁国途中，见幽谷之中兰香独茂，喟然叹道：“兰当为王者香，今乃（却）与众草伍（为伍，混在一起）！”是借兰自我感伤。宋代周敦颐《爱莲说》：“菊，花之隐逸者也。”晋代陶渊明是隐逸之士，特别爱菊。

竹称君子，松号大夫。

【注释】 竹有节，君子有节操，二者有共同之处，所以“竹称君子”。秦始皇登泰山，风雨突来，在一棵大松树下避风雨，于是就封此松为五大夫（五大夫是官名）。后来以五大夫为松的别号。

明日黄花，过时之物；岁寒松柏，有节之称。

【注释】 宋代苏轼《九日次韵王巩》诗：“相逢不用忙归去，明日（重阳节次日）黄花（菊花）蝶也愁（蝴蝶也不喜见）。”又苏轼词《南乡子·重九涵辉楼呈徐君猷》：“万事到头都是梦，休休（罢罢），明日黄花蝶也愁。”《论语·子罕》：“子曰：‘岁寒，然后知松柏之后凋也。’”节：节操。

樗栎乃无用之散材，楩楠胜大用之良木。

【注释】 樗（chū）、栎（lì）：树名。《庄子·逍遥游》：惠子对庄子说：“我有大树，人们叫它樗，它的大干臃肿而不中绳墨，小枝弯曲而不中规矩，把它立在路上，匠人连看也不看。现在您的言论大而无用，都被众人所舍弃。”楩：pián，古书上说的一种树。楠：楠木。胜：能承担。

瓜田李下，事避嫌疑；秋菊春桃，时来迟早。

【注释】 《古乐府·君子行》：“君子防未然，不处嫌疑间。瓜田不纳履（经过瓜田不弯腰提鞋），李下不整冠（走在李子树下不举手整理帽子）。”

南枝先，北枝后，庾岭之梅；朔而生，望而落，尧阶蓂荚。

【注释】 上联：大庾岭（五岭之一，在江西和广东交界处）的梅，向阳面的先开花，背阴面的后开花。下联：相传尧帝居处的土阶下生有一种瑞草叫蓂荚（míngjiá,），朔（农历初一）后每天生一叶，望（农历十五）后每天落一叶。

苾刍背阴向阳，比僧人之有德；木槿朝开暮落，比荣华之不长。

【注释】苾刍（bì chú）：一种香草，其特点之一是不背日光，即背阴向阳，用来比喻僧人有德。木槿：一种落叶灌木，夏秋开红、白或紫花，早上开晚上落。唐代孟郊《审交》诗："小人槿花心，朝在夕不存。"

芒刺在背，言恐惧不安；薰莸异气，犹贤否有别。

【注释】汉代霍光为大将军，独揽大权，宣帝初即位，内心很惧怕他，一天乘车去拜谒高祖庙，霍光坐在身旁，宣帝感到好像有芒刺在背，十分恐惧不安。见《汉书·霍光传》："宣帝始立，谒见高庙，大将军光从骖乘，上内严惮之，若有芒刺在背"。芒：草的锋芒。刺：荆枝的刺。薰：香草。莸：yóu，臭草。异气：气味不同。犹：如同。贤：好人。否：pǐ，坏人。

桃李不言，下自成蹊；道旁苦李，为人所弃。

【注释】司马迁评论飞将军李广，引谚语："桃李不言，下自成蹊（小路）。"比喻只要自己的品行高尚，就能受到人们的爱戴和景仰。晋代王戎七岁时，与同伴们出外玩耍，见道旁李树果实累累，压弯了枝条。其他小孩儿争着上前摘取，只有王戎站着不动。有人问他为什么不也去摘，他说："李树长在道旁，结了这么多李子却没人摘它，一定是苦涩的李子。"

老人娶少妇，曰枯杨生稊；国家进多贤，曰拔茅连茹。

【注释】生稊（tí）：长出嫩芽。拔茅连茹：《易经·泰》："拔茅茹，以其汇（同类）。"拔起茅草，将同类的东西带起来，比如贤人互相荐引。茹：根部相连的样子。

蒲柳之姿，未秋先槁；姜桂之性，愈老愈辛。

【注释】《世说新语·言语》：晋代顾悦（官至尚书右丞）与晋简文帝司马昱同年，而头发早早就白了，简文帝问："你的头发为什么先白了？"顾悦回答说："蒲柳之姿，望秋而落，松柏之质，经霜弥（更加）茂。"《宋史·晏敦复传》：晏敦复任左司谏，两月间论驳三十四事，满朝官员都怕他。秦桧使人示意他不要太严格认真而得罪人，晏敦复回复说："吾终不为身计误国家（我终归不能为自身考虑而误国家），况吾姜桂之性，到老愈辣。请勿言。"

王者之兵，势如破竹；七雄之国，地若瓜分。

【注释】势如破竹：《晋书·杜预传》："兵威已振，譬如破竹，数节之后，皆迎刃而解。"七雄之国：指战国七雄：齐、楚、燕、赵、韩、魏、秦。

苻坚望阵，疑草木皆是晋兵；索靖知亡，叹铜驼会在荆棘。

【注释】东晋时，秦王苻坚在淝水之战中大败，撤退逃跑时看到八公山上的草木，也以为是晋军在追击自己。成语"草木皆兵"源此。晋代关内侯索靖料定晋朝将亡，指着宫门外的铜驼叹道："会看汝在荆棘中耳（必定看到你被抛弃在荆棘丛中啊）。"

钼麑触槐，不忍贼民之主；越王尝蓼，必欲复吴之仇。

【注释】春秋时，晋灵公无道，赵宣子严厉劝诫他，晋灵公把赵宣子视为祸患，使力士钼麑（chú ní）刺死他。宣子穿戴得整整齐齐准备上朝，时间尚早，就坐着闭目等待。钼麑见此情景，叹道："不忘恭敬，民之主也，贼（残害）民之主不忠，弃君之命（违背国君的命令）不信，有一于此，不如死也。"于是就头撞庭院的槐树而死。越王勾践被吴王打败后不忘复仇，卧薪尝蓼（一般作"卧薪尝胆"，胆是苦的，蓼（liǎo）也是苦辣的），时时警醒自己。

修母画荻以教子，谁不称贤；廉颇负荆以请罪，善能悔过。

【注释】宋代欧阳修四岁丧父，母郑氏亲自教他读书，家贫买不起纸笔，就教他用芦柴棒在地上书写。荻：芦荻。战国时赵国大将廉颇，醒悟到自己对丞相蔺相如不服不满的言行错了，背负着荆条登门请罪。"负荆"的含意就是自带荆条请对方责罚。

弥子瑕常恃宠，将馀桃以啖君；秦商鞅欲行令，使徙木以立信。

【注释】春秋时，卫国大夫弥子瑕得宠于卫灵公，一次随同灵公游果园，子瑕吃着园里的桃子觉得很甜，就将剩下的一半给灵公吃。灵公说："对我忠啊，忘记他自己的口而给我吃。"等到弥子瑕年老得罪，灵公又说："这就是那个把吃剩的桃子给我吃的人，不敬莫甚于此了。"啖：dàn，吃或给别人吃。秦相商鞅想要变法，恐怕百姓不信，就将一大木立于城的南门，晓谕百姓：谁能将大木搬到北门，赏五十金。有一人搬到了，商鞅果然守信赏金。徙：移动。

王戎卖李钻核，不胜鄙吝；成王剪桐封弟，因无戏言。

【注释】晋代王戎（官至司徒），家有李树结的李子特好吃，自家吃不了，要卖掉一些，又担心别人得到良种，就先把李核钻了再卖。周成王把桐叶剪成珪（古代一种玉器）的形状，对弟弟叔虞开玩笑说："我以此封你。"周公知道了，请择吉日举行加封仪式，成王说："我只是一句戏言罢了。"周公说："天子无戏言。"于是封叔虞于尧的故都，称唐侯。

齐景公以二桃杀三士，杨再思谓莲花似六郎。

【注释】春秋时，公孙捷、田开疆、古冶子都供职于齐景公，三人有勇而无礼，景公以为是隐患。齐相晏子献计说："给他们两个桃，谁的功大谁吃。"捷与开疆争先说自己功大，抢先拿到桃子。冶子不服，摆出自己的功。景公听了，让捷与开疆把桃交回，两人惭愧地自杀了。冶子说："他们二人死了，我独自活着是不仁不义的，也交回桃子而自杀了。"唐代张昌宗小字六郎，容貌俊美，甚得高宗皇后武则天宠幸。内史杨再思极力谄谀张昌宗，有人说"六郎貌似莲花"，杨再思说："不然，乃（而是）莲花似六郎耳。"

倒啖蔗，渐入佳境；蒸哀梨，大失本真。

【注释】倒啖蔗，渐入佳境：倒着吃甘蔗，即从不太甜的一头吃起，越吃越甜。蒸哀梨：汉代秣陵哀仲家的梨很好吃，入口即消，若蒸过再吃，就失去其本真味道。

捐资济贫，当效尧夫之助麦；以物申敬，聊效野人之献芹。

【注释】宋代范仲淹次子范尧夫曾到东吴收租，得麦五百斛，舟停在丹阳，遇到石曼卿（名延年，善诗文），石曼卿说因无钱办丧事而滞留丹阳，尧夫就把舟中的麦子接济了他。申：表示。聊效：聊且效仿。野人：农夫。芹：有苦味的野菜。（野人献芹见“人事”篇注）

冒雨剪韭，郭林宗款友情殷；踏雪寻梅，孟浩然自娱兴雅。

【注释】东汉郭泰（字林宗，博通经典）自种菜园，友人范逵夜晚到来，林宗亲自冒雨到园里割韭菜，做汤饼（面条）款待。情殷：情谊深厚。唐代诗人孟浩然性情旷达，曾冒雪骑驴寻梅，说“吾诗思正在风雪中驴子背上”。兴雅：兴致高雅。

去稂莠正以植嘉禾，沃枝叶不如培根本。

【注释】唐太宗对大臣们说：“养稂莠（láng yǒu，稂、莠都是杂草）者害嘉禾，赦有罪者贼（危害）良民。”《资治通鉴》记载：唐太宗令李大亮（时任右卫大将军）贮存粮食救济西突厥部落，大亮进言：“欲怀（怀柔）远者必先安近，中国如本根，四夷如枝叶，疲中国以奉（供给）四夷，犹拔本根以益枝叶也。”沃：浇灌。

世路之蓁芜当剔，人心之茅塞须开。

【注释】世路：人世间。蓁（zhēn）芜：荆棘丛生杂乱。人心之茅塞：人心被茅草所堵塞，比喻人心被物欲所堵塞。《孟子·尽心下》：孟子对高子说：“今茅塞子（你）之心矣。”“茅塞”后来引申为思路闭塞不通，或愚昧无知。

姚黄魏紫，牡丹颜色得人怜；雪魄冰姿，茉莉芬芳随我爱。

【注释】姚黄魏紫：两种名贵的牡丹花。“姚黄”是宋代姚氏家培育的千叶黄花牡丹，“魏紫”是五代魏仁溥家培育的千叶肉红牡丹，后来成为牡丹佳品的通称。雪魄冰姿：唐太宗李世民有咏茉莉花的诗句“冰姿素淡广汉女，雪魄轻盈姑射仙。”广汉女：广寒宫（月宫）的仙女。姑射仙：姑射山（在山西临汾）的神仙。《庄子·逍遥游》里说：“藐姑射之山，有神人居焉，肌肤若冰雪，绰约若处子。”

尼父试弹琴，发泗水坛前之杏；渔郎频鼓枻，寻武陵源里之桃。

【注释】《庄子·渔父》：“孔子游于缁帷之林，休坐于杏坛之上。弟子读书，孔子弦歌鼓琴。”“杏坛”本不是实指，后世便以“杏坛”为孔子聚徒讲学之处。泗水：也叫泗河，流经曲阜。下联所说的就是陶渊明《桃花源记》的故事。鼓枻：yì，摇桨。

丈夫进学骎骎，弗效黄杨厄闰；男子为人卓卓，必如老桧参天。

【注释】骎骎：qīnqīn，迅疾，急迫。弗效黄杨厄闰：不要像黄杨树一样，每年长一寸，遇到闰年退三寸。苏东坡诗句：“园中草木春无数，只有黄杨厄闰年（闰年遭厄运）。”卓卓：(志向）高远。

龙刍茂时，周穆王备供马料；水萍聚处，樊千里用作鸭茵。

【注释】周穆王在东海蓄养八骏（良马），以龙刍（龙须草）为马料。太原少尹樊千里，买了百只好鸭放在屋后池塘，又载来数车浮萍撒在池中，给鸭子做褥垫。（事见后唐冯贽《云仙杂记》。樊千里约是唐五代时人。）

灵运诗成，已入西堂之梦；江淹赋就，更闻南浦之歌。

【注释】南朝宋谢灵运善文辞，曾在永嘉西堂构思诗篇，苦思未成，忽然梦见弟弟惠连，得到“池塘生春草”的佳句。南朝文学家江淹作《别赋》，其中有“春草碧色，春水碧波，送君南浦，伤如之何！”的句子。

曾言水藻绿于蓝，始信山菰红似血。

【注释】蓝：蓼蓝，可做染料。菰：同“苽”（gū），俗称茭白。诗文中的“菰”多指其果实。

元修蚕豆，自古称佳；诸葛蔓菁，迄今犹赖。

【注释】宋代苏东坡说：“菜之美者，吾乡之巢（蚕豆），故人（老朋友）元修嗜之（特别喜欢吃它），予（我）亦嗜之。”所以蜀地人称它为“元修菜”。诸葛亮屯军的地方，就令军士种蔓菁，号称“诸葛菜”。犹赖：还依赖。

生姜盗母荽留子，尽付园丁；芦菔生儿芥有孙，频充鼎味。

【注释】生姜盗母荽留子：姜以母体做种栽培，所以说“盗母”。唐人有“芒种栽姜，夏至偷娘（即夏至时节新姜从母体生出）”的谚语。芫荽以子做种栽培，所以说“留子”。芦菔生儿芥有孙：苏轼《撷菜》诗句：“秋来霜露满东园，芦菔（萝卜）生儿芥（芥菜）有孙。”（意为园中所种的菜大丰收）频充鼎味：（这些菜类）常常充作鼎中美味。

附录：旧时称谓常识

旧时人与人之间相互交往，无论当面或是书面，都很讲究称谓的谦和敬，若出差错，就会示人以浅陋无知。不过，有此讲究的多是有点文化有点身份的人，没有文化没有身份的普通百姓不懂这些也就无从讲究了。

交往时的称谓有“自称”和“人称”。“自称”是指称自己一方的亲友等，要冠以谦词；“人称”是指称对方的亲友等，要冠以敬词。比如，凡对人自称健在的尊长辈，须冠一“家”字，对位卑年轻辈冠一“舍”字。“家”“舍”同义，“舍”更谦些。谦词还有“贱”、“敝”、“小”之类。对已过世的冠一“先”字。凡称人亲友等多冠以“令”字，“令”是善、美的意思。敬词还有“贤”、“贵”、“尊”、“高”等。

这里将主要的（次要的省略）“自称”、“人称”的称谓，分列于后，供有兴趣的读者参阅。

自称祖父母：家祖父，家祖母，家大父，家大母。对已故者称：先祖考（考，原指父亲，后来只用于故去的父亲，祖考即祖父），先祖妣（妣 bǐ,原指母亲，后来专用于故去的母亲，祖妣即祖母），先大父，先大母，先祖，先祖母。称人祖父母：令祖父，令祖母，令大父，令大母。对已故者称：令祖考，令祖妣，令先大父，令先大母，令先祖，令先祖母。

自称伯叔祖父母：家伯祖，家伯祖母，家叔祖，家叔祖母。称人伯叔祖父母：令伯祖，令伯祖母，令叔祖，令叔祖母。

自称外祖父母：家外祖，家外祖母。称人外祖父母：令外祖，令外祖母。

自称外伯叔祖父母：家外伯祖，家外伯祖母，家外叔祖，家外叔祖母。称人外伯叔祖父母：令外伯祖，令外伯祖母，令外叔祖，令外叔祖母。

自称父母：家父，家严（严，严父的简称），家君，家尊，家大人，家母，家慈（慈，慈母的简称。古有“严父慈母”之说）。对已故者称：先父，先严，先君，先尊，先大人，先考，先母，先慈，先妣。称人父母：令尊，尊公，尊翁，令堂（古时母居北堂），尊堂，尊萱（《诗经》有于北堂种萱草句，故堂和萱就成为对母亲的敬称）。对已故者称：令先君，令先堂。

自称父妾：家庶母（庶，旧时指家庭的旁支。正室为“嫡”，侧室为“庶”）。称人父妾：令庶母。

自称父子：愚父子。称人父子：贤桥梓（桥、梓都是树名，古人有言：桥者，父道也，梓者，子道也。故以桥梓喻父子。桥也作乔）。

自称伯叔父母：家伯，家伯母，家叔，家叔婶。称人伯叔父母：令伯，令伯母，令叔，令叔婶。

自称妻父母：家岳父，家岳母，妻父，妻母。对已故者称：外考，外妣。称人妻父母：令岳翁，令岳母，令岳丈，令丈母。

自称妻伯叔父母：妻伯，妻伯母，妻叔，妻叔婶。称人妻伯叔父母：令伯岳，令叔丈（称女性随俗）。

自称舅父舅母：家母舅，家舅母。称人舅父舅母：令母舅，令舅母。

自称姑夫（父、丈）姑母：家姑夫（父、丈），家姑母。称人姑夫（父、丈）姑母：令姑夫（父、丈），令姑母。

自称姨夫（父、丈）姨母：家姨夫（父、丈），家姨母。称人姨夫（父、丈）姨母：令姨夫（父，丈），令姨母。

自称兄弟：家兄，家嫂，舍弟，舍弟妇（若兄弟多则加行次以区别）。总称自家兄弟：贱兄弟。称人兄弟：令兄，令嫂，令弟，令弟妇。总称人兄弟：贤昆玉（昆，兄。玉，比喻洁白美善，用作敬词），贤昆仲（昆，兄，其次为仲，即弟）。（表兄弟仿此）

自称姊妹：家姊，舍妹。称人姊妹：令姊，令妹。（表姊妹仿此，）

自称妻：敝房，贱房，贱室，贱内，寒荆，拙荆（“荆钗布裙”是古代贫家妇女的装束）。对已故者称：亡妻，先室。称人妻：令正，尊正（古代以嫡妻为正室），尊阃（阃 kǔn，闺门，妇女居处，引申指妇女），贤阁，尊夫人。

自称妾：小妾，小姬。对已故者称：亡妾。称人妾：尊宠，如夫人（妾的别称，语出《左传》），贵专房（专房犹如专宠，语出《后汉书》）。

妻称夫：夫君。夫死后自称：未亡人。

自称妻兄弟：内兄，妻兄，内弟，妻弟。称人妻兄弟：令舅。

自称连襟：敝连襟。称人连襟：令襟兄，令襟丈，令襟。

自称儿子儿媳：小儿，小犬，犬子，豚儿，儿媳，小媳。对已故儿称：亡儿，亡男。称人儿子儿媳：令郎，公郎，公子，郎君，令媳。

自称女儿：小女，弱息（息，子息，子女。弱，谦言柔弱无能）。称人女儿：令爱，令玉，令闺秀。

自称女婿：小婿。称人女婿：令婿，令倩（倩，女婿），贤坦、贵东床（坦，坦腹，袒露着腹部。东晋太傅郗鉴向丞相王导求婿，王家子弟都有些拘谨，只有其侄王羲之于东床坦腹而食，若无其事，反而被郗鉴选中。称女婿为坦腹、东床源于此）。

自称孙辈：小孙。称人孙辈：令孙。

称师长：敝业师（业，受业），敝老师。称人师长：令师，贵业师，贵老师。

自称生徒：愚徒，敝及门（称受业弟子为及门，语出《论语》），敝门人。称人生徒：令徒，令及门，贵门人，贵高足（“高足弟子”简称高足。足，意谓师生犹如手足）。

尊称师长：老师。自谦称：门生。

自称朋友：敝友，敝相知。称人朋友：令友，贵相知。

尊称前辈：老年伯（指世交——上辈就有交情——的前辈），老会伯（指已交的前辈。“会”有知心、知己的意思）。自谦称：世侄，小侄，晚生，晚辈。

尊称平辈：世兄，长兄，老兄。自谦称：小弟。

尊称同年、同庚（同龄）：年兄（唐宋以后，科举考试同榜登科者，互相尊称年兄，后来也尊称同学为年兄），老庚兄。自谦称：庚弟。

对后辈自称：老身。

对位卑年轻者敬称：贤弟。

尊称人姓：贵姓，尊姓，高姓。自谦称：小姓，贱姓。

尊称人族：贵族，尊门。自谦称：敝族，寒族，寒门。

尊称人宅：尊府，府上。自谦称：寒舍，茅舍，敝庐。

尊称商家：贵馆，贵行，宝庄，宝铺。自谦称：敝馆，敝行，敝庄，小铺。

今人极少如此讲究，绝大多数谦称、敬称已随时代变迁而成旧时文化知识；但了解一些旧时称谓知识对于阅读当会有所助益。

后记

我读《幼学琼林》是在我做了教师多年以后，当时就觉得它是一本好书。去年有了作这个选注本的想法，首先征求山西师范大学教授任林深的意见，他认为有意义，值得一作。初稿完成后，发给林深，他细读之后，就如何把握好注释，提出了宝贵的意见。我将注释作了认真修改和补充后，再次将书稿发过去，他又做了许多修改和补充。如果这个选注本还能使读者比较满意，是与他的热情帮助分不开的

中小学教育专家、山西省优秀科技工作者和全国中语会优秀教师郭毅，对本书的出版给予了积极的支持。

他二位都是我的朋友，感谢的话就不说了，但将他二位对本书的贡献补记于此，是应该的，必要的。

2011 年 6 月 20 日

图书在版编目(CIP)数据

《幼学琼林》精选详注本 / 许传海选注. —太原：山西经济出版社，2011.12

ISBN 978-7-80767-476-4

Ⅰ.①幼… Ⅱ.①许… Ⅲ. ①汉语－古代－启蒙读物 ②幼学琼林－注释 Ⅳ. ①H194.1

中国版本图书馆 CIP 数据核字（2011)第 275300 号

《幼学琼林》精选详注本

选　　注：许传海
责任编辑：李慧平
助理责编：申卓敏
装帧设计：陈　婷

出 版 者：山西出版传媒集团·山西经济出版社
社　　址：太原市建设南路 21 号
邮　　编：030012
电　　话：0351-4922133(发行中心)
　　　　　0351-4922085(综合办)
E－mail：sxjjfx@163.com
　　　　　jingjshb@sxskcb.com
网　　址：www.sxjjcb.com

经 销 者：山西出版传媒集团·山西经济出版社
承 印 者：山西德胜华印业有限公司

开　　本：890mm × 1240mm　1/32
印　　张：8.75
字　　数：207 千字
印　　数：1-3000 册
版　　次：2011 年 12 月　第 1 版
印　　次：2011 年 12 月　第 1 次印刷
书　　号：ISBN 978-7-80767-476-4
定　　价：18.00 元